珠宝首饰价格鉴定

增订本

冯建森　冯毅　著

上海古籍出版社

序一

涵盖宝石学、工艺美术学、历史学、经济学、法学等众多学科的珠宝首饰价格鉴定、价值评估，在我国尚处于起步阶段。珠宝首饰价格鉴定一书中用科学的方法、规范的程序对珠宝首饰的品质与价格作出了深入浅出的解读。

随着我国改革开放的进一步深入，珠宝首饰价值评估领域面临新的挑战和机遇；如何在新形势下完善珠宝首饰新品种的品质与价值关系，对珠宝首饰价格鉴定令价格评估人员面临着新的更高要求。

《珠宝首饰价格鉴定（增订本）》对珠宝首饰的价值做了适时修正，体现了不同时间段珠宝首饰对应的价值变化。增补了珍贵宝石品种中金绿猫眼和变石的品质与价格变化趋势，为正确鉴定其价格提供了参考。

另外集钻石的稀少和彩色宝石瑰丽一身的彩色钻石。已由过去的少量奢侈收藏品，转变成当前极具观赏、投资的理财增值产品。然而它们的定价在国内外珠宝市场尚无一个可行的参照标准。《珠宝首饰价格鉴定（增订本）》中，依据彩色钻石的稀有性和社会的认知喜爱性，对彩色钻石的品质与价值作出可行性的探索性研究；为彩色钻石的定价拓展了新思路、新方法，也为今后进一步价值研究创造了一个新起点。

本书作者长期从事珠宝首饰价格鉴定、价值评估的服务性工作。在实践中孜孜不倦的钻研和探索珠宝首饰的品质与价值的关联性并将实践提升至理论层面，撰写了《珠宝首饰价格鉴定（增订本）》。在此表示热烈祝贺！

相信《珠宝首饰（增订本）》的问世必将进一步推动珠宝首饰在价值评估领域的发展，也会使珠宝首饰的爱好者、收藏者从中受益。

中国价格协会会长

兼中国价格评估鉴证分会会长

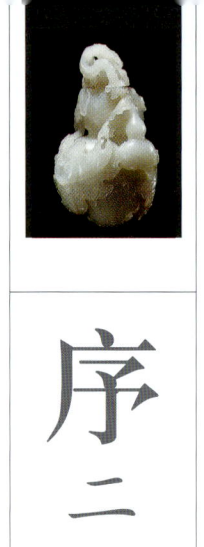

序二

  自古以来，金银珠宝就被认为是财富的象征，一直深受人们的青睐。而金银珠宝作为饰品，对平民百姓来说，那是可望而不可及的奢望。但随着社会的进步和经济的发展，特别经过三十年的改革开放，珠宝首饰也进入了寻常百姓的高档消费生活之中。人们不仅看重对珠宝首饰的拥有佩带，而且有的开始着眼于对珠宝首饰的收藏，从中感悟它的文化、艺术底蕴，感受投资增值的乐趣。然而，就是在珠宝首饰交换流通中，探寻它的品种、品质、价格以及三者之间的关系，成为当今人们关注的焦点之一。冯建森同志所著《珠宝首饰价格鉴定》一书的出版，适时地也很专业地回答了上述问题，尤对珠宝首饰在价值评估和价格鉴定中具有指导意义。该书有以下三个特点：

  一、科学性：

  珠宝首饰价格鉴定是珠宝首饰进入经济领域的桥梁，特别是在刑事、民事、纪检案件中，正确鉴定珠宝首饰的价值价格是关系到当事人切身利益、关系到司法公正的重要因素。该书对珠宝首饰价格鉴定工作的规范化、程序化作了科学的理论分析和操作解读，为提高已经从事或将要从事珠宝首饰价格鉴定、价值评估机构及工作人员的整体素质将有良好促进作用。

  二、全面性

  作者从珠宝玉石的品质鉴定、艺术鉴定和价值鉴定的基本理论着手，结合各类珠宝首饰的品质与价格，规范、系统地描述了珠宝首饰的价格鉴定工作。该书的出版将进一步推动珠宝首饰在价值评估领域的发展。

三、实用性

《珠宝首饰价格鉴定》是作者在认真总结珠宝首饰品质鉴定、价值评估的实践工作经验的基础上撰写而成的。本书图文并茂、内容生动,并对在价格鉴定工作中可能出现的不足之处作了恰当的点评,是珠宝首饰关于价格鉴定工作的示范书籍,也是珠宝首饰在教学、收藏领域的参考图书。

冯建森同志是珠宝首饰价格鉴定方面的专家,他长期从事珠宝首饰鉴定评估工作,是国家注册珠宝玉石鉴定师、国家注册价格鉴证师、上海市价格鉴证专家网络成员。他集珠宝首饰的品质鉴定分级与价格价值的评估认定为一体,是国家发改委价格认证中心珠宝首饰价格鉴定课题研究的主要成员,他撰写的《珠宝首饰价格鉴定》也是这一课题研究的重要成果。

珠宝首饰的价格鉴定、价格评估工作已经成为一种职业,虽然规模不大,但是发展现代服务业的一个组成部分。随着经济的发展和人们生活水平的提高,这方面的需求还将继续增加。《珠宝首饰价格鉴定》一书的出版,必将为推动这项工作开创新的起点,也将为发展现代服务业作出贡献!

中国价格协会副会长 徐家树
上海市价格协会会长

序三

珠宝首饰的魅力难以用语言描述，它是一种文化的表现，是集美丽、财富、地位和人们的艺术修养为一体的特殊艺术品。正确地评估珠宝首饰的价格，一直是当今人们心中的一大难题。这主要是由于它的品种繁多、品质各异，不同品种、品质对应的标准也各异，从而产生了价格的不确定性，使人们对珠宝首饰的价格感到愈加神秘。

步入21世纪，逐步走向小康生活水平的人们为了美化装饰个人、装饰企业，以收藏珠宝首饰而感自豪。所以正确鉴定珠宝首饰的价格，是构架珠宝首饰与社会各行业的工作桥梁，也是协助国家司法机关、行政执法机关和经济仲裁机构涉及珠宝首饰案件中确立办案证据的要素。对维护当事人的合法权益，保护国家、集体、个人三者利益，促进经济体制的改革、法制建设和社会稳定发挥着重要作用。

冯建森先生所著《珠宝首饰价格鉴定》一书综合了文、理两大学科，涵盖了宝石学、工艺美术学、历史学、经济学和法学等知识。正确鉴定珠宝首饰的价格，基于正确的价格鉴定方法和操作程序。价格鉴定工作的可行性和准确性是以上述各学科知识为基础，以法律、法规为准绳的服务性工作。《珠宝首饰价格鉴定》一书中有二百五十多幅图片以及相关的鉴定文字，为探索珠宝首饰价格作了实用的、可操作的介绍。书中例举的十多件贵重珠宝首饰价格鉴定案例，均有详细分析，并点评其不足之处和存在问题，为规范珠宝首饰价格鉴定工作提供了有益的帮助。

上海宝玉石行业协会专家委员会主任 陈庆榆

目 录

序一 ……………………………………………………………………………… 陈　峻 1
序二 ……………………………………………………………………………… 徐家树 1
序三 ……………………………………………………………………………… 陈庆榆 1

第一章　绪　论 ………………………………………………………………………… 1
　　第一节　珠宝首饰价格鉴定的概念 ……………………………………………… 1
　　第二节　珠宝首饰价格鉴定中存在的问题和支撑基础 ………………………… 3
　　第三节　珠宝首饰价格鉴定的发展需求 ………………………………………… 7
第二章　珠宝首饰的基本概念 ………………………………………………………… 8
　　第一节　珠宝与首饰的定义 ……………………………………………………… 8
　　第二节　珠宝首饰的基本条件和特点 …………………………………………… 12
　　第三节　珠宝首饰的计量与标示 ………………………………………………… 17
第三章　珠宝首饰价格鉴定的基础 …………………………………………………… 19
　　第一节　珠宝首饰的价值组成 …………………………………………………… 19
　　第二节　珠宝首饰鉴定中的基本概念、原理和特性 …………………………… 23
　　第三节　珠宝首饰价格鉴定的基本原则 ………………………………………… 24
　　第四节　不同目的珠宝首饰价格鉴定的特点 …………………………………… 26
第四章　珠宝首饰价格鉴定的程序和特点 …………………………………………… 29
　　第一节　珠宝首饰价格鉴定的程序 ……………………………………………… 29
　　第二节　珠宝首饰价格鉴定的特点 ……………………………………………… 34
第五章　珠宝首饰价格鉴定的基本方法 ……………………………………………… 36
　　第一节　市场法价格鉴定珠宝首饰 ……………………………………………… 36
　　第二节　成本法价格鉴定珠宝首饰 ……………………………………………… 39
　　第三节　收益法价格鉴定珠宝首饰 ……………………………………………… 44
　　第四节　价格鉴定方法的关联与选择 …………………………………………… 45
第六章　价格信息在珠宝首饰价格鉴定中的应用 …………………………………… 48
　　第一节　珠宝首饰的价格信息特征 ……………………………………………… 48

  第二节 珠宝首饰价格信息的来源 ································· 49
  第三节 珠宝首饰价格信息的处理 ································· 52
  第四节 应用珠宝首饰价格信息进行价格鉴定方法 ········· 53
第七章 钻石的品质分级与价格鉴定 ································· 54
  第一节 钻石品质分级意义 ··· 54
  第二节 钻石的4C分级 ··· 56
  第三节 钻石的4C与价格关系 ····································· 66
  第四节 钻石的价格鉴定 ··· 68
  第五节 毛坯钻石的价格鉴定 ····································· 73
  第六节 异型钻石的价格鉴定 ····································· 75
  第七节 彩色钻石的品质区分与定价探讨 ···················· 77
第八章 有色宝石的品质与价格鉴定 ································· 89
  第一节 有色宝石颜色的品质分级 ······························ 89
  第二节 有色宝石净度品质的分级 ······························ 91
  第三节 有色宝石切工品质的分级 ······························ 92
  第四节 有色宝石的重量对品质的影响 ························ 94
  第五节 有色宝石的综合品质鉴定 ······························ 95
  第六节 有色宝石的品质对价值的影响因素 ················· 96
  第七节 部分有色宝石的价格鉴定 ······························ 97
第九章 有机宝石珍珠的品质与价格鉴定 ···················· 109
  第一节 珍珠的基本概念 ··· 109
  第二节 珍珠的鉴定 ··· 111
  第三节 珍珠的品质鉴定 ··· 115
  第四节 珍珠的价格鉴定 ··· 121
第十章 玉中之王——翡翠品质与价格的鉴定 ·············· 125
  第一节 翡翠原石的特征与区别 ································· 125

  第二节 翡翠的A、B货特征与区别 ·· 128
  第三节 翡翠的品质鉴定 ·· 129
  第四节 翡翠的价格鉴定 ·· 136

第十一章 玉中之后——软玉品质与价格的鉴定 ·· 140
  第一节 软玉的基本特征和分类 ··· 140
  第二节 软玉的鉴定与区别 ·· 144
  第三节 软玉品质的价格规律 ·· 148
  第四节 玉雕制品的价格鉴定 ·· 150

第十二章 首饰品质与价格的鉴定 ·· 155
  第一节 首饰表面处理工艺的概念 ··· 155
  第二节 贵金属首饰的制作工艺及品质鉴定 ·· 156
  第三节 影响首饰饰品价格的主要因素 ·· 161
  第四节 首饰饰品的价格鉴定 ·· 162

第十三章 珠宝首饰价格鉴定案例分析与点评 ··· 168

附 表 ·· 191
  附表一 诞生石一览表 ·· 191
  附表二 世界大颗粒祖母绿一览表 ·· 192
  附表三 著名珍珠一览表 ·· 193
  附表四 世界著名蓝宝石一览表 ·· 193
  附表五 世界名钻一览表 ·· 194
  附表六 NGC公司2014年部分彩色宝石报价 ··· 197

参考书目 ··· 198

后 记 ·· 200

第一章 绪 论

第一节 珠宝首饰价格鉴定的概念

图1-1 铂金镶坦桑石钻石男戒
金重20g 坦桑石：14.77ct 钻2.54ct
品质：刻面型 色浅紫蓝
净度：VVS 切工优
市场中间价估算约人民币：22.75万元

一谈到珠宝首饰，似乎无人不知、无人不晓，而且人见人爱。这是由于它们独特的魅力——集美丽、财富、社会地位和人的艺术修养为一身的特殊产品。但人们似乎又觉得珠宝首饰深不可测，珠宝首饰的价格如何确定？怎样鉴定珠宝首饰的品质、质量？它们和价格之间又有何种关联？这些问题一直都困扰着人们，使珠宝首饰始终披着神秘的面纱。常言说黄金有价玉（宝）无价。玉（宝）真的无价吗？非也。黄金有价，仅仅是黄金在国际上有一个交易定价标准；珠宝、玉石（除钻石外）至今尚无准确的定价标准，但珠宝、玉石的品质和质量与价格之间始终存在着某些关联，寻找这些关联是珠宝首饰价格鉴定中首要的工作。

在市场经济中，各类市场主体（自然人、法人）之间形成复杂的社会、经济关系，而在各种经济关系中，价格又是各种经济活动的纽带。市场主体在市场经济活动中发生的不规范、不合理甚至违法行为的生活品中就有珠宝首饰，这就需要有相关的组织机构对市场主体的行为所涉及到的珠宝首饰品质与价格进行鉴定或评估，特别是国家机关在司法、行政执法活动中涉及到的珠宝首饰案件，尤其需要价格鉴定。随着社会主义市场经济体制的逐步建立和完善，社会经济活动中的珠宝首饰价格鉴定工作应该发展成由专业价格鉴定机构和专业人员来进行，这将在社会经济发展和法制建设中发挥重要作用。

一、珠宝首饰价格鉴定的历程

珠宝首饰作为资产来进行评估或价格鉴定,已有数千年历史,从奴隶社会的用贝壳来计价马匹、计价土地,发展到今天的动产、不动产和有形或无形资产的交易,都有一个参照时点和货币比价的交换过程。如贝壳对马匹的交换比例和现代的资产交易价格,仅仅是以物换物和以物折价的差别。资产的价格评估或价格鉴定作为一种行业,在国外已有一百多年历史,它起源于英国,19世纪末以私有不动产的土地评估为主;发展于美国20世纪80年代,以综合全面的资产进行价格评估为主;至今仍是两大评估主流。1987年,美国在评估师协会倡导下,联合16个评估协会,成立了评估促进会(AF),并制定了评估执业的统一标准"USPAAP",这一标准对国际评估界具有极为重要的影响,也是我国资产评估业的参考准则和参照标准。

珠宝首饰的价格鉴定,是随着人们对珠宝的投资、捐赠、置换、交易规模和数量的不断增加,引起并导致了对动产珠宝首饰资产价格鉴定需求的迅速扩大而产生的。1982年,美国将珠宝首饰从动产评估中分离出来,形成独立的评估体系,推动并促进了珠宝评估业的发展。

我国的评估业形成于20世纪80年代末,经过改革开放,经济体制改革取得突破性进展。计划经济时代严重扭曲的价格结构,得到了全面改变:土地、矿产资源、房屋、设备等固定资产,由不计价格、无偿使用逐步进入市场,变为要计价、有偿使用、市场交易;并且引起了企业破产、合并、转让中的资产、产生的事故损坏、拍卖、清仓,包括企业的商誉、商标等无形资产,保险理赔、财产抵押等,这些都需要认定价格,从而导致了政府与市场主体之间、各类市场主体之间产生了经济类中介组织——评估机构和价格鉴定机构。这是因为在市场经济活动中,物与物的价格关系背后是人与人的利益关系,价格成为经济纠纷的焦点,同样也成为司法、行政执法机关确立办案证据的要素。我国1993年成立了中国资产评估协会,1995年5月,国家人事部和国家国有资产管理局联合发布了《注册资产评估师执业资格制度暂行规定及考试实施办法》;1996年国家计委印发了《价格评估管理办法》,1998年国家发展计划改革委员会发布了《涉案物品价格鉴证人员资格管理实施细则》的通知,1999年6月以人发[1999]66号文件发出关于印发《价格鉴证师执业资格制度暂行规定》和《价格鉴证师执业资格考试实施办法》的通知,正式迈开了我国政府对评估业规范管理的步伐。特别是价格放开后,市场价格的千变万化,使行政执法机构、司法机关和纪律检查机关在办案过程中对确定各类涉案物品价格变得非常困难,从而给法院判案带来很大难度,这是因为案件涉及

图1-2 18K金镶西瓜碧玺钻石挂坠
金重: 6.24g 碧玺: 10.38ct 钻石: 0.56ct
品质: 长方刻面 色褐、粉、绿、无色(又称西瓜碧玺)
市场中间价估算约人民币: 4.32万元

各种物品价格的高低是判案量刑的主要依据。以前价格鉴定这项工作往往是司法、行政执法人员随机找一些单位或个人来做，其科学性、连续性、一致性较差，既当运动员又当裁判员，缺乏公平、公正性。因而，我国成立资产评估机构或价格鉴定机构，是保障社会主义市场经济发展和法制建设的需要。

随着改革开放的进一步深入，人们的生活水平得到了进一步提高，达到小康水平的人们更加向往绚丽多彩的世界——健康、美丽和富有，拥有珠宝首饰已不是梦想，价高的珠宝首饰由奢侈品进入到消费品中，引发了上世纪九十年代我国珠宝行业的快速发展。国营珠宝公司因企业的关、停、并、转产生珠宝资产的置换问题，个人在珠宝首饰买卖过程中的交易纠纷，以及珠宝首饰的拍卖、典当、抵押和捐赠及财产保险业的发展，公安、法院等机关对经济案件中涉及的珠宝首饰等价值界定的需求，这一切直接促进了我国珠宝首饰价格鉴定的形成和发展。

1994年，最高人民法院等四部委（院）联合发布的《关于统一赃物估价工作的通知》（法发[1994]9号文），1997年，国家计划委员会、最高人民法院、最高人民检察院、公安部关于印发《扣押、追缴、没收物品估价管理办法》的通知（计办[1997]808号文），专为司法部门办理经济和刑事案件服务的价格鉴定行业应运而生，作为资产一部分的珠宝首饰价格鉴定也同时产生。

2001年9月，中国资产评估协会在北京成立了珠宝首饰艺术品评估专业委员会，从此珠宝首饰评估专业正式成为我国资产评估的重要组成部分。

二、珠宝首饰价格鉴定的基本内容

珠宝首饰从属于资产，是财产物体所有权和拥有权的组合，具体又可细分为有形资产和无形资产。前者包括可触摸到、可移动、具实物形态的各类珠宝首饰，如各款首饰、各种宝石、玉雕制品等。后者包含了珠宝首饰中的无形价值，虽无法触摸但确实存在，如设计版权、经营权、商标权、商誉权等。价格鉴定时应该充分考虑珠宝首饰作为有形和无形资产的价值联系。

珠宝首饰的价格鉴定，实际上是对珠宝首饰的品种、类型、品质、质量及社会需求和使用价值的综合评判——是用价值来度量它们的性质。这是由珠宝首饰作为资产的商品特殊性而引起的，它既是高档消费品，具投资性，又是一种不可再生的天然资源，具有体积小、价值高、易流动的特点。与其它商品相比，价格鉴定时技术难度更大，涉及面广，专业性更强，具体包括：

> 1、原材料的鉴定评价（宝玉石原材料和贵金属原材料）；
> 2、工艺品质的鉴定评价；
> 3、美学价值的鉴定评价；
> 4、历史价值的鉴定评价等多种方面的综合性价格鉴定。

第二节 珠宝首饰价格鉴定中存在的问题和支撑基础

一、珠宝首饰价格鉴定中存在的问题

珠宝首饰的价格鉴定，其目的是不同的。近年来，特别是涉案珠宝首饰的价格鉴定已取得了不少成绩，但也存在一些问题，主要有：

(一)政出多门,法规不全

珠宝首饰由于商品的特殊性,对其管理涉及多个政府部门。作为地质矿产,国土资源部门可以发布管理办法;作为有形资产,国资委、财政部可以发布规范性文件;作为流通商品,工商管理部门可以发布管理文件;作为质量鉴定,技术监督部门可以有管理办法和权限;作为艺术品,文物管理部门也有自己的管理权限;作为涉案物品,价格鉴定由国家发改委主管,由此产生了对珠宝首饰的评估和价格鉴定缺乏统一的、规范的、权威性的管理法规和技术规范文件。这一多头管理状况不利于珠宝首饰业价格鉴定工作的规范和发展。

(二)规范不全,操作无序

珠宝首饰的价格鉴定,特别是涉案珠宝首饰的价格鉴定,计办(1997)808号文《扣押、追缴、没收物品估价管理办法》第二十条规定:"对委托估价的文物、邮票、字画、贵重金银、珠宝及制品等特殊物品,应当送有关专业部门作出技术、质量鉴定后,根据其提供的有关依据作出估价结论。"但该规定没有配套的操作规程。因此,检测鉴定部门若没有相应的资质,可能会带来鉴定结果的失真或失实而引起结论失效,操作程序不规范而引起鉴定结论的误差增加。

国家计委印发的关于《价格评估管理办法的通知》(计价费[1996]2654号)中,严格规定了价格评估机构、价格评估人员和价格评估程序,然而往往具体操作却偏离了规定程序,如:

1、珠宝首饰的品质鉴定,需评估机构委托和评估人员在场,使得价格鉴定标的结论准确无误,而实际操作时往往是委托机构自行将珠宝首饰的品质鉴定结果交给价格鉴定机构,这样容易使人们对价格鉴定原有标的结论的真实性引起怀疑;

2、准确的珠宝首饰价格鉴定,来自它的鉴定结果和品质分级,国际上对这类商品——珠宝首饰的品质分级至今缺乏统一标准。另外,我国珠宝玉石国家定名标准规定,宝玉石的产地不参与定名,而有的宝玉石产地恰恰是品质分级和反映价值的重要因素,如缅甸抹谷红宝、哥伦比亚祖母绿、新疆和田玉等,产地与价格之间密切相关。

3、珠宝首饰在价格鉴定时采用的市场比较法或专家咨询法,所选择的市场和聘请的专家有局限性,人们总是把珠宝商人作为价格鉴定人选。大部分珠宝商人虽有买卖的实际经验,然而他们经营的某一类珠宝首饰并不意味着他适合这类珠宝的价格鉴定(如:未经过珠宝鉴定培训的珠宝商人可能误定珠宝,形成错误的鉴定结论;再者,珠宝商人往往以自家商场的珠宝价格去衡量被鉴定的珠宝首饰的价格,缺乏市场价格的综合性;

图1-3 18K金镶红宝钻石戒
金重:8.6g 红宝:2.3ct 钻石 0.705ct
品质:椭圆刻面 色玫瑰红 净度VS 切工优
市场中间价估算约人民币:8.12万元

(四) 应用新的科技手段的支撑

由于珠宝首饰的特殊性，它们是珠宝玉石和贵金属的复合艺术品，任何破坏性的测试都是不可行的。另外，随着科学技术的发展，新的宝石品种和金属材料不断出现，尤其是宝石品种的品质分类，用一般的手段测试可能会无济于事，这给珠宝首饰的价值鉴定带来困难。合理运用新型的仪器可解决一些疑难问题，如电子探针、电镜扫描、显微电镜和光谱分析（红外光谱、拉曼光谱、紫外——可见光谱）等，从珠宝玉石的微观结构着手，由原子结构到内部的电子层结构的研究，开发了珠宝首饰品质鉴定技术，为保障正确、合理的鉴定珠宝首饰的价值打下了良好的基础，并开阔了珠宝首饰研究的前景。

第三节 珠宝首饰价格鉴定的发展需求

一、解放思想，实事求是

珠宝首饰的发展是人类文明发展的产物。规范的珠宝首饰价格鉴定，在市场经济运行中起到服务和沟通政府与企业、企业与企业、企业与个人之间相互联系的桥梁和纽带作用，其内容涵盖着社会学、艺术学、经济学和法律学等方方面面，它需要跨学科、跨行业、跨部门的通力合作。解放思想，实事求是，制定适用的规范程序、标准，将对珠宝首饰业持续、健康的发展有着重要意义。

二、珠宝首饰价格鉴定人员的职业守则

由于对珠宝首饰进行价格鉴定是一种职业，故从事这一职业的工作人员必须遵循一定的章程，即职业道德或职业守则，在接受聘请或委托人的委托后，利用自己的专业知识对涉及的珠宝首饰的品质和价格作出鉴定或评估，并出具意见书或鉴定结论书。不管是聘请的还是鉴定机构指定的鉴定人员必须具备四个条件：

> 1、具有解决珠宝首饰价格鉴定中鉴定目的的专门知识或技能。
> 2、鉴定人员与鉴定标的无利害关系，与当事人也无利害关系（如回避制度），能够保证正确地进行价格鉴定，客观公正地作出鉴定结论。
> 3、爱岗敬业、遵纪守法。只有在岗位上不断学习，认真总结，才能在珠宝首饰价格鉴定工作中精益求精，尽职尽责。每一次价格鉴定都必须受国家、行业的法律、法规和程序的约束（如保密制度等）。
> 4、价格鉴定工作是一行对百业，价格鉴定人员面对的珠宝首饰可谓包罗万象。走专业化道路，培养一支高水平的珠宝首饰的价格鉴定专业队伍势在必行。他们必须是：
> (1) 懂珠宝，认识珠宝；
> (2) 懂工艺，了解生产；
> (3) 了解国内外珠宝首饰市场的行情及变化；
> (4) 了解各地风土人情，具备各方面知识；
> (5) 具有灵活敏捷的思维和艺术审美功底；
> (6) 严格贯彻执行价格鉴定的法律、法规规定。

只有这类全方位的价格鉴定人才，才能使珠宝首饰的价格鉴定工作万无一失。

第二章　珠宝首饰的基本概念

第一节　珠宝与首饰的定义

一、珠宝玉石的定义

珠宝玉石的定义，国家珠宝玉石质量监督检验中心作了明文规定，即适用于中国境内各行各业与珠宝玉石有关的所有活动，可以归纳为狭义的定义和广义的定义两类。

（一）狭义的定义

自然界产出（包括天然宝石、天然玉石、天然有机宝石），工艺达到一定要求的单晶矿物体（含双晶）或多晶矿物集合体的宝石。

（二）广义的定义

天然珠宝玉石（包括天然无机宝石、天然玉石、天然有机宝石）、合成宝石、人造宝石、拼合宝石和再造宝石的统称。

1、天然无机宝石：

(1)宝石：自然界产出，工艺达到一定要求的单晶矿物（如钻石、红蓝宝石等）。

(2)玉石：自然界产出，达到一定工艺要求的多晶矿物集合体和非晶质体（如翡翠、软玉等）。

2、天然有机宝石：由部分或全部的自然界动植物形成有机物质，用于装饰的固体（如珍珠、象牙、珊瑚等）。

天然无机宝石

◀ 红刚玉原石
▼ 缅甸星光红宝石
Burma Star Ruby

蓝刚玉晶体 ▶
斯里兰卡星光红宝石
Sri Lanka Star Ruby

图 2-1　　　　图 2-2　　　　图 2-3　　　　图 2-4

第二章 珠宝首饰的基本概念

右	图2-5 翡翠 纵横四海龙牌 52×40.5×6mm 品质：色正绿 但不匀 芙蓉种 工艺佳 市场中间价估算约人民币：13.15万元
下	图2-6 青海白玉福寿齐天如意 900×(250～150)×300mm 品质：色白 质地细 润度一般 具水线 雕琢工艺精良 由30多个神态各异的猴子和12只寿桃组成 市场中间价估算约人民币：120万元

天然有机宝石

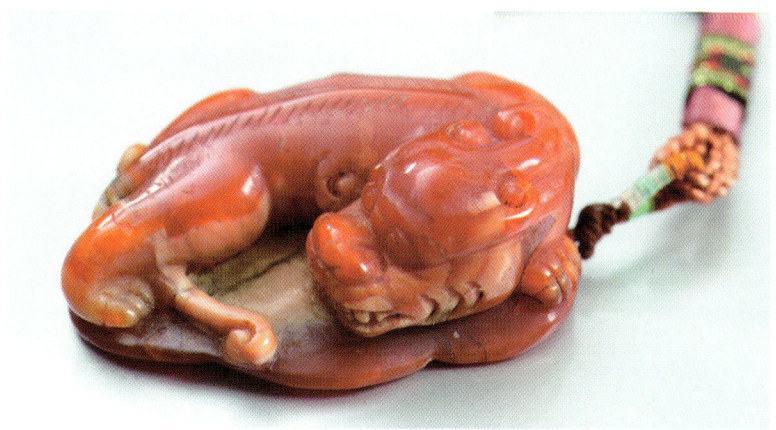

图2-7 清 红珊瑚手件
52.5×37×18mm
品质：色橘红 工艺良
市场中间价：估算约人民币：0.5万元

珠宝首饰价格鉴定

左　图2-8　琥珀龙型挂件
　　48×32×9.5mm
　　品质：色红褐　工艺良
　　市场中间价估算约人民币：0.38万元

右　图2-9　18k镶欧泊钻石挂坠
　　金重：2.85g　钻石0.53ct　欧泊8.5ct
　　品质：变彩效果佳
　　市场中间价估算约人民币：1.45万元

图2-10　翡翠手镯一对
颜色：light green ground
内径：56.3、56.2mm
厚度：8.6mm、8.9mm
成交价：81.25万港元
成交时间：2014.11

图2-11　铂金镶红珊瑚钻石女戒
金重：11.30g
珊瑚：φ15.5mm　钻石：0.26ct
品质：色红　工艺佳
市场中间价估算约人民币：7.85万元

3、合成宝石：完全或部分由人工制造，在自然界有已知对应物的宝石，其化学成分、晶体结构、物理性质与对应的天然宝玉石基本相同（如合成红宝石、合成水晶等）。

 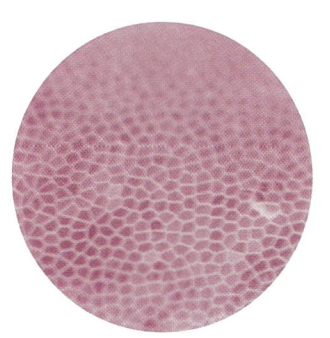

图2-12 合成星光红宝石　　图2-13 用光纤玻璃制成的有星光效应的人造星光玻璃，在高倍率放大下，能观察到蜂窝状结构。

4、人造宝石：模仿天然宝石的外观、颜色，完全由人工制造，在自然界中未知对应的宝石种类（如人造立方氧化锆，人造钇铝榴石等）。

5、拼合宝石：由两块或两块以上宝石材料经人工拼合而成，给人一整体感觉，称拼合宝石（如拼合欧泊）。

6、再造宝石：将天然珠宝玉石的碎块、碎屑，通过人工手段熔炼或压结而成，给人以整体外观的宝石（如再造琥珀、熔炼水晶等）。

（三）宝石定名的规则

我国珠宝玉石定名规定指出：

1、直接使用天然宝石、天然玉石的基本名称或矿物名称，无须加"天然"两字（如祖母绿、红宝石等）。

2、产地、雕琢外形不予定名（如南非钻石、人像翡翠等）。

3、合成、人造宝石必须材料名称前加合成或人造字样（如合成红宝石、人造钇铝榴石等）。

4、优化处理的珠宝玉石，应注明"处理"两字，并说明处理方法（如蓝宝石扩散处理）。未能确定是否处理的应注明："未能确定是否经过×××处理。"

二、首饰的定义

"首饰"一词，在《辞海》中释义为男女头上的饰物。现今首饰概念的外延仍然在不断扩展，它不仅成为全身装饰的总称，还包括一些新的装饰品种，因此它的品种繁多，包括头饰、耳饰、鼻饰、项饰、胸饰、腰饰、手饰、脚饰以及一些特殊用途的装饰品；还包括成品首饰（指用金属或贵金属制成的首饰）。另外，一颗宝石不论它如何美丽，最终还要依附金属的衬托才不失为人们生活中实用的首饰，即镶嵌首饰。

所以现代首饰可以定义为：集装饰、实用为一体，既可佩带在人体上起点缀、装扮作用，也可作为工艺品观赏、陈列及其它功能的饰物，是金、银、铂等贵金属及珠宝玉石艺术品的统称。

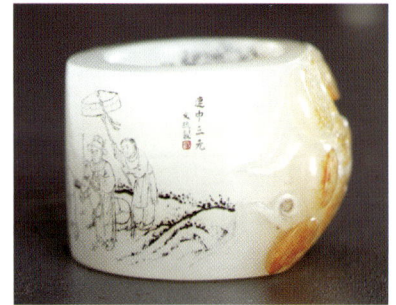

图2-14 和田籽料扳指 状元图
品质：具金黄色皮 色略带灰的白
　　　质地细润 工艺极精细（大师级工艺）
市场中间价估算约人民币：31.05万元

图2-15 扳指展开图

第二节　珠宝首饰的基本条件和特点

一、宝玉石的基本条件

作为特殊材料的宝玉石，不管是狭义的定义，还是广义的定义，都必须具备三个条件，即美丽、稀少、耐久。

1、**美丽**：包括颜色、透明度、光泽度、智慧（工艺）。

宝石是一件艺术品，必须给人以美的感受，使人观察后具有高贵典雅之感。作为宝石的矿物材料又必须有一定的颗粒度；颜色鲜艳纯正；透明少瑕，如果透明度差就必须有特殊的光学效应（如欧泊的变彩效应、变石的变色效应、金绿宝石的猫眼效应等）；还需要较好的光泽度。虽然世界上的矿物有数千种，但用作宝玉石的矿物仅百十种，它们具有色美、透明或特殊的光学效应。而用于雕琢的玉石，必须色泽艳丽、温润、素雅而均匀，结构细腻。如果仅外观美丽，只能称作为观赏石。

2、**稀少**：任何美丽的东西，一旦多了就不显得珍贵，钻石之所以珍贵是产生在特定的岩层中（即金伯利岩或钾镁皇斑岩中），而且开采约200吨该岩矿石中才产出约一克拉金刚石，在这一克

图2-16 金绿柱石猫眼
全重：22.5ct
品质：弧面型 色 蜜蜡黄
市场中间价估算约人民币：5.63万元

拉金刚石原石中仅20%能用作首饰；由于金刚石原石加工成钻石时的有效率仅约30%，如此稀少的钻石又受到全世界人的喜爱，因此显得格外珍贵，价格自然就高了。

3、耐久：宝石制品是流传百世之物，必须经久耐用，化学稳定性要好。钻石除了它灿烂的光泽外，更由于它是世界最硬的并且不怕腐蚀的耐久珍品，因此具有"一颗永留传"的美誉。又如故宫博物院商代软玉玉佩和战国时期青铜器上镶嵌的绿松石，虽然经历了二三千年的沧桑，但色泽依旧，花纹清晰，滋润光洁，不失天然本色，所以宝石应是具有一定硬度的单晶矿物或多晶矿物集合体。

图2-17 西晋金项链

1956年河南孟津县平乐乡金村出土。长28.3厘米，重71.8克。由金丝编连而成，黄金色泽赤黄，制作工艺考究，应为贵族所戴之物，是一件罕见的装饰品。这件造型简洁大气的金项链，从冶炼提纯到最后完成，运用了掐丝编织、焊接、抛光等多种制作工艺。

二、珠宝首饰的特点

1、独立唯一性

每一颗宝石，每一件首饰，它们的外型、品质相对又是独立的。尽管可以在同一个品质，同一个档次，但瑕疵部位的差异，镶嵌工艺的变化，使它们各自的稀少性更具独立的风格。除了人造或合成宝石以外，世界上不可能有两块外型、净度、颜色等完全相同的宝石存在，这就是它们的独立唯一性。

2、稀少珍贵性

自然界形成的矿物有数千种，但作为宝玉石的仅有百十种，而且成为珍品的宝石就更少。这些宝石矿物体是一种不可再生的资源，在漫长的地质演变过程中形成，不但复杂而且充满偶然性（如成份同样是碳C，有的成为金刚石，有的成为石墨），这就是大自然的奥妙所在。另外，在宝玉石的找矿、开采、加工，直到最后制成可供佩戴观赏的首饰中所花费的人力、

珠宝首饰价格鉴定

图2-18 翡翠挂件祝福
42×15×8.5mm
品质：色瓜绿 质地冰种
市场中间价估算约人民币：7.15万元

财力、物力是巨大的，它们更加体现了珠宝首饰的稀少珍贵性，更是大自然精华与人类智慧的结晶产物。

3、观赏艺术性

珠宝首饰最重要的属性就是可供观赏的艺术性。珠宝、玉石的特性是硬度大、光泽强、颜色美等，只有经过独特的设计加工，这些特征才能充分体现并产生美感，否则它们只能称为彩石或矿石，充其量是一块观赏石。尽管不同种族、不同肤色、不同的国家由于文化底蕴不一，对美的理解也有差异（如西方人喜爱祖母绿宝石，而东方人喜欢绿色翡翠玉石，中东人喜爱绿松石），但宝玉石自身美和后期设计加工的观赏性成为共同欣赏的要素。

4、储备保值性

制作首饰用的贵金属，特别是黄金，不仅作为国家财政"金本位"储备的货币和世界贸易流通的硬通货币，它还象征着社会地位和个人的财富。河北满城中山靖王刘胜墓出土的金缕玉衣就是我国的文物极品，显示了墓主人的显赫王者身份和地位。

珠宝、玉石除稀少外且具有体积小、便于携带的特点，也有不少国家把它作为王室财富和国力的强盛标志。

改革开放后的今天，已达到小康水平的人们把拥有珠宝首饰和玉器佩饰来修饰人体，陈列观赏，美化自己的生活。这是因为珠宝首饰的拥有不仅能美化生活，增强自身的身心健康，同时还可作为财富的象征，体现自己的身份（富有），使其保值、增值，另外，它们还能展现自己的艺术情趣和欣赏价值，具有长期永久的收藏价值。

5、文物投机性

珠宝首饰作为资产一个类型的商品，除了佩带外，还有重要的一个性质即投机性（投资的机会性）。珠宝首饰作为不可再生的资源，是一种财富的浓缩，其投资资产的价格逐年上升，远高于通货膨胀率。储蓄，由于政府担保可以保值，但受通货膨胀率影响，不一定增值。股票，由于其风险性"可能"增值，但不一定保值。房地产，由于土地的有限性、稀缺性，可以保值、增值，但它是一种不动产，一旦出现战争即不能保值，更不能增值。唯独珠宝首饰，有着天然资源的稀缺性，

图2-19 和田籽料 链条瓶
300×120×45mm
品质：色灰白带黑点 质地细润
工艺精良
市场中间价估算约人民币：47.28万元

第二章 珠宝首饰的基本概念

又是一种动产，可不受战争、地域的影响而保值增值，由此带来较大的投资获利机会。

例1：香港苏富比1995年秋季拍卖会一只翡翠手镯，翠色浓艳，质地通透细腻，内径53mm，镯粗9.4mm，当时估价人民币900万，成交人民币970万，而到2005年该手镯再次拍卖时成交价达人民币1450万，短短十年增值人民币480万，达到49.4%以上。

例2：黄金价格2004年零售价每克人民币125元，2007年8月零售价每克达198元，4年上涨了人民币73元，达到58.4%。另外，由于美元的不稳定性，2012年12月黄金交易所黄金高达每克人民币389元，而2015年4月黄金交易所每克人民币239元。

例3：白玉原石1980年一级籽料为人民币80元/公斤，1990年为人民币1万元/公斤，2000年为人民币8万元/公斤，2005年为人民币10万元/公斤，到2007年为人民币30万元/公斤，28年涨了3750倍。

珠宝首饰如此高的投资回报率吸引着全世界人的眼球。

6、价值不确定性

图2-20 18K镶翡翠钻石三件套
金重：49.54g 钻石：4.67ct
品质：色浓绿（有黑点）豆种
市场中间价估算约人民币：12.27万元

珠宝首饰的品质、质量的评判世界上并无统一标准，不同国家、地区的人对珠宝首饰的价值认同标准也有差异。在完全竞争的市场中，由于珠宝资源在世界上的不均匀分布，珠宝品质和质量的不稳定性及生产、设计、劳动力的差异，尤其是珠宝首饰的设计加工名人效应认知程度的差异，都将导致珠宝首饰的价值不确定性。

上述珠宝首饰的这些特点，使人们产生一种神秘的美感，价格鉴定就是把这种神秘的美学观念用有机的价值观念来"注释"并"揭秘"。

图2-21 18K黑金镶珊瑚、钻石、彩宝胸针
金重：15.3g 钻石：0.32ct 彩宝：6.4ct
品质：珊瑚色橙红
市场中间价估算约人民币：3.2万元

表2-1　2015年1月15日至21日金、银、铂价格

日期	合约	开盘价	最高价	最低价	收盘价	涨跌（元）	涨跌幅	加权平均价	成交量（公斤）	成交金额（元）
1.15	Au9995	240.19	247.00	240.10	245.14	−1.01	−0.041	245.41	2680	657708980.00
	Au9999	247.50	248.00	244.95	245.01	−2.69	−0.0109	245.44	32999.96	8100298744.00
	Au100g	246.00	247.80	245.50	245.54	−0.21	−0.0009	246.31	32.2	7931300.00
	iAu9999	245.00	245.30	244.40	244.40	−0.74	−0.003	244.55	3900.60	953911896.00
	Au(T+D)	245.31	248.00	244.63	245.18	−1.05	−0.0043	245.82	46388	11403424040.00
	Pt9995	259.25	260.25	259.25	259.80	−0.51	−0.002	259.83	144	37416100.00
	Ag99.99	3569	3569	3540	3556	−16	−0.0045	3556	270	960150.00
	Ag(T+D)	3521	3582	3515	3527	−36	−0.0101	3544	3953066	14012342142.00
1.16	Au9995	249.30	251.80	249.00	251.51	6.37	0.026	251.26	5748	1444260920.00
	Au9999	249.63	252.00	248.10	252.00	6.99	0.0285	251.29	28888.30	7273145873.00
	Au100g	248.90	252.00	248.21	251.63	6.09	0.0248	250.48	146.4	36670308.00
	iAu100g	249.00	249.00	249.00	249.00	9.5	0.0397	249.00	0.2	49800.00
	iAu9999	249.60	250.50	249.60	250.50	6.1	0.025	250.49	1243.44	311479820.00
	Au(T+D)	249.70	241.90	248.70	251.65	5.83	0.0237	250.55	95080	23822849980.00
	Pt9995	263.00	264.00	263.00	264.00	4.2	0.0162	263.92	128	33782000.00
	Ag99.99	3589	3589	3589	3589	33	0.0093	3589	540	1938060.00
	Ag(T+D)	3578	3600	3562	3585	41	0.0116	3582	4413378	15809260254.00
1.19	Au9995	252.50	256.00	252.50	255.66	4.15	0.0165	255.67	4786	1223641880.00
	Au9999	253.00	256.10	252.00	255.80	3.8	0.0151	255.65	30657.82	7837726710.20
	Au100g	252.00	255.99	252.00	255.51	3.88	0.0154	254.91	111.4	28397852.00
	iAu9999	252.80	255.00	252.80	255.00	4.5	0.018	254.99	1601.96	408498218.00
	Au(T+D)	251.15	256.79	251.15	255.66	5.11	0.0204	254.95	72782	18556164760.00
	Pt9995	265.00	266.25	264.75	264.75	0.75	0.0028	265.84	322	85602500.00
	Ag(T+D)	3580	3730	3577	3712	130	0.0363	3673	6932376	25468743430.00
1.20	Au9995	255.50	256.00	255.45	255.90	0.24	0.0009	255.74	4982	1274260920.00
	Au9999	256.75	256.75	255.00	255.99	0.19	0.0007	255.92	31205.08	7960207699.40
	Au100g	255.79	256.35	255.00	256.00	0.49	0.0019	255.74	53.8	13759028.00
	iAu100g	254.00	254.00	254.00	254.00	5	0.0201	254.00	0.2	50800.00
	iAu9999	255.00	255.75	255.00	255.74	0.74	0.0029	255.20	3742.42	955102455.00
	Au(T+D)	256.00	256.50	254.50	255.83	0.88	0.0035	255.72	32626	8343402820.00
	Pt9995	265	266	265	265.75	1.01	0.0038	265.66	212	56322000.00
	Ag99.99	3739	3739	3739	3739	150	0.0418	3739	360	1346040.00
	Ag(T+D)	3712	3763	3710	3740	67	0.0182	3738	3363584	12574018876.00
1.21	Au9995	259.00	261.05	258.90	260.25	4.35	0.017	260.07	6200	1612459520.00
	Au9999	257.90	261.30	257.21	260.29	4.3	0.0168	260.21	28268.92	7352242148.40
	Au100g	257.00	261.15	257.00	260.33	4.33	0.0169	259.30	188.2	48801780.00
	iAu100g	257.00	259.50	257.00	258.10	4.1	0.0161	257.91	1.2	309500.00
	iAu9999	258.20	259.30	258.20	259.29	3.55	0.0139	258.80	2020.30	522863636.00
	Au(T+D)	257.32	261.59	257.32	260.14	4.42	0.0173	259.42	62960	16333258000.00
	Pt9995	268.00	270.50	268.00	270.08	4.32	0.0163	269.37	354	95358000.00
	Ag99.99	3820	3845	3820	3840	101	0.027	3840	6210	23850450.003760
	Ag(T+D)	3760	3888	3753	3862	124	0.0332	3819	7916636	30234035980.00

第三节　珠宝首饰的计量与标示

一、贵金属与宝石的计量

贵金属的计量：我国主要使用国际通用的公制度量单位：吨（t）、千克（kg）和克（g）。国际交易市场中主要使用金衡盎司（Troy Ounce）和常衡盎司（Avoirdupois Ounce）作为计量单位，常简写为"oz"，它们之间的换算为：

1公斤＝1000克，1市斤＝500克，1两＝50克，1钱＝5克，1分＝0.5克

1金衡盎司＝31.10346克，1常衡盎司＝28.3495克

我国有的地方如香港采用传统的16两制，即：

1市斤＝16两（又称小两），1两＝10钱＝31.25克，1钱＝10分

图2-22　18K金镶翡翠钻石挂件
金重：14.8g　翡翠弧型：25×11×7mm　钻石：2.50ct
品质：色瓜绿　冰种　具石花　椭圆型
市场中间价估算约人民币：11.6万元

在宝石的交易中常采用克拉（ct）、分（point）或格令（gr.）：

1克＝5克拉，1克拉＝0.2克＝100分＝4格令，1格令＝0.25克拉

二、贵金属首饰的标示与标注

（一）贵金属的标示

贵金属首饰按材料的不同可分为黄金首饰、白银首饰、铂金首饰、镀金或包金首饰及合金首饰。它们常用纯度和含量标示，即百分率法、成色法和Karat（K）法。

1、百分率法：以百分比率"%"表示含量。例含金量90％、75％表示物质的100份中含金量90份和75份。

2、成色法：以千分比率"‰"表示含量，具体使用时省略千分符号（‰）。例如黄金首饰标记G750，表示含金量750‰；铂金首饰标记Pt900，表示含铂量900‰。

3、"K"法：将纯度100％分成24份，纯度所占的份额用"K"表示，每K含量以百分率表示4.167％。例如百分率37.5％、58.3％、75％、100％分别表示24份物质中纯度分别为9份、14份、18份和24份，"K"法表示9K、14K、18K和24K。

（二）贵金属的标注

根据GB11887-2002《首饰贵金属纯度的规定及命名方法》的规定，贵金属饰品材料名称可用金、银、铂标注，或用大写英文"GOLD、SILVER、PLATINUM"标注或用第一个大写字母"G、S、P"标注，还可用化学元素Au、Ag、Pt来表示，首饰上的标示常有：

1、金 Au (GOLD)

(1)千足金：含金量千分数不小于999的称千足金，打千足金印记或打G999印记。

(2)足金：含金量千分数不小于990的称足金，打足金印记或打G990印记。

(3)K金：是足黄金与其它金属合金，英文Karat Gold，22K、18K、14K印记分别表示含金量千分数G916、G750和G585。

(4)K彩金：常见18K白金是75%黄金，25%的银、镍、锌合金组成18K白色黄金。18K彩金是75%黄金，25%铜、镍、钯、镉等金属合金组成不同颜色的彩色黄金。

(5)市场常有金首饰表示的印记24KG，其中金标记"G"是Gold缩写，成色标记"K"是Karat缩写。

2、银 Ag (SILVER)

(1)足银：含银量千分数不小于990的称足银，打足银印记或S990印记或"纹银"字样。

(2) 925银：含银量千分数不小于925的称925银，打925银印记或S925印记。

(3) 525银：含银量千分数不小于525的称525银，打525银印记或S525印记。

3、铂 Pt (PLATINUM)

(1)足铂：含铂量千分数不小于990的称足铂，打足铂印记或Pt990印记。

(2) 950铂：含铂量千分数不小于950的称950铂，打950铂印记或Pt950印记。

(3) 900铂或850铂：含铂量千分数不小于900或850的铂，分别打900铂、850铂印记或Pt900、Pt850印记。

图2-23 18k金镶和田玉追梦鼠
全重：224.25g
亚历山大变色猫眼重：1.1～1.3ct
获2013年中国百花奖金奖
设计制作：冯建森、倪思文、王冰
制作地：中国上海

第三章 珠宝首饰价格鉴定的基础

第一节 珠宝首饰的价值组成

珠宝首饰作为资产时没有价值，但作为流通商品，一种用劳动创作的产品就可以用价值来度量，包括生产资料价值和劳动力价值。所以珠宝首饰的价值是珠宝首饰对人的效应，它存在于人的利益、需求和变更时的作用。虽然这种效应对于不同的主体、不同的层次、不同的需求会存在差异，但它的存在，在某一时期的价格是一定的，由此可以用货币和价值来进行度量。所以珠宝首饰用价格表现的价值包括二个方面：珠宝玉石自身的价值、首饰制作工艺的价值。

一、珠宝玉石自身的价值

天然珠宝玉石的稀少性决定了它的特殊价值，对于不同品种、不同品质的珠宝玉石将直接影响它的价值。例如2015年3月钻石报价：相同重量、相同净度、不同颜色的1克拉钻石，D色和M色的差价约70000元人民币；而相同颜色不同净度分别为LC无瑕和P重瑕的差价约

图3-1 和田籽料手件 虾
重：62g 尺寸：70×37×15mm
品质：色白 细润 具枣红皮
市场中间价估算约人民币：11万元

图3-2 18k镶翡翠钻石挂件
金重：7.5g 钻石：1.8ct
尺寸：30×20×6mm
品质：色浓绿 巧雕 玻璃种
市场中间价估算约人民币：34万元

图3-3 18k镶珍珠钻石挂件
金重：1.5g 钻石：0.3ct
尺寸：直径14mm
品质：黑珍珠 略有瑕
市场中间价估算约人民币：0.65万元

95000元人民币。另外，相同颜色H、相同净度VS1、不同重量（0.5克拉和1克拉）的差价约24800元。这些差价是由钻石的颜色、净度、重量和稀少程度而引起的。钻石由戴比尔斯公司(De Beers)对外采购和销售垄断，按钻石的品质(4C)每期由他们在RAPAPORT上公布价格，但不同的供货商或销售商他们所获得的价格也有差异。形成这些核算成本的差异，与买货量多少，是长期供货还是一次供货有关，但RAPAPORT还是给我们提供了一个很好的钻石价格参考依据，使专业人员能结合经验来分析确定钻石价值。

对有色宝石而言，特别是高档宝石如红宝石、蓝宝石、祖母绿、金绿猫眼等，它们的价值受色泽的鲜艳度、产地的差异变化而变化，这是因为它们当中有纯天然的、有国际认可优化处理的（可不注明处理方法，如：加热处理的红、蓝宝石，可以写成红宝石或蓝宝石）和应该注明优化处理工艺的（如：辐照处理、充填处理和注油处理）及合成品、仿制品等，它们的稀少程度、生产成本更为复杂，至今尚无国际公认的统一标准，因此它们之间价值相差较大，可能是天壤之别。例如一颗天然的优质鸽血红红宝石与普通红宝石差价可达数十万人民币，而上等的高绿翡翠戒面和普通翡翠戒面则是几十万的价值差异。

（一）宝石的颜色价值

对宝石的价值而言，一般以颜色鲜艳、纯正、均匀、深浅等因素来衡量，在不影响透明度的情况下，颜色深比浅价格高。如果颜色经过优化处理而且效果稳定、市场接受、国际上认可，其价值必酌情减少。对合成或人造宝石而言，由于制作方法不同，成本不同，其价值自然不同，如焰熔法生长的宝石与水热法、助熔剂法生长的宝石颜色一般都比较好，但后二者比前者生长周期长成本高，价值自然就高。

（二）宝石的重量价值

宝石的重量轻、重与宝石的价值成正比，特别是贵重宝石必须先考虑溢价问题，如前所述同等颜色、同等净度、同等切工的钻石0.5克拉与1克拉不单是价格翻倍，以H颜色、VS1净度、良好切工为例差价约每克拉24800元之多。

（三）宝石的切磨工艺价值

良好的宝石加工工艺必须按照设计的要求，保证宝石精美造型的完美性，充分体现宝石艳丽的颜色、光亮度和透明度；面、棱、角的对称，抛光的完好性、平直性，对瑕疵或包裹体的处理，如钻石的光彩和全内反射、红宝石艳丽的红色、猫眼宝石平行于光轴的针管状包裹体等，只有这样切磨宝石才具备最高的艺术价值境界。

对宝石的加工而言，不同的宝石琢型，不同的款式，不同的制作工艺也是影响其价值的又一个重要因素。这是因为任何一种款式必须充分体现宝石最美的一面，即：颜色、透明度、光亮度及特殊的光学效应。对玉雕制品而言必须考虑造型、俏色的利用，例如红宝石或蓝宝石在它的光轴方向将产生最佳的颜色效果。另外宝石的加工质量、抛光质量及比例、对称性等，也对珠宝价值有较大的影响。总之，应该根据宝玉石造型的整体效果来评判它的价值。它们具体包括：

1、整体造型对价值的影响：

珠宝首饰形式多种多样，有传统题材的首饰，也有流行款式的首饰，它们统属于艺术品范畴，即属于商业性，同时又具观赏性所体现的价值，也就是珠宝首饰所表现的价格。所体现的价值应该是实用、经济、美观。

(1) **实用**：主要是满足人的消费需求。尽管不同时间、不同地域、不同年龄、不同职业、不同的文化修养对实用的要求表现不同，但对美的视觉及装饰使用功能的观念是一致的。

(2) **经济**：作为价值功能的体现应该得到充分发挥，使珠宝首饰的经济价值最大化。经济一般指便宜、实惠，即所谓的价廉物美，但珠宝首饰不能用便宜、经济等单纯的尺度衡量，而是材质的实用性和观赏性与饰品的价值相符就是经济。

(3) **美观**：珠宝首饰离开了美观，则失去了艺术。美观是审美的体现，受到实用的目的、首饰材质和生产工艺条件的限制。美观所体现的价值是超越形象和时间的艺术时空，有一种不可逾越的局限，形成独特的个性和艺术风格。

以上几点将影响珠宝整体造型的价值，它是一个完整的统一体，片面地强调一个方面而削弱或放弃另一方面，本身就削弱或降低了珠宝首饰的艺术价值。

2、对宝玉石缺陷的处理影响：

宝石的缺陷，特别是具特殊光学效应的处理和玉雕制品俏色利用，如金绿宝石内部具平行针管状包裹体，平行于包裹体方向并加工成弧面型就可产生猫眼效应使其增值；白玉的皮色，设计成一个动物造型，俏色雕琢，也可使它成倍增值。

3、加工外形的精确度、粗糙度影响：

宝石的加工质量，即该面的平整，弧型、柱面是否标准及光亮都将反映工艺质量及价值。

图3-4 翡翠对章
18×16×56mm
品质：色翠绿带灰白 豆种
市场中间价估算约人民币：37万元

图3-5 和田籽料巧雕如意 五福临门
245g 250×50×38mm
品质：色略带灰的白 质地细润 俏色雕琢 工艺精良
市场中间价估算约人民币：42.3万元

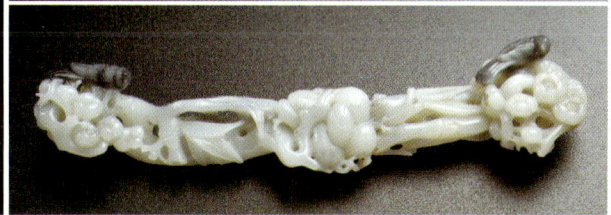

图3-6 和田籽料巧雕如意 喜上梅梢
167g 215×51×30mm
品质：色略带灰的白 质地细润 俏色雕琢 工艺精良
市场中间价估算约人民币：38万元

二、首饰制作工艺的价值

成品首饰是指用贵金属制成的首饰，贵金属镶嵌宝石的首饰，以及其他各种人们用来佩戴或装饰的首饰。这是因为无论多么美丽的珠宝，都将通过贵金属衬托、点缀，因此首饰对制作所体现的价值有着极其重要的功能。它们是：

图3-7 18K金镶翡红钻石套装

挂坠　　　金重：6.53g
　　　　　钻石：0.58ct
耳坠一对　金重：7.13g
　　　　　钻石：0.44ct
戒指　　　金重：3.0g
　　　　　钻石：0.34ct
品质：色褐红　水种
市场中间价估算约人民币：7.5万元

（一）贵金属的自身价值

以其稀贵性、抗腐蚀性、耐氧化性，又具良好的延展性和一定的硬度，如黄金、银、铂金及合金等，并随其类型含量的不同，其价值也不同。

（二）款式设计的艺术价值

一件精良的首饰如同一件艺术品，巧妙的设计不仅是简单的市场和消费的需要，更主要的是凸现首饰的魅力，特别是体现高档宝石的保值功能与装饰效果，它的款式设计是引导时尚潮流的先驱。某些首饰单独的个性化设计，其价值自然远高于珠宝玉石的自身价值，这就是设计的价值。

（三）工艺价值

一件珠宝首饰，除了它本身选用宝石、贵金属材料，预期设计外所体现的是艺术价值，包括：

1、宝石加工的工艺价值

2、首饰镶嵌的工艺价值

首饰的制作往往采用贵金属（金、银、铂）或特种金属材料，必须充分考虑与宝石材料的匹配性，与消费市场的合理性及制作工艺的可行性。它们的质量要求是：

(1)主题突出，整体造型的美观；

(2)布局合理，纹饰自然、清晰，线条流畅；

(3)工件表面光洁，无砂眼，无裂痕等缺陷；

(4)掐丝流畅，填丝平整；

(5)镶石牢固，周正，平服；

(6)焊接牢固，无虚焊，无焊疤；

(7)錾花自然、平整，层次清晰；

(8)配件灵活有力；

(9)表面处理色泽一致光亮；

(10)装配牢固，可靠；

(11)印记准确，位置适当。

根据上述十一条，可以很好地判断出首饰镶嵌的工艺价值。

第二节 珠宝首饰鉴定中的基本概念、原理和特征

一、珠宝首饰鉴定中的基本概念

（一）珠宝首饰鉴定：是中介机构接受委托后，对作为价格载体的珠宝首饰类型、产地、质量等级作出鉴别、判断活动；也是珠宝首饰价格评估、价格鉴定的前奏。

（二）珠宝首饰价格评估：是中介机构接受委托后，对生产、流通、消费领域中各种珠宝首饰的价值进行估算；也称非涉案的珠宝首饰估价。

（三）珠宝首饰价格鉴定（也称价值鉴定）：是依法设立的价格鉴定机构接受行政、司法、仲裁等机构的委托，对其刑事、民事、经济、行政案件中涉及的各类珠宝首饰的价值真实性进行估算、鉴别。（本书重点叙述珠宝首饰价格鉴定，因此一般不使用价格评估一词）

（四）珠宝首饰价格鉴定与价格评估的异同点：

> 1. 两者都是以珠宝首饰品质、质量、等级的鉴定为基础，作出了市场调节的中间价的合理定价。
> 2. 价格评估是非涉案领域的珠宝首饰价值；而价格鉴定其结论经司法、行政机关确认后，可直接作为执法、办案中判决裁定的依据，是法律程序在价格领域的延伸。
> 3. 珠宝首饰价格评估直接对应经营者、消费者利益；价格鉴定是界定珠宝首饰当时、当地的价格水平，具明显时间、地点的价格特征。
> 4. 价格鉴定除一般复核外，还有最终复核裁定，即国务院价格主管部门设立的价格鉴定机构的复核裁定结论是最终复核裁定。

二、珠宝首饰价格鉴定的基本原理

珠宝首饰的价格鉴定，是指依法设立、具有执业资质的价格鉴定机构，接受国家机关及各类市场主体的委托，对社会经济活动中所涉及的珠宝、玉器、首饰进行质、价相符的鉴定。

珠宝首饰的价格鉴定是为了适应社会主义市场经济发展需要而产生的，特别是中国加入WTO后，随着经济发展及对外开放的扩大，珠宝首饰已从过去的奢侈品转化为高档消费品。生活水准提高的个人、企业和组织，越来越多地喜爱具有艺术性的个性化珠宝首饰和玉雕制品。在市场调节下，相应带来的珠宝首饰定价，特别是涉案珠宝首饰的价格不明或难以确定而影响案件判决或裁定也越来越多。然而一块宝石、一件玉器、一件首饰，怎样去评判它们的艺术价值和市场价值呢？它们之间又有何种联系？这些情况的出现，客观上要求价格鉴定机构对这些特殊标的——珠宝首饰品质进行鉴定并就价值进行鉴定。

因此，珠宝首饰的价格鉴定，是一项专业技术性强、

图3-8 翡翠佛像龙纹香熏
310×240×120mm
品质：色淡绿白底青 豆种 半透明 工艺精良
市场中间价估算约人民币：52.68万元

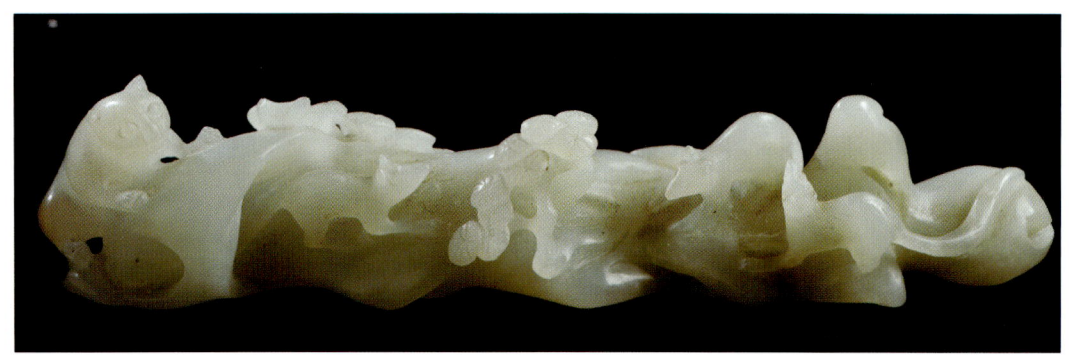

图3-9 和田籽料摆件 猫戏鼠
136×25×28mm
品质：色花白 质地细润 工艺精良
市场中间价估算约人民币：3.45万元

涉及面广、经济与社会活动中不可缺少的工作，也是在市场价格形成机制中不可缺少的重要工作。做好珠宝首饰价格鉴定工作，不仅有利于引导珠宝企业正确的价格决策，有利于保障司法诉讼和行政执法等活动的顺利进行，而且对促进经济发展具有重要的指导意义。

三、珠宝首饰价格鉴定的特性

1、现实性：是以价格鉴定基准日为时间参照点，按照这一时点鉴定标的珠宝首饰实际状况的价格。

2、市场性：指模拟市场条件对鉴定标的珠宝首饰作出价格鉴定结论，并接受市场检验。

3、独立性：鉴定机构必须是独立的经济鉴定服务机构，鉴定人员必须与鉴定的珠宝首饰没有利害关系；按照公允、合法的准则和规程进行价格鉴定，不受委托方的意图影响，科学地保持客观性、独立性。

4、咨询性：价格鉴定结论对委托方的参考性并无强制执行效力。只有得到司法、行政执法等部门确认，才具法律效力的强制性。鉴定人员只对结论本身是否合乎职业规范负责。

理解和掌握珠宝首饰价格鉴定的特性，对正确处理价格鉴定工作中的问题，提高价格鉴定工作效率、质量有着重要的意义。

第三节　珠宝首饰价格鉴定的基本原则

价格鉴定作为一种独立的经济类服务团体，应当做到客观、公正、科学、合理、真实地反映被估珠宝首饰的价值，要求鉴定人员运用掌握的知识，遵守规定的法则和标准，服务于鉴定工作，这就是价格鉴定的基本原则。具体包括两个方面的工作原则和专业原则。

一、工作原则

（一）合法原则

合法原则，指珠宝首饰价格鉴定行为必须符合国家的法律、法规及政策要求，遵守规定的程序和估价及相关管理规定，使珠宝首饰价格鉴定人员的行为置于法律约束之内，使整个鉴定工作符合法律规定的要求。

（二）公平原则

公平原则，指珠宝首饰价格鉴定工作必须站在公正立场，尽可能求得一个客观、合理的价格。不公平的价格鉴定结论不仅影响当事人利益，还会影响价格鉴定工作的声誉和权威性。这要求珠宝首饰价格鉴定人员具有良好的职业道德、公正无私和遵守法律制度，包括管理上的回避制度、审复核验制度和监督制度，作为流程的科学规范制度等。

（三）客观真实原则

客观真实原则，指以事实为依据，以实际资料为基础，实事求是地得出珠宝首饰价格鉴定结果。鉴定结论经得起检验是珠宝首饰鉴定结果正确性、有效性的根本保证。

（四）科学原则

科学原则指珠宝首饰价格鉴定活动应当用科学方法、科学标准和规范程序来严格制定鉴定方案，使鉴定结果准确合理。

二、专业原则

（一）鉴定原则

鉴定原则是对珠宝首饰价格鉴定标的的真实写照，是与相似珠宝首饰的识别标志，包括首饰各个部分的鉴定（如：宝石、贵金属材质、颜色、尺寸、重量等测定数据）。最终鉴定结果是品质分级和价格鉴定的重要依据，错误的鉴定结论将导致整个价格鉴定工作失败。如果认为某项鉴定需花费较高的检测费而不做，显然违反了必须鉴定的程序原则。

（二）品质分级原则

品质分级原则是对价格鉴定的珠宝首饰品质、质量进行鉴定。按照同类首饰的品质标准进行比较，得出标的珠宝首饰的品质结论，并按照珍稀程度、实用性、知名度、品牌等状况，对宝石的颜色、净度、切工、工艺质量和市场需求，确定其真实价值，是珠宝首饰价格鉴定最重要的原则。

应该注意，不同的宝石品质分级不同，价值也不同，它们将依据价格鉴定人员客观分析和对市场了解的综合知识来进行判断。

（三）替代原则

依据经济学理论，同一市场中具有相同使用价值和品质的物品价格是趋于一致的。替代

图3-10 翡翠挂件 枫叶
37×18.5×4.8mm
品质：色浓绿均匀 水种 工艺佳
市场中间价估算约人民币：19.6万元

图3-11 翡翠挂件 富贵豆
40×10.3×8.5mm
品质：色阳俏绿 不匀 略带白斑 冰种 工艺佳
市场中间价估算约人民币：18.5万元

原则,是对某一特定标的珠宝首饰价格鉴定时,在同一市场有相近功效和品质的替代品价格来推断出鉴定标的对应珠宝首饰的价格;如果存在差异应作适当修正,得出比较合理的标的价格。

(四)贡献原则

贡献原则,指构成珠宝首饰价格鉴定的某一部分的价值,取决于它对整个珠宝首饰的贡献,或者根据缺少它的存在时对整个首饰艺术品的价值影响程度来衡量,以此来修正被价格鉴定珠宝首饰的价格。

图3-12 翡翠吊环一对
φ21×4.3mm 一对
φ7×4mm 一对
品质:色浓正绿均匀 玻璃种
市场中间价估算约人民币:90万元

(五)供需原则

供需原则,指珠宝首饰作为商品,其价格随供货量增加而下降,随着需求增长而上升。但它们不是一个固定的比例,所以供需原则将影响买主与卖主对支配市场交易的价格标准起作用,如供应商可扩大供应量来增加利润,也可以提高市场零售价格来增加利润。

(六)适应原则

适应原则指珠宝首饰的价值必须与市场需求相适应,只有这样其价值就存在持续性,尤其取决于其潜在客户的市场需求行情,满足不同客户的不同需求(即适应市场),才能很好体现价格,被鉴定标的的珠宝首饰也必须适应相同市场条件。

(七)最高最佳使用原则

最高最佳使用原则指合理合法可行的利用,才能体现珠宝首饰的价值。其中包括三个方面:
1、佩带使用的最佳利用;
2、宝石制成首饰的匹配的最佳利用;
3、价格鉴定时方法的最佳应用。

第四节 不同目的珠宝首饰价格鉴定的特点

价格鉴定目的是根据委托方要求所设定的,由价格鉴定单位以基准日为参照时点,鉴定标的物在这一时点上的目的价格。不同的目的,同一标的、同一基准日的价格不同;同一目的、同一标的,不同的基准日价格也不同。所以鉴定前必须了解委托方的鉴定目的和基准日。

一、价格鉴定目的

对珠宝首饰而言,价格鉴定目的是指为何种需要而进行价格鉴定。同样的珠宝首饰,因价格鉴定的目的不同,鉴定结论所获得的价格也不同。价格鉴定目的,主要是对被鉴定的珠宝首饰即将发生的经济行为所衍生的价值提供依据。涉案珠宝首饰的价格鉴定目的是协助司法侦察、审判和行政执法等机关解决案件涉及的珠宝首饰价格不明或价格争议等问题,判定、判明涉案珠宝首饰在作案时的真实价格，为案件审理提供证据材料。如：案件中当事人受贿珠宝首饰，作为涉案珠宝首饰价格鉴定是受贿时的市场价格；而结案后拍卖，则是珠宝首饰可变现的成本价格，两者目的和价格都不同。

二、珠宝首饰不同鉴定目的的特点

（一）珠宝首饰作为抵押物的价格鉴定

价格鉴定主要目的是鉴定人员对债务人用珠宝首饰作为债权担保时，对珠宝首饰可变现价值所作出的估算、推测和判断。鉴定价格的正确与否将直接影响债权人能否安全收回资金的可行性，对保证资金的运行有重要意义。

抵押珠宝首饰价格鉴定特点是：

1、**市场性**：鉴定的价值是抵押珠宝首饰变卖时市场上可变现的价值；

2、**预见性**：对抵押的珠宝首饰用科学的方法进行价格鉴定，对其在未来市场上的价格进行估算；

3、**技术性**：价格鉴定是对抵押的珠宝首饰价值用一个相对准确的数字来量化，包括选择的方法、筛选的相关数据、准确的计算和必要的复核等。

（二）珠宝首饰作为保险的索赔理赔物的价格鉴定

价格鉴定的目的是被保险的珠宝首饰因损坏或灭失后进行鉴定的行为。价格鉴定人员应首先尽可能多地收集损坏或灭失珠宝首饰的资料，对应赔偿部分鉴定出即期的价格。如果被保险的珠宝首饰价格有明显的上涨，应当按照保险时重置价格计算；反之，如果价格下降则以当今的价格计算，即价格就低原则。

索赔理赔珠宝首饰价格鉴定特点是：体现被保险珠宝首饰应赔部分的即期价格进行鉴定。

（三）珠宝首饰作为征税时的价格鉴定

价格鉴定的目的是海关、税务部门防止伪报、瞒报珠宝首饰价格进行偷税、逃税，从而对珠宝首饰价格鉴定出它们以实际成交价为基础的征税价格。

这类珠宝首饰价格鉴定主要特点是：为我国的税收政策服务，保持税收政策的统一性，公平征收税款，避免税收歧视。

（四）珠宝首饰在各类案件中的价格鉴定

价格鉴定的主要目的是判定、判明涉案珠宝首饰在犯罪嫌疑人作案当时当地的实际价格，为案件审理提供证据的鉴定结论，结论的正确与否关系到法律的严肃性。

涉案珠宝首饰价格鉴定特点是：证明案件真

图3-13 翡翠 大展宏图
品质：正绿较均匀 豆种 半透明
重约280kg 由550kg原石雕琢而成 工艺精良
估算市场中间价人民币：9800万元

实情况，为案件审理提供确凿证据。

（五）珠宝首饰用作典当、拍卖的价格鉴定

典当、拍卖时的珠宝首饰往往是企业或个人在财产清算时的价格鉴定。由于珠宝首饰的特殊性，特别是珍稀的珠宝首饰，随着时间的推移，不会产生功能性贬值、实体性贬值和经济性贬值，其贬值的只有款式，因此应根据公平的市场进行价格鉴定典当或拍卖的底价，使债务人能及时变现珠宝首饰以支付债权人的货款。

典当、拍卖珠宝首饰价格鉴定特点是：市场交易的最低价格，即拍卖底价。

（六）珠宝首饰作为核算成本的价格鉴定

对珠宝首饰的成本而言，成本的核算是珠宝的品质、品位、生产工艺水平、劳动力关系及市场的供求关系等众多因素的综合考虑，是关系到企业经营生存及市场行情的综合价格鉴定。

成本核算的价格鉴定特点是：鉴定的珠宝首饰价格市场可以接受，经营企业可以获得最大经济效益的价格。

（七）珠宝首饰作为财产的价格鉴定

珠宝首饰作为财产包括遗产、捐赠和财产的分割，无论何种形式，主要是对财产所有人变更时珠宝首饰的市场实际价值的估算，此时该考虑税收的补偿，是税前还是税后，或是所得税的减免。注意有商业或广告动机的不能减免所得税。

作为财产的价格鉴定特点是：按实际现金价值或市场价值来鉴定价格。

第四章 珠宝首饰价格鉴定的程序和特点

第一节 珠宝首饰价格鉴定的程序

珠宝首饰价格鉴定的品种种类繁多，涉及面广泛，是一项专业、复杂的工作。为了提高效率、提高质量，价格鉴定应该遵循一定的程序，即珠宝首饰价格鉴定的作业流程。

价格鉴定程序主要包括委托、受理、鉴定与品质评价、估算、认定价值、出具价格鉴定结论书。只有按照规定的程序进行价格鉴定，才具有相应的法律效率。

一、珠宝首饰价格鉴定的委托

珠宝首饰价格鉴定委托是指各类市场主体向价格鉴定机构提出办理珠宝首饰价格鉴定业务，填写价格鉴定委托书的请求行为。如果委托人填写委托书有困难，可由价格鉴定人员代为填写，填写后交委托方审阅、核对，委托方同意后应在委托书上签名、盖章。

委托书通常包括：

1、委托方：法人或自然人名称、联系方式；

2、价格鉴定标的的内容（宝石、首饰、玉雕制品等）；

3、价格鉴定的目的及用途；

4、价格鉴定的基准日（价格鉴定结论价格对应的日期）；

5、递交的材料名称及其它相关资料；

6、其它需要说明的问题。

二、珠宝首饰价格鉴定的受理

1、珠宝首饰价格鉴定的受理通知单，其实是一个价格鉴定的合同或协议，使委托人明确价格鉴定机构受理和承办该珠宝首饰价格鉴定的承诺。

2、受理通知单需载明：

(1)委托人姓名或法人名称；

(2)委托价格鉴定珠宝首饰的描述

图4-1 黄玉手件 福寿双全
125.9g 75×51×33mm
品质：色栗子黄 质地细 润度略差 工艺良
市场中间价估算约人民币：17.5万元

(对实物的查验,如发现差异即与委托方共同确认);

(3)委托人提供的主要材料;

(4)受理日期及承办人姓名、机构盖章;

(5)委托人签名。

3.承办人应按国家规定收费标准核计价格鉴定费,由委托人到价格鉴定机构交纳。

4.声明:受理通知单承办人对珠宝首饰的确认是暂时的,正确的结果有待于鉴定实验室认定。另外,因疏忽导致损坏或丢失,仅限于重置成本或修复的赔偿。

三、珠宝首饰的鉴定与品质评价

如果说委托、受理是价格鉴定的基础,那么鉴定与品质评价是价格鉴定的开始,是价格鉴定人员用自身知识对工作的检验;对有疑问的宝石必须送到更专业的实验室鉴定,请专家提供建议和意见。

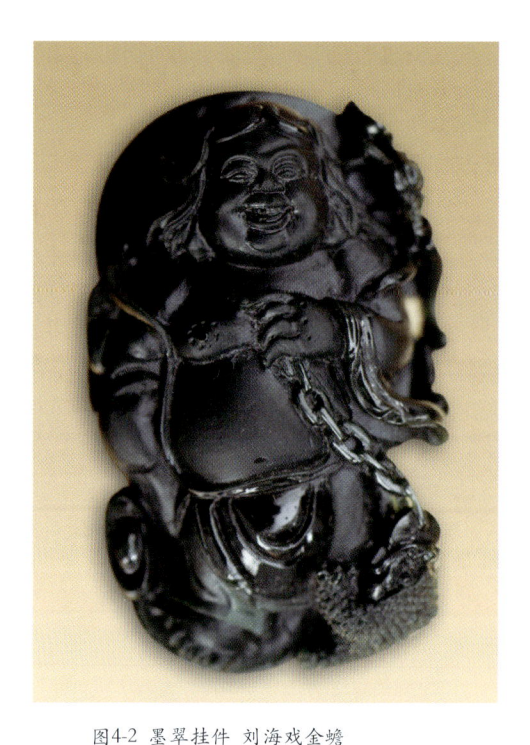

图4-2 墨翠挂件 刘海戏金蟾
57×36.5×9mm
品质:色墨绿 半透明 工艺精
市场中间价估算约人民币:3.75万元

(一)对珠宝首饰的勘察

1、被鉴定的珠宝首饰客观存在

(1)珠宝首饰的核实

按照价格鉴定委托书载明的情况,对珠宝首饰实物进行核实。鉴于价格鉴定工作和珠宝首饰的特殊性,对被鉴定的珠宝首饰必须逐枚清点、核实。如发现有异议,应立即与委托方共同确定。

(2)珠宝首饰的鉴定

这些鉴定包括技术鉴定、使用鉴定、质量鉴定以及磨损鉴定等。这些鉴定是评判珠宝首饰品质的前提。

> a.对珠宝首饰的技术鉴定,主要是对宝石的品种、种类、出处、首饰用途、首饰款式是否过时的情况作出鉴定。
> b.对珠宝首饰的使用鉴定,主要是了解珠宝首饰在用还是闲置,闲置的原因,配石、配件的缺失等。
> c.对珠宝首饰的质量鉴定,主要是了解宝石的品质、档次、级别、贵金属成色、制作工艺水平等。
> d.对珠宝首饰的磨损鉴定,主要是判断珠宝首饰的有形损耗,如损伤、修补缺陷等。

(3)提请委托方提供与珠宝首饰相关的资料或证明材料。

2、被鉴定的珠宝首饰已灭失

在价格鉴定中经常会遇见鉴定标的珠宝首饰灭失的情况,如盗窃案件中已被嫌疑人销赃的珠宝首饰,保险理赔中烧毁的珠宝首饰等,此时无法通过实物勘察来确定价格鉴定标的的状况。价格鉴定应该尽可能多地搜集有关资料，如购货票据、证人证言、商场的存根等，所收集的资料需经委托方认可并签名。

（二）珠宝首饰的品质鉴定

1、清洗宝石，避免灰尘、油污掩盖宝石的瑕疵和破损，而对宝石价值影响；

2、描述首饰类型、尺寸、损坏情况，称重首饰重量。

3、鉴定宝石：

(1) 名称、颜色、透明度、使用仪器、采用标准，并测量计算宝石重量；

(2) 宝石的品质分级，分清是裸石分级还是镶嵌底托上的宝石分级，指明分级标准。

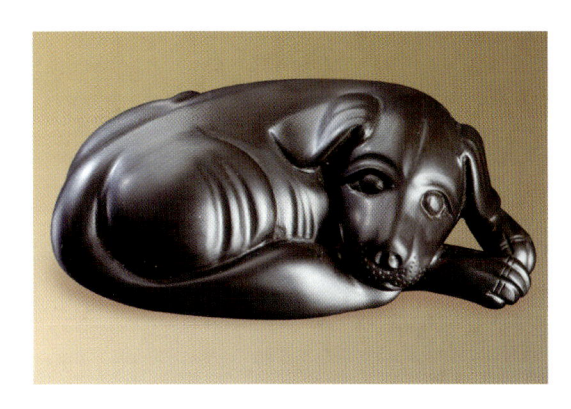

图4-3 和田墨玉籽料 狗
161.5g 85.5×50×21mm
品质：色墨黑 质地细润 工艺精良
市场中间价估算约人民币：8.5万元

4、鉴定贵金属：

(1) 记录金属上标记和符号；

(2) 鉴定金属成色和含量，对有标记但有疑问的，或无标记首饰，必须检测；

(3) 分析首饰制作方法（手工还是机制）；

(4) 检验标记的版权标志，特别是著名品牌比普通品牌可溢价更高。

5、首饰的综合评价：工艺质量、对称度、牢固度、抛光等。

6、品质鉴定、评价：应当有两名价格鉴定人员在场，特殊情况一名见证人在场，并对结果签名盖章。

四、珠宝首饰价格鉴定的市场调查

市场调查依据价格鉴定目的、鉴定结果和品质评价的珠宝首饰资料研究分析进行，获得资料的合理性、可靠性是关系到价格鉴定结论准确性的依据和基础，如价格鉴定目的是清算变现价值，就要了解典当或拍卖价格；是捐赠目的就应了解市场价值，以便捐赠人获得所得税的减免。

（一）市场调查收集的信息

1、调查国内外和当地的珠宝首饰市场情况，包括零售、拍卖、旧货市场价格，不同宝石品质供求情况。

2、供求关系、消费心理。收入变化引起人们购买首饰心态和变化，促使市场供需的变化。

3、收集各种销售、生产该首饰的资料，拍卖行成交记录，各公司报价单，商店（场）零售价、批发价、利润率等。

4、寻找与被鉴定首饰相当的市场，如珍稀、罕见古董和珠宝首饰可调查拍卖、大型珠宝交易会；普通首饰可选商场、批发市场，以及有关书籍杂志、交易网站等。

（二）对市场调查收集的资料要求

1、内容全面、客观、完整；

2、目的的针对性要强；

3、注意收集直接和原始资料；

4、按规定程序签名。

五、珠宝首饰的价值估算

1、对已收集的资料进行分析研究，整理可用的证据是保证价格鉴定质量的关键，即去伪存真、去粗取精。

2、选择适用的方法对珠宝首饰进行价格鉴定。

对珠宝首饰而言主要用市场法、成本法；只有以投资收益为目的的，又具获利能力的古玩、文物，才可用收益法。

3、寻找参照物的差异因素和贬值因素进行调整。

4、得出被价格鉴定珠宝首饰的基准日价值。

六、出具珠宝首饰价格鉴定结论书

（一）价格鉴定结论书的特点

价格鉴定结论书开本为16K，由封面、正文和封底组成，它的撰写是价格鉴定过程的重要工作之一。特点有：

1、价格鉴定结论书是对价格鉴定的珠宝首饰实施鉴定后，以规定的程序制作具特殊法律效力的价格证明文书；

2、是价格鉴定结果和价格鉴定效力以及作用的集中体现；

3、是价格鉴定机构依据科学的鉴定结果，按照规定的程序制作的价格鉴定证明文书；

4、是对珠宝首饰品质、质地、设计等工作的总结并以价值来衡量的程序终结工作。

（二）价格鉴定结论书的要求

1、内容的全面性：价格鉴定结论书应是完整地反映价格鉴定的过程、事实的结论。

2、过程的独立、客观、公正性：整个鉴定过程应严格从科学角度分析、研究所鉴定标的的价值，得出公正的鉴定结论。

3、语言的准确、概括性：语言力求准确、概括，简明扼要，避免模棱两可。

4、结论书仅限于解决被价格鉴定珠宝首饰的价值，而不对法律提供意见。

5、价格鉴定结论书是鉴定机构和人员对所涉及的珠宝首饰的价值提出科学分析、判断意见的综合文书。

（三）珠宝首饰价格鉴定结论书的主要内容

1、价格鉴定标的：标的主要包括价格鉴定珠宝首饰的名称、特征和实体状况及权益状况。由委托方在委托书中载明，经价格鉴定机构对实物查验无误。

2、价格鉴定目的：主要说明本次价格鉴定珠宝首饰的应用范围。一个结论书只能对应一个价格鉴定目的，该目的由委托方在价格鉴定委托书中载明。

3、价格鉴定基准日：基准日主要说明本次价格鉴定结论的价值所对应的年、月、日。基准日由委托方根据价格鉴定标的的实际情况确定，并在价格鉴定委托书中载明。

4、价格定义：价格定义主要说明本次价格鉴定采用的价值标准和价格鉴定结论所指的价值类型。

5、价格鉴定依据：
> (1)法律、法规；
> (2)委托方提供的资料，包括价格鉴定委托书和价格鉴定标的相关资料；
> (3)鉴证方收集的资料：本次价格鉴定中依据的资料。

6、价格鉴定方法：价格鉴定方法是指价格鉴定时，依据鉴定目的、鉴定标的及收集的资料采用的鉴定方法。

7、价格鉴定过程：
> (1)对珠宝首饰的品质鉴定分级：
>   a.宝石的鉴定和品质分级，包括宝石所属的品种、品质、质量、颜色、透明度、净度、优化处理的方法、尺寸、重量等；
>   b.制造方法的鉴别，制作的工艺和品质的精度；
>   c.金属标志的识别、测试；
>   d.珠宝首饰的现状和描述；
>   e.鉴定使用的仪器和标准。
> (2)对珠宝首饰的价值确定，包括方法的采用、参数确定、计算过程、价格鉴定结论确定的理由等。

8、价格鉴定结论：指本次价格鉴定的珠宝首饰最终结果和币种。

9、价格鉴定限定条件：主要说明价格鉴定结论的价值所受的限制条件以及对价格鉴定结论的影响。

10、声明：
> (1)说明本次价格鉴定结论受结论书中已载明限定条件限制；
> (2)委托方提供资料的真实性由委托方负责；
> (3)价格鉴定结论书仅对本次鉴定有效，不作它用。未经鉴定机构同意，不得向委托方和当事人之外的任何单位和个人提供；结论书的全部和部分内容，不得发表于任何公开媒体；
> (4)鉴定机构和鉴定人员与价格鉴定标的没有任何利害关系，也与当事人没有利害关系；
> (5)委托方如对鉴定结论有异议，可以于结论书送达之日起15日内向鉴定机构提出重新鉴定或补充鉴定；
> (6)其它要声明的事项。

11、价格鉴定作业日期：主要载明价格鉴定机构接受委托日到结论书发文之日。

12、价格鉴定机构：机构名称、机构资质证书编号。

13、价格鉴定人员（两名）：姓名、执业资格名称、资格证书编号、签字。

14、附件：鉴定机构和鉴定人员证明、反映价格鉴定的权属资料以及鉴定中引用的文件资料、委托书以及价格鉴定过程中没有写入的价格鉴定过程等。

第二节　珠宝首饰价格鉴定的特点

一、珠宝首饰价格鉴定方法的局限性

珠宝首饰一般不具备独立获利能力,所以在进行珠宝首饰价格鉴定时,收益法的使用受到很大限制,通常采用成本法和市场法,但对于某些能够独立获利的珠宝首饰来说,以投资租赁为目的的也可采用收益法进行价格鉴定。

二、珠宝首饰价值的匹配性

成套或组合的珠宝首饰是为了实现整体的观赏、艺术效果,是由若干宝石或贵金属组成的有机整体,单个珠宝首饰或贵金属首饰简单相加的和并不等于成套组合的珠宝首饰价格。价格鉴定时应注意单个珠宝或首饰之间的有机联系对价值的影响,并应该考虑整体匹配性。

三、珠宝首饰价值的损失性

某些珠宝首饰的宝石已用某种方式镶嵌在金属上,在进行转移修理或重新镶嵌时将导致其价值的部分或完全损失,在价格鉴定时对此部分损失应作充分考虑。

四、珠宝首饰的价格不完全由生产成本决定

珠宝或贵金属是自然形成的,它们的形成是大自然的造物,无所谓生产成本。珠宝首饰的价格反映的是珠宝、贵金属作为生产要素或作为一种资源的价值。虽然首饰的设计,制作易、难会增加成本,但这部分成本主要是体现、增加珠宝首饰观赏艺术的附加价值。

五、珠宝首饰的价格主要由市场对珠宝的需求决定

珠宝的供给属于自然供给,而且是不可再生的资源,可以利用的宝石资源十分有限,甚至不可能增加某些宝石的供给。但是宝石的需求是与经济发展密切相关的,经济发展速度加快,人们的生活水平提高,人们对珠宝首饰的需求就会增加,从而珠宝首饰的价格随之上涨。

六、珠宝首饰的价格具有明显的区域性

在不同的国家、不同的地区,尽管宝石的品质、质量完全相同,但其价格会有差异。同一国家、南方或北方,甚至同一城市、不同的市场条件,珠宝首饰的价格也会相差很多,这是珠宝首饰成本和所要求的利润形成的价格区域性。

七、珠宝首饰价格的上涨性

尽管珠宝首饰的价格会随着人们对珠宝首饰的需求变化而变化,这是经济发展的必然,珠宝又是有限的,几百年来没有降价只有上涨。例如黄金零售价从2003年的人民币125元／克到2015年上涨到人民币239元／克,上涨了近91%,所以从长期来看呈上涨趋势。

图4-4　青海白玉鸟兽瓶
105×71×27mm
品质：色灰白　质地细腻
　　　润度略差　透明度较高　工艺良好
市场中间价估算约人民币：2万元

第四章 珠宝首饰价格鉴定程序和特点

八、首饰的宝石与制作、设计工艺分别进行价格鉴定

这是因为宝石特别是高档宝石,会随着经济的发展及开发利用而增值。一般情况下,宝石的观赏艺术价值受首饰设计制作工艺的制约,但首饰的款式会随流行过时而贬值。为了准确客观地评价珠宝首饰的价值,应针对其价格影响特点分别进行价格鉴定。

九、珠宝首饰工艺价值的影响

价格鉴定时需要把握珠宝首饰的物理特征和历史特征,以及珠宝首饰的品质、质量、款式、用途及供需状况等因素对价格的影响,还要特别注意珠宝首饰制作工艺复杂度、单独设计还是批量生产、造型风格、完好程度、配石形式、工艺标准、是否名人制作、名人佩带等价值因素,它们是影响珠宝首饰的最基本价格因素。

图4-5 翡翠项链
φ7~φ9mm 共71颗
品质:色浅阳绿略带花
芙蓉种
市场中间价估算约人民币:7.8万元

图4-6 18k金镶水晶、青金摆件 马
重:1286g 金重:23.85g
220×120×80mm
品质:天然无色水晶,青金石,工艺极佳
市场中间价估算约人民币:21.68万元

第五章 珠宝首饰价格鉴定的基本方法

珠宝首饰的价格鉴定就本质而言，是建立在价格形成的基础理论上的。通常有市场法、成本法和收益法等基本方法。研究、掌握这些方法，对做好珠宝首饰的价格鉴定工作具有重要的指导意义。

第一节 市场法价格鉴定珠宝首饰

一、基本概念

市场法也称市场比较法，是通过市场调查选择与价格鉴定标的相同或相似的珠宝首饰作为对比参照物，分析比较价格鉴定标的与参照物之间的差异，并就影响差异进行调整，从而确定被鉴定珠宝首饰价值的方法。

必须注意：分析比较是对整个市场进行调查，即价格鉴定人员以市场潜在购买者的身份，预测估算标的的珠宝首饰现时买卖价格，比较后求取被价格鉴定珠宝首饰的价值。

（一）基本公式

1、被鉴定珠宝首饰的市场价=参照物珠宝首饰的市场价值±差异调整金额
2、被鉴定珠宝首饰的市场价=参照物珠宝首饰的市场价值×(1±调整系数)

采用市场法的理论依据是以市场形成价格为理论基础的替代市场供求原理，也就是市场经济主体（个人或企业）交易行为的结果，只发生在功效品质均等的珠宝首饰之间，因为它们价值相同。

（二）适用市场法的前提条件

1、要求有一个充分活跃的珠宝首饰市场，交易越频繁，与价格鉴定的珠宝首饰相同或类似的参照物的价格越容易获取。
2、参照物的各种可比价值因素可以收集到。
3、被收集到的价值因素可量化、可修正。

（三）采用市场法的基本程序

1、清洗价格鉴定珠宝首饰；
2、确定价格鉴定珠宝首饰的特征（类型、重量、长度等）；

3、鉴定价格鉴定珠宝首饰的品种、等级、贵金属成色及重量；

4、分析价格鉴定珠宝首饰的设计、制作工艺及历史性质；

5、市场调查寻找类似珠宝首饰作为参照物，对参照物要求有：

> (1)参照物与价格鉴定标的的品种、品质、工艺、付款方式、珍稀程度等方面尽可能一致或相似；
>
> (2)参照物的市场条件、销售方式与价格鉴定目的尽可能相同。因为不同的市场条件价格不同，不同的销售方式价格不同，不同的区域价格也有差异；
>
> (3)作为参照物的珠宝首饰尽可能多。

6、分析比较参照物与鉴定标的之间差异及对价值的影响，并作出相应调整；

7、计算或估算出价格鉴定的珠宝首饰价格，验证其合理性；

8、编写价格鉴定结论书。

二、运用市场法价格鉴定珠宝首饰的方式

（一）直接法

在市场上找到与价格鉴定的珠宝首饰完全相似的参照物价格，可以直接作为价格鉴定珠宝首饰的价格。这种方法虽然直接简单，但市场上完全相同的参照物很难找到，因而直接法受到一定限制。

（二）类比法

在市场上找到与价格鉴定珠宝首饰相类似的参照物，找出差异和差异调整因素，确定差异金额或差异调整系数，从而确定价格鉴定珠宝首饰的价格。

差异因素有：

1、时间因素：交易日与价格鉴定基准日之间的时间差异影响价格鉴定珠宝首饰的价格差异，主要表现在不同时期的宝石或贵金属的价格变动。

例如：1ct、F色、VS1净度钻石2007年1月的RAPAPORT价格为8400美元，2015年3月的报价为9800美元；2007年5月黄金99.99%的市场价格为人民币215元/克，2015年4月30日的价格为人民币240元/克。

2、地域因素：不同地区市场的交易价差别较大，这是由于经济发展水平不同，人们的购买、喜好不同，交易价格也不同。如南方喜欢阳俏绿翡翠，北方喜欢浓绿翡翠，购买人一多价格就高，反之价格就低，应当选择相近城市的市场作参考价，这些市场有国外市场、国内市场、南方市场、北方市场等。

3、交易因素：参照物交易行为的不同引起参照物与被鉴定珠宝首饰的交易价格差异，如交易目的、购买数量、结算方式等都会引起价格偏差。

4、工艺因素：工艺精细程度的差异对珠宝首饰价格的变化，特别是著名品牌、名人设计、高级工艺师制作的

图5-1 18k镶翡翠钻石挂件
金重：6.2g 钻石：0.68ct
22×7.5×4mm
品质：色翠绿 玻璃种
市场中间价估算约人民币：4.08万元

珠宝首饰引起价格的差异。如世界著名品牌卡地亚(Cartier)或蒂芙尼(Tiffany)比普通的珠宝首饰溢价100%～200%，甚至高出三倍价格。

5、功能因素：是价格鉴定的珠宝首饰与参照物的实用功能不同而引起的价格差异。如相同品质的宝石制成成套装饰品，比单件饰品选料和工艺难度大，价格自然高。

6、其它因素：主要指珠宝首饰的质量、品质、稀有程度、流通性、实用性等差异，是影响珠宝首饰的又一个重要因素。

三、比准价格的计算

采用市场法价格鉴定珠宝首饰中的差异因素，可采用百分率法（即将参照物与价格鉴定标的在某一方面的差异折算成百分率来修正标的价格的方法）或差额法（即将参照物与价格鉴定标的差异导致的金额直接求出来）。

例：同一基准日价格鉴定标的是铂金Pt900镶钻0.10ct，重2.3克的女戒首饰，参照物是18K（白）金镶钻0.10ct，重2.3克的女戒，后者比前者贵金属价格低400元；如果参照物基准日价格是2300元，则价格鉴定标的铂金钻戒是2300+400=2700元。多个参照物的珠宝首饰经比较修正后可选用下列方法计算综合结果：

1、**算术平均法**：将若干个具有同等重要性的价格相加之和除以若干个数。

如参照物珠宝首饰价格分别为 A.3400元；B.3600元；C.3800元

综合结果 =(3400+3600+3800)÷3=3600元

2、**加权算术平均法**：上例中若认为可比参照物的珠宝首饰C最接近标的珠宝首饰，A次之，B最次之，则相应赋予权数为45%、30%、25%，可求得综合结果=3800×45%+3400×30%+3600×25%=3630元

3、**中位数法**：将多个参照物珠宝首饰经修正后的价格数额按大小顺序排列，将居于数列中点位置的参照物价格作为综合结果。

图5-2 红木镶和田山料山水插屏
278×147×20mm
品质：色青白 质地细 润度略差
　　　工艺精
市场中间价
　　估算约人民币：20.3万元

例：上例中三个参照物按价格大小顺序排列分别为 A、B、C，位于中间的是 B，则确定的综合结果是 3600 元。

4、众数法：指位置的平均数，如果其中的位置出现次数最多，就是众数值。当使用市场法价格鉴定珠宝首饰时，在选择的参照物足够多时，众数法是最合适的。

四、市场法的优缺点

1. 优点：

(1)基本原理通俗易懂，在资料全面可靠的前提下，价格鉴定结论可反映市场的现实价格，比较公正。

(2)只要有公开活跃的市场，该方法适用任何一种珠宝首饰的价格鉴定，易被各方理解接受。

(3)对某些成本法不适用的珠宝首饰尤为重要，如特定时期的珠宝首饰，拥有专利设计的珠宝首饰，著名设计师、工匠设计制作的珠宝首饰，名人佩戴过的珠宝首饰等，这些珠宝首饰的材料组合成本对整个价值影响很小，应用成本法不适用，只能适用于市场法。

2. 缺点：

(1)市场发育不充分，可对比可量化的数据不全面，难以应用。

(2)有时珠宝首饰的真实价格资料很难获得，需要精通珠宝首饰市场的价格鉴定人员。

(3)受到地区、喜爱人群、价格鉴定人员水平的严格限制。

第二节　成本法价格鉴定珠宝首饰

一、基本概念

成本法也称重置成本法，是指价格鉴定珠宝首饰时，按现时重置成本扣减各种损耗价值来确定价格鉴定标的珠宝首饰价值的一种方法。

（一）成本法基本公式

<u>价格鉴定珠宝首饰的价格＝重置成本-实体性贬值-功能性贬值-经济性贬值</u>

1、成本法价格鉴定的理论依据

(1)珠宝首饰的价格取决于价值为基础的生产经营成本；
(2)珠宝首饰的价值是随本身运动和各种因素的变化而相应变化的变量。

2、原始成本、复原重置成本、更新重置成本的含义与区别。

(1)含义：

a.原始成本：是鉴定标的珠宝首饰在当时购买、制作时支付的全部金额。

b.复原重置成本：是用原来相同材料、标准、设计及技术以现时价格购买、制作全新珠宝首饰的全部成本。

c.更新重置成本：是用原来相同材料、现代标准、设计及技术，以现时价格生产或制作具有同等功能的全新珠宝首饰所需的成本。

(2)区别：

a.原始成本和重置成本的内容构成相同，但两者反映的物价水平是不相同的，前者反映当初购置时的价值水平，后者反映基准日的价值水平，时点差异引起价格变化。

b. 复原重置成本和更新重置成本都是以现时价格估算的重置过程中的材料、人工和费用，但复原重置成本强调按原样生产、制作或购买，在两者均可得到情况下，应以更新重置成本为价格鉴定基础，它符合技术进步和市场竞争原则。

3、影响成本法价格鉴定珠宝首饰的变化因素

(1) **实体性贬值**：这是由于珠宝首饰使用佩带时的磨损和自然力的作用，使理化性能不断下降，价值逐渐降低。这种磨损称实体性贬值。

(2) **经济性贬值**：由于外部经济环境的变化限制了珠宝首饰的使用，使价格不能体现而下降。这种经济性损耗称经济性贬值。

图5-3 铂金镶蓝宝石钻石女戒
金重：24.4g 蓝宝石：13.7ct 钻石：1.68ct
品质：椭圆刻面 色深蓝 净度VS 切工良（泰国蓝宝石）
市场中间价估算约人民币：31.35万元

(3) **功能性贬值**：原有珠宝首饰与新流行的珠宝首饰比较，技术上明显落后，艺术性能相对降低，价格相应降低，称为功能性贬值。

对珠宝首饰而言，主要计算实体性贬值和经济性贬值。

（二）应用成本法价格鉴定珠宝首饰的前提条件

1、可复制、可再生，可重新购建制作，或者珠宝首饰的品种、质量等方面具相似的替代品；

2、没有专利技术、版权的珠宝首饰复制品；

3、各种贬值可以量化计算。

（三）成本法价格鉴定珠宝首饰的基本程序

1、清洗价格鉴定的珠宝首饰；

2、确定价格鉴定珠宝首饰的特征（外形、用途、长度、重量等）；

3、鉴定珠宝首饰品种、等级、金属成色、宝石估重；

4、分析珠宝首饰的设计、制作工艺、历史性质；

5、市场调查，根据宝石的品质评价估测宝石成本（如钻石的Rapaport报价、货币单位等）；

6、计算副石和贵金属成本；

7、计算间接成本，包括设计费、镶嵌工费、雕刻工艺费；

8、计算税费及利润率；

9、计算价格鉴定珠宝首饰的重置成本

珠宝首饰重置成本＝直接成本＋间接成本＋税费＋利润

10、计算各种贬值或成新率；

11、得出价格鉴定珠宝首饰价格，并验证价格的合理性

价格鉴定珠宝首饰的价格＝重置成本－实体性贬值－经济性贬值－功能性贬值
＝重置成本×成新率

12、出具价格鉴定结论书。

二、重置成本的估算

（一）直接法

是按珠宝首饰的成本构成，将基准日市价计算全部支出计入成本形式。把总成本分为直接成本和间接成本来估算重置成本的一种方法，即重置成本是直接成本和间接成本的总和。

价格鉴定珠宝首饰的重置成本＝直接成本＋间接成本
＝宝石成本＋贵金属材料成本＋制作工费
＋设计费＋管理费＋包装费＋利润＋税费

1、直接成本：是指直接构成珠宝首饰的成本支出，包括宝石成本、贵金属原材料成本、制作镶嵌工费成本。

2、间接成本：是指制作珠宝首饰设计费、管理费、包装费、税费等。

间接成本的计算方法：

> (1)直接成本法：间接成本＝直接成本×间接成本所占直接成本的比例
> (2)人工成本比例法：间接成本＝人工成本总额×间接成本占人工成本比例
> (3)单位价格法：间接成本＝工作量×每工日价格

（二）价格指数法

是指在珠宝首饰原始成本基础上，运用价格指数的变化确定重置成本的方法。

计算公式：

$$重置成本＝价格鉴定标的原值×\left(\frac{价格鉴定基准日价格指数}{价格鉴定标的获取日价格指数}\right)$$

$$＝原始成本×珠宝首饰购买日到基准日环比价格指数$$

或：重置成本＝原始成本×（1+价格变动指数）

应用价格指数法时，价格鉴定人员应特别注意：

1、珠宝首饰原始成本应该要真实、准确，并符合市场平均合理成本，它是计算珠宝首饰重置成本的基础。已经调整的企业账面值，不能反映珠宝首饰的真实历史成本。

2、采用价格指数法计算珠宝首饰的重置成本时，使用的价格指数应该是分类珠宝首饰或个别珠宝首饰的价格指数，避免使用综合价格指数。分类珠宝首饰或个别珠宝首饰的价格指数是反映这一类产品的价格指数，与综合价格指数的变动存在一定差异。

3、珠宝首饰的历史成本，除宝石成本、贵金属成本外，一般还包括设计成本、制作成本、运杂费以及其他费用，不同费用的物价指数变化是不同的，应分别计算。特别是单独、个性化设计制作的首饰，设计、制作费所占的比例可能大大超出首饰自身价格，应特别注意。

例：一枚铂金镶钻戒，总重5.8g，主钻1.01ct，I色VS净度，切工好，并镶副石0.85ct（36粒），价格鉴定基准日2006年2月1日，购买日是2002年2月1日，合计购买价格是80148

珠宝首饰价格鉴定

图5-4 铂金Pt 900镶金绿猫眼钻石戒
铂金重12.31克　猫眼21.51ct　钻石0.74ct
品质：猫眼颜色褐黄　银白色眼线（略偏）
镶嵌工艺精良
市场中间价估算约人民币：18.8万元

元。经了解，该枚戒指是购买裸钻后，经设计师设计后制作的，其中主钻66740元，副石小钻4888元，铂金2310元，设计费1200元，制作工费1500元。

经分析，当时成本：主钻3400美元/克拉，副石小钻2500元/克拉，铂金185元/克，设计费1200元，制作工费1500元，商业费用与利润200%，税费15%，美元汇率1:8.45。

（1）经鉴定该枚戒指与发票和鉴定证书相符，不存在损坏或其它贬值，即原始成本为80148元；

（2）主钻价格指数上涨20%，副石小钻基准日和购买定基价格指数分别为180%和120%，铂金Pt900环比价格指数为200%，设计费上升25%，美元汇率1:7.45，其它费用不变。

$$钻戒重置成本 = [3400 \times (1+20\%) \times 7.45 \times 1.01 + 2500 \times \frac{180\%}{120\%} \times 0.85$$
$$+ 185 \times 5.43 \times 200\% + 1200 \times (1+25\%) + 1500] \times (1+15\%)$$
$$= 44731 元$$

钻戒零售价　$= 44731 \times 200\% = 89462$ 元，即比购买时升值 $89462 - 80148 = 9314$ 元

价格鉴定结论：该钻戒基准日价值为人民币捌万玖仟肆佰陆拾贰元整（RMB：89462元）。

三、各种贬值的计算

1、实体性贬值：主要有使用和自然损耗引起的贬值。它包括珠宝首饰任何的损坏、部件的缺失、磨损、陈旧、粗糙的修理等的物理损耗或有形损耗。

实体性贬值额 = 重置成本 × (1 − 成新率)

$$实体性贬值率 = \frac{实体性贬值额}{重置全价} \times 100\%$$

$$成新率 = 1 - \frac{修复费用}{重置成本} \times 100\%$$

成新率是恢复全新珠宝首饰的修复费用占该珠宝首饰重置成本的百分率。

修复费用是指修复全新珠宝首饰所用的费用，修复的费用不能大于重置成本。

实体性贬值的修复存在一种可修复损耗，另一种不可修复的损耗，如古董或名人设计制作的首饰，粗糙的修复留下焊迹、气孔等属不可修复损耗，价格将下降10%～30%的贬值。不可修复损耗大于30%时应按原材料价格计算重置成本。

例：一件古董首饰，经调查类似首饰拍卖落锤价约15万元，但该首饰已损坏，估计采用相似宝石替代及修复费用约2.5万元，但工艺达不到原水准，形成不可修复损耗20%，实体性贬值计算如下：

（1）拍卖佣金10%：15 × 10% = 1.5万元

(2) 重置全价：15+1.5=16.5万元
(3) 可修复损耗引起的贬值：2.5万元
(4) 不可修复损耗的贬值：16.5×20%=3.3万元
(5) 实体性贬值额=可修复损耗+不可修复损耗=5.8万元
(6) 实体性贬值率：$\frac{5.8}{16.5} \times 100\% \approx 35.15\%$

2、功能性贬值：珠宝首饰的主要功能是投资价值性和艺术观赏性。除严重损坏影响它的观赏艺术的投资价值需计算功能性贬值外，一般情况功能性贬值可忽略不计。

3、经济性贬值：珠宝首饰的经济性贬值指外部经济环境的变化引起珠宝首饰的贬值。如国家政策导致供求关系的改变，款式的过时引起购买的减少，珠宝首饰的价格得不到实现。当首饰基本正常使用时不计算经济性贬值。另外，在计算经济性贬值时应扣除原有成本计算时的所得税，即扣除所得税以后的余额。

经济性贬值额 = $\frac{珠宝首饰损失额 \times (1-所得税)}{r}$ ，r：是行业投资回报率

经济性贬值率 = $\frac{经济性贬值额}{重置成本} \times 100\%$

例：某企业生产的首饰价平均2500元／枚，共500枚。由于市场竞争加剧，首饰款式落后，导致购买力减少。要使500枚首饰能够卖出必须降200元／枚，行业投资回报率200%。试估算首饰的经济性贬值。

经济性贬值额 = $\frac{200 \times 500 \times (1-33\%)}{200\%}$ = 33500元

经济性贬值率 = $\frac{33500}{2500 \times 500} \times 100\%$ = 2.68%

综上所述，价格鉴定珠宝首饰价值=重置价格－实体性贬值额－经济性贬值额

四、运用成本法价格鉴定珠宝首饰的适用范围

1、适用于当前大量生产制作的珠宝首饰，尤其是未经专利注册的珠宝首饰的价格鉴定；
2、适用于珠宝首饰用于索赔、理赔、财产清算、补偿为目的的价格鉴定；
3、适用于单件和特制的珠宝首饰的价格鉴定。

五、运用成本法价格鉴定珠宝首饰的优缺点

1、优点
(1) 比较充分的考虑了珠宝首饰的损耗，鉴定结论趋于公平合理。
(2) 有利于特定用途首饰的价格鉴定。
(3) 对未来无收益，市场参照物难以取得的珠宝首饰可广泛应用。

2、缺点
(1) 工作量大，各种贬值比较抽象，难以准确估算。
(2) 成本法没有考虑历史和名人拥有的价值等附加值的影响。
(3) 对收藏用、古董类珠宝首饰不适于用成本法价格鉴定。

第三节　收益法价格鉴定珠宝首饰

一、基本概念

收益法是价格鉴定珠宝首饰未来预期的收益，按设定的折现率折算成现值，确定被价格鉴定的珠宝首饰的价格。

收益法的基本原理是未来预期收益现在价值的预期原理。

（一）基本公式

$$P=\sum_{i=1}^{n}\frac{R_i}{(1+r)^i}$$

P：被鉴定首饰价值；Ri：第i年的纯收益；n：收益年限；r：折现率。

（二）收益法各项指标的确定

(1)收益是被鉴定珠宝首饰超出自身价值的盈余额；
(2)收益是预测未来获利的能力，而不仅是现在的获利能力；
(3)收益必须是被鉴定珠宝首饰直接形成；
(4)收益由税后利润（净利润）构成。

1、净收益的计算

(1)出租型珠宝首饰
　　净收益=租金收入+租赁保证金利息-修理费-管理费-保险费-税费
(2)商业型珠宝首饰：根据相似类型珠宝首饰资料获得鉴定价格
　　净收益=珠宝首饰的销售收入-销售成本-经营费用-税-管理费-商业利润-利息收入

2、折现率的计算

(1)市场提取法：收集三宗以上类似珠宝首饰的价格、净收益，用收益法公式倒算折现率
r=P/R

(2)安全利率加风险调整值法。安全利率用中国人民银行公布的一年定期存款利率，风险调整值根据被鉴定珠宝首饰当地的经济状况及未来预测新旧程度确定。

折现率=安全利率+风险报酬率

3、收益年限的确定

在净收益确定不变的情况下，珠宝首饰的文物投机性可以设想无限年收益，此时收益公式变为：

被鉴定珠宝首饰价值=$\dfrac{净收益}{折现率}$，即P=$\dfrac{R}{r}$

（三）收益法价格鉴定珠宝首饰的基本步骤

1、清洗被鉴定珠宝首饰；
2、鉴定、评价珠宝首饰品质等；
3、分析被鉴定珠宝首饰财务、经营的资料；

4、估算毛收入；

5、估算各种支出（包括损失等），得到净收入；

6、确定收益期、预期收益、折现率；

7、确定被估珠宝首饰的价值。

二、收益法价格鉴定珠宝首饰的基本条件

1、价格鉴定的珠宝首饰有连续获利的能力；

2、未来获利能用货币衡量；

3、未来风险也能用货币衡量。

三、收益法的适用范围

珠宝首饰的价格鉴定较少采用收益法。只有具投资收益连续不断获利的珠宝首饰、古董首饰才可应用收益法进行价格鉴证。

图5-5 清 和田籽料"富贵平安"对牌
9.5g　42×19×3mm
品质：色羊脂白　质地细润　工艺精细
市场中间价估算约人民币：14.07万元

四、收益法价格鉴定珠宝首饰的优缺点

1、珠宝首饰较少采用收益法，较少具有连续收益获利能力，只有长期投资（数十年）才能体现潜在的买卖价值，这些珠宝首饰较少，限制了收益法的应用；

2、预测难度大，受主观判断、不可预见因素影响。

第四节　价格鉴定方法的关联与选择

价格鉴定珠宝首饰的方法很多，都有各自的特点，相互之间又有关联，分析比较各种方法的联系与区别，对选择珠宝首饰价格鉴定方法有着重要的意义。

一、价格鉴定方法之间的联系

珠宝首饰价格鉴定方法是相互关联内在相关的，由不可分割的技巧和程序组成，其目的是获得可靠的鉴定价值。一般来说成本法、收益法的运用都是建立在现行市场价基础上的，只是它们的运用不像市场法那么直接而已，同样成本和市场销售数据是收益法中不可缺少的。

二、成本法与市场法的区别

1、市场法是按市场上与标的相同的珠宝首饰交易价来确定被鉴定珠宝首饰的价值，从卖者角度出发，用市场交易实例来确定价格鉴定标的的价值。

成本法是按现行市场价估算重新购买或制作一件与标的相同的珠宝首饰所需成本来确定被鉴定珠宝首饰的价值，从买者角度构建珠宝首饰的价格。

2、市场法的现行市价是以市场交易实例为基础，是珠宝首饰独立的价格。

重置成本不仅包括珠宝首饰自身构制价格，还包括利润、税金、管理费、设计费等。

3、市场法按参照物价格，考虑被鉴珠宝首饰与参照物之间各项因素差异，并进行调整来确定鉴定值。

成本法是全新珠宝首饰的购制成本除去各种贬值后来确定价格鉴定珠宝首饰的价值。

4、二者获得的信息资料不同，操作程序和思路也不同。

图5-6 翡翠如意挂件
38×18×6mm
品质：色浓略不匀 冰种
市场中间价估算约人民币：7.38万元

三、价格鉴定方法的选择

价格鉴定方法的正确选择，有利于简捷、准确地得出价格鉴定珠宝首饰的价值。主要考虑以下因素：

1、价格鉴定方法的选择必须与珠宝首饰鉴定的价值类型相适应。

价格鉴定的价值类型决定了鉴定标的珠宝首饰的价值含义，价格鉴定方法作为获取价值的技术手段，必须与类型相适应。价格鉴定的价值与目的相对应，与鉴定方法相匹配，是价格鉴定工作科学性、有效性的保证。

2、价格鉴定方法必须与鉴定对象相适应。

价格鉴定不同类型的珠宝首饰，往往要求不同的鉴定方法，珠宝首饰的理化状态不同，要求的鉴定方法也不同。

3、价格鉴定方法的选择受可搜集数据、信息资料的制约。

价格鉴定过程是采用的鉴定方法和搜集的数据资料的转换过程，没有相应的数据，鉴定方法就会失真。

4、价格鉴定方法的选择要综合各种情况统筹考虑。

(1)考虑工作效率，选择简便易行的方法；

(2)根据价格鉴定人员特长选择，一般方法的选择在鉴定工作前就确定了。

四、鉴定和描述被估珠宝首饰

（一）被估珠宝首饰的鉴定

主要是鉴定品种、品质和工艺水平、历史效应及市场价值。见表5-1。

1、清洗、检查珠宝首饰：目的是避免外界的灰尘、油渍掩盖珠宝首饰的外观瑕疵、破损和处理痕迹。

2、用仪器对宝石进行鉴定：即天然、合成或处理的界定。

3、估算或称重宝石。

4、对宝石进行分级，并指明分级体系（是裸石分级还是镶嵌分级）。

5、记录检测金属标记，确定纯度，对标记有疑问的或无标记的必须检测；

6、记录版权标志、标记，特别是世界著名品牌（如卡地亚Cartier、蒂芙尼Tiffany、周生生等）。

图5-7 清代 和田籽料 狗型手件 64g
88.5×28×11.5mm
品质：色白 质地细润 具金黄色皮 工艺精
市场中间价估算约人民币：28.8万元

（二）被鉴定珠宝首饰的描述内容

宝石重量、颜色、琢型等参见表5-1。

表5-1

钻石	有色宝石	玉石	镶嵌首饰
重量(克拉)	品种	品种	镶嵌款式
颜色级别	颜色	样式	金属标记
净度级别	净度	质量	金属颜色
切工级别	切工	样式尺寸：长×宽×高	首饰类型
荧光特征	重量	颜色	质量
琢型	琢型	结构	尺寸
尺寸	尺寸	透明度	粗细程度
其它	透明度	雕刻工艺	主石品质、重量
	特殊光学效应	俏色、瑕疵处理	副石品质、重量、颗粒
	其它	其它	其它

（三）确定被鉴定珠宝首饰的价值

1、宝石批发成本；

2、贵金属材料成本；

3、设计、制作成本；

4、镶嵌成本；

5、计算税和利润率；

6、扣除损坏、损耗的贬值；

7、计算出被鉴定首饰的价值（市场法或成本法）

批 发 价 ＝成本价×(1＋批发利润率)

零售市场价＝批发价×(1＋零售利润率)

＝成本价×(1＋批发利润率)×(1＋零售利润率)

＝成本价×(1＋加价率)

注：一般市场价是成本价的2～2.5倍，即加价率为100%～150%。

图5-8 和田白玉 竹篓笔洗
205×75×61mm
品质：色白 质地细 润度略差 工艺精良
市场中间价估算约人民币：15.3万元

第六章　价格信息在珠宝首饰价格鉴定中的应用

第一节　珠宝首饰的价格信息特征

一、概念

珠宝首饰的价格信息是反映国内外珠宝首饰价格政策、价格变化和价格趋势的各种信息的总称，是珠宝首饰的综合性动态经济信息。

珠宝首饰的价格信息是珠宝首饰的价值和它的价格在形成、变化的不同时期、不同环节中所体现的不同特征，由媒体传播珠宝首饰的价格及变化的信息。

二、珠宝首饰价格信息的特征

1、时效性

珠宝首饰价格信息的时效性是价格鉴定中的显著特征之一。市场经济条件下的珠宝首饰，频繁交易，时刻产生大量的新信息，尤其是价格信息。但是一定时间的珠宝首饰价格信息，只在一定时间服务于价格定义和企业、个人对珠宝首饰的经济决策，所以时效性对珠宝首饰市场的价格预测、供求变化信息更为显著。

2、差异性

珠宝首饰价格信息的差异是价格鉴定中的重要特征。同一品种的珠宝首饰因销售、制作、时间、地点、环节的不同所形成的价格不同；不同的珠宝首饰之间的差价、比价也随时间、地点、环节变化而变化。另外，人们需求心理、对市场信息了解的差异，即便是同一珠宝首饰，所获取的价格也不同，这些差异在珠宝首饰价格鉴定中起着重要作用。

图6-1　和田籽料云龙手件
86.3g　67×45.5×19mm
品质：色羊脂白　质地细润　油性好　工艺精
市场中间价估算约人民币：23.8万元

图6-2 红翡俏色雕琢龙形挂件
56×18×16mm
品质：翡色褐红　俏色龙干净　芙蓉种　工艺精
市场中间价估算约人民币：2.5万元

3、综合性

珠宝首饰的价格信息，是对珠宝首饰经济价值的综合反映，通过这些信息，往往可以透视珠宝首饰市场各方面的情况变化，对企业或个人对珠宝市场作出决策，具有重要意义。

4、可储存性

珠宝首饰价格信息的可储存性充分反映了市场经济条件下，对珠宝首饰市场的供求关系，是市场变化的集中反映，是用珠宝首饰的生产、销售来预测市场，进行生产、采购的一个"无形手"来引导；也是在价格鉴定中将直接关系到工作质量和效率的重要保证。

5、可传递性

随着科学技术的进步，电子网络的发展，珠宝首饰的价格信息传递速度将越来越快，这些信息包括生产能力、生产规模、国内外销售动态、供需要求。这些可传递信息代表企业发展和市场动态变化趋势，对珠宝首饰的价格鉴定有至关重要的作用。

第二节　珠宝首饰价格信息的来源

一、珠宝首饰价格信息

珠宝首饰的报价或零售标价与实际成交价往往有一定的差异范围。这些范围的差距应时、应地、应人而异。目前全世界唯一有行情标准的是钻石，由钻石经纪人M.Rapaport创制于20世纪70年代末。RAPAPORT DIAMOND REPORT钻石报价表于美国纽约第四十七街（世界著名珠宝街）定期公布，圆多面型钻每周四午夜发布，异型钻每月第一个周五发布。

在零售时，经营者往往会依据进货价格、成本、折扣、税率将钻石饰品的价格制定在较实际的价格之内，以便让消费者能够与其它珠宝店比较。

然而有色宝石在颜色、净度、透明度以及切磨和质量上有巨大差异，它的分级、价格评定比钻石有更多的主观性，至今国际上尚无统一标准，市场上一般采用自由议价方式交易。因此有色宝石的价格空间将更大，这对珠宝首饰价格鉴定人员带来更大的挑战，所以一个好的珠宝首饰价格鉴定人员,除了能够鉴别各类珠宝首饰外,还需对各种珠宝首饰进行质量评价，了解各种销售资料，这些销售资料收集、掌握越多，价格鉴定的结论越准确。这些资料是珠宝首饰价格鉴定的重要支撑依据，这些信息资料有：

1、调查国际、国内及地区的市场情况，这些市场包括拍卖市场、批发市场、零售市场、旧货市场及地摊市场的相关资料，以及矿区开发的产量及市场的供求情况和变化趋势。

2、收集市场销售资料、生产收入资料：

(1)公司报价；

(2)实际成交价；

(3)拍卖成交价；

(4)展销会。

3、寻找与被估珠宝首饰类似的市场资料。

二、其他珠宝首饰价格信息来源

1、各种图书文献的信息资料

这类信息资料可以帮助价格鉴定人员研究珠宝首饰的个性、历史的真实性，所涉及的范围包括整个宝石领域、贵金属品质、纯度、商标及新品种的发现、发展，还应该包括古董珠宝首饰、著名设计师、珠宝商等信息资料。

2、拍卖行的信息资料

拍卖成交价是一个重要的价格评估资料来源，特别是古董、文物的珠宝首饰、已故名师名匠设计制作的珠宝首饰、具有历史价值或名人拥有过的珠宝首饰、稀有仅此一款的珠宝首饰，这类首饰常用落锤价来衡量（不包括佣金），这对将要价格鉴定、以后可能要价格鉴定的珠宝首饰的价格起到参考作用。

3、典当行的信息资料

典当行的珠宝首饰信息资料往往是立即兑换成现金时的价格信息，典当行所考虑的是如果被当珠宝首饰"死当"时可变现价格足以抵消贷款额的价值；或者是作为债务偿还可变现的价格，这些资料往往是珠宝首饰作为资产清算变现价格鉴定的参考依据。

图6-3 红木镶青海白玉观音插屏
278×140×8mm
品质：色灰白　质地细　润度差
　　　带透明　工艺精
市场中间价估算约人民币：12.5万元

4、珠宝首饰展销会的价格信息

珠宝首饰展销会聚集了国内外许多著名的珠宝厂商，可以比较集中地了解掌握世界珠宝首饰的发展动态、趋势及价格信息，也是珠宝首饰价格鉴定重要的信息来源。

5、珠宝首饰源头（产地）的交易信息

包括珠宝玉石产地交易信息和首饰生产商自身饰品的信息，后者反映了生产、加工、设计的品牌效应、名人效应等对珠宝首饰工艺价格信息的价值估算，前者对珠宝玉石不同产地的稀少性将直接影响珠宝首饰的价值评判工作，也是珠宝首饰价格鉴定工作的基础。

6、大型商场、品牌公司的珠宝首饰信息

这些信息充分反映了市场供需款式和市场零售价的完整信息，体现了完全竞争市场下的珠宝首饰最终的价格信息，包括购货合同、销售发票、销售记录等，在价格鉴定中为最常见、最多应用。

7、二手货（旧货、古玩店）或地摊交易市场的信息

该市场上反映曾经被人们拥有或使用过的珠宝首饰，最常见的是该地区最终消费者的价格信息和历史信息。

8、在网上公布的珠宝首饰的信息

在网上可查阅到许多公司的珠宝首饰报价及市场动态。见表6-1。

表6-1　部分珠宝网站

国外网站	国内网站
珠宝信息中心：www.jewelryinfo.org	中国珠宝首饰网：www.jewelrychina.net
钻石交易中心：www.adiamondisforever.com	中华珠宝网：www.chinajewelry.net
彩色钻石交易：www.fandex.com	酷极珠宝网：www.coolgem.com
珍珠养殖信息中心：www.pearlinfo.com	嘉德在线：www.guaweb.com
国家宝石：www.prcciousgemstones.com	钻石中国：www.diamondschina.com
互联网钻石：www.internetdiamonds.com	珠宝科技杂志社：www.rigm.ac.cn
黄金交易即时报价：www.kitco.com	中国黄金信息网：www.gec.org.cn
世界黄金协会：www.gold.org.cn	亚洲珠宝：www.jewellery-net-asia.com
购物商店：www.tradeshop.com	珠宝界杂志社：www.jcm.com.tw
购物商店：www.jewelmer.com	香港珠宝制造业商会：www.jewelry.org.hk
购物商店：www.tahiti-blackpearls.com	中国珠宝经营协会：www.jewelworld.com.tw
购物商店：www.bbgems.com	台湾珠宝网：www.jewelry.net.tw
购物商店：www.lili-diamonds.com	黄金珠宝网：www.jegold.com.tw/index.htm
购物商店：www.ashford.com	中艺网：www.artsofchina.com
购物商店：www.tiffany.com	电子珠宝网：www.e-jewelry.com.cn
购物商店：www.harry-winston.com	华东珠宝网：ec-gems.com.cn
购物商店：www.diamonds.com	买卖珠宝网：mymygem@hotmail.com

9、已记录的珠宝首饰档案记录信息

每个价格鉴定人员都应该保留被鉴定珠宝首饰的价值记录，没有一种信息像自己的记录档案那么方便、真实、可靠。

第三节　珠宝首饰价格信息的处理

一、验证珠宝首饰的价格信息

可靠的珠宝首饰价格信息来源于获取信息的可靠程序，价格鉴定人员在应用价格鉴定的信息前，首先对信息源进行验证，以便为下一步信息加工做好准备。如鉴定人员经常使用珠宝商、拍卖行提供的信息，他们应该对拍卖资料仔细分析，了解是拍前估价还是拍卖成交价，拍卖成交价比拍前估价更具参考性。

二、分析珠宝首饰的价格信息

分析研究收集到的珠宝首饰的价格信息要求：

1、与被价格鉴定珠宝首饰是否同属一个类别，同样的价值特征；
2、价格信息是否来自相同的市场条件；
3、时点的差异与价值变化的关系；
4、市场供需变化引起的价值波动；
5、选用的信息必须具有充分代表性；
6、现金流量变化引起珠宝首饰的价格变化；
7、差异因素的可调整性。

三、计算推导珠宝首饰的价格信息

在信息集中后由价格鉴定人员对收集的珠宝首饰价格信息进行一个完整的量化，即计算推导，从错综复杂的价格中建立与被价格鉴定标的类似的价格模式，以便获取不同类型珠宝首饰的利润或加价率。

通常：

钻石首饰利润率为100%～150%（即成本的2～2.5倍）
有色宝石首饰利润率为100%～200%（即成本的2～3倍）
金首饰利润率为30%～50%（即成本的1.3～1.5倍）
珍珠首饰利润率为100%～200%（即成本的2～3倍）
非常精制首饰利润率为200%～300%（即成本的3～4倍）

公式：零售价=(生产成本+税)×(1+利润率)%

世界著名品牌（如卡地亚等）在上述基础上再乘一定系数，即具更高利润率。美国珠宝首饰评估业不按不同类型首饰来确定其利润率，计算零售价时统一为成本乘以2.5倍。

四、转换编写珠宝首饰的价格信息

经过分析研究和计算推导的信息资料，要通过一定形式转成可供价格鉴定应用的珠宝首饰信息资料。必须注意任何

图6-4 翡翠玻璃种龙型挂件
38.5×21×10.5mm
品质：无色 玻璃种 透明
市场中间价估算约人民币：3万元

一种珠宝首饰价格信息资料都是不完整的，与业内人士联系与接触，听取他人意见是珠宝首饰价格鉴定工作最宝贵的工作。

第四节　应用珠宝首饰价格信息进行价格鉴定方法

一、直接应用珠宝首饰价格信息进行价格鉴定

直接应用珠宝首饰价格信息为珠宝首饰进行价格鉴定服务是价格鉴定工作中最常用的应用方式，就是把掌握的珠宝首饰的价格信息引用进鉴定结论的报告中，使它变成价格鉴定结论重要的支持依据。

可以直接应用的价格信息有：

1、国内外权威机构公布的具体珠宝、贵金属材料的价格信息，如钻石的报价，金、银、铂的报价等；

2、消费者购买珠宝首饰的发票、票据；

3、生产厂商或销售商的生产成本记录和销售记录；

4、拍卖行的落锤价及典当行典当价的记录或票据；

5、大型珠宝商场的零售标价和折扣率。

对涉案的珠宝首饰，由于价值的大小直接影响当事人双方的经济利益或犯罪的量刑，应尽可能直接应用价格信息进行鉴定。

二、间接应用珠宝首饰价格信息进行价格鉴定

间接应用珠宝首饰的价格信息指根据收集、掌握的价格信息，通过分析认证从而鉴定、估算出被价格鉴定珠宝首饰的价值。对无形资产，著名品牌效应等均可采用间接珠宝首饰价格信息进行价格鉴定。

间接应用珠宝首饰的价格信息进行价格鉴定，首先要弄清鉴定所需要的信息内容和信息数量，只有整理、归纳才能按价格鉴定目的进行分析、估算，得到最终价格，形成鉴定结论。

综上所述，对珠宝首饰的价格信息应用应该注意：

1、信息应用的针对性；

2、信息应用的全面性；

3、信息应用的原始性。

图6-5 红木镶和田籽料皮色巧雕"美"插屏
120×77×26mm
品质：色略带灰的白　质地细润　油性强
　　　皮色佳　创意雕琢（俏色）　工艺精良
市场中间价估算约人民币：38.85万元

第七章 钻石的品质分级与价格鉴定

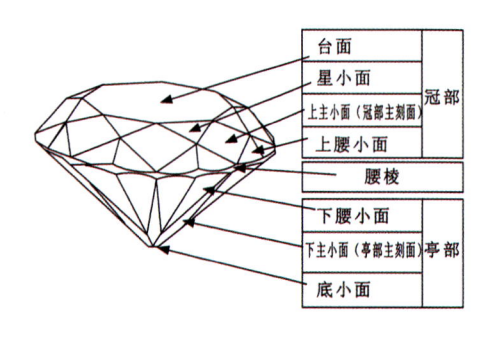

图7-1 圆明亮式琢型的各部分名称

钻石（Diamond）一词来自希腊语"Adamas"，寓意不可制服的坚硬，被称为"宝石之王"，深受世人喜爱。它又是四月生辰石和结婚60周年的纪念石。

第一节 钻石品质分级意义

钻石的品质分级出现于20世纪50年代，是伴随着钻石贸易、开采、加工的发展而形成钻石贸易的国际化、规范化标准。尽管各个钻石高层机构对钻石的品质分级自成一体，但都按4C这四个要素来评价。所以钻石是目前世界上唯一具有较为完整的分级和统一价格体系的宝石。

我国钻石品质分级体系是1996年由国家珠宝玉石质量监督检验中心起草制定，2003年6月修订，2003年11月1日实施的标准（GB/T16554-2003），与国际上GIA的分级相似，以钻石4C要素作为品质分级的依据，即重量Carat Weight、颜色Colour、净度Clarity、切工Cut，简称4C，见下表7-1：

表7-1 钻石分级标准一览表（GB/T16554-2003）

颜色		净度		切工	说明
		用十倍放大镜分级：		比例标准：	
D	100	LC	无 瑕	台宽比：53%～66%	
E	99			冠高比：11%～16%	
F	98	VVS$_{1+2}$	极微瑕	亭深比：41.5%～45%	净度级别由瑕疵大小决定，包括内部瑕疵和外部瑕疵。
G	97	VS$_{1+2}$	微 瑕	腰厚比：2%～4.5%	
H	96	SI$_{1+2}$	瑕 疵	底尖比：<2%	
I	95	P$_1$	重 瑕	全深比：56%～63.5%	颜色色级：二种述语同时有效
J	94	P$_2$		偏移程度：很好、好、一般	
K	93	P$_3$		修饰度（根据抛光、对称性综合）：很好、好、一般	
L	92				
M	91				
N	90				
<N	<90				

第七章　钻石的品质分级与价格鉴定

Cut（切工）

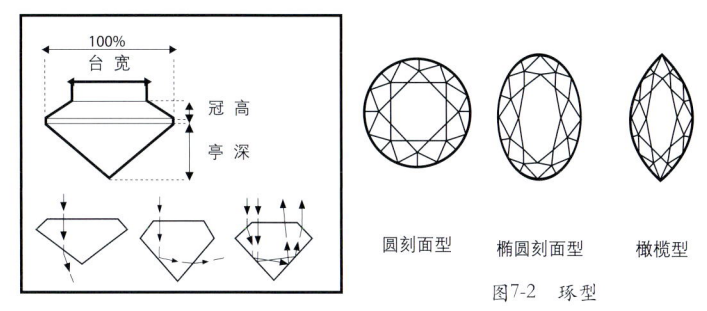

圆刻面型　椭圆刻面型　橄榄型　水滴型　心型　祖母绿型

图7-2　琢型

Colour（颜色）

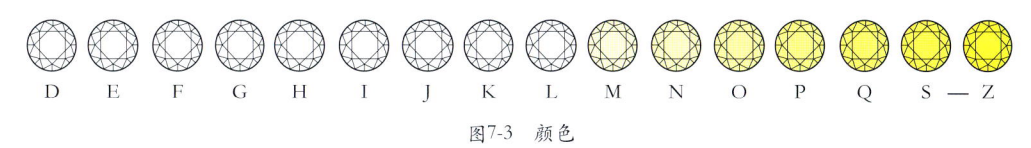

D　E　F　G　H　I　J　K　L　M　N　O　P　Q　S—Z

图7-3　颜色

Clarity（净度）

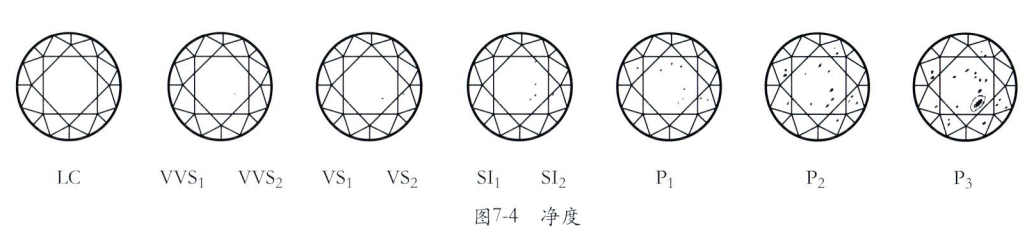

LC　VVS_1　VVS_2　VS_1　VS_2　SI_1　SI_2　P_1　P_2　P_3

图7-4　净度

Carat（重量对应尺寸）

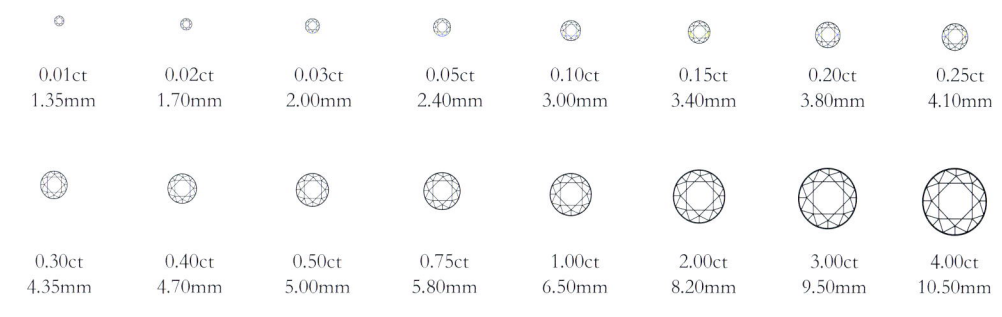

| 0.01ct | 0.02ct | 0.03ct | 0.05ct | 0.10ct | 0.15ct | 0.20ct | 0.25ct |
| 1.35mm | 1.70mm | 2.00mm | 2.40mm | 3.00mm | 3.40mm | 3.80mm | 4.10mm |

| 0.30ct | 0.40ct | 0.50ct | 0.75ct | 1.00ct | 2.00ct | 3.00ct | 4.00ct |
| 4.35mm | 4.70mm | 5.00mm | 5.80mm | 6.50mm | 8.20mm | 9.50mm | 10.50mm |

图7-5　尺寸与重量比

一、分级目的：评判成品钻石的价格。

二、分级原理：

1、越是无色越稀有——1C颜色；

2、越是无瑕越稀有——2C净度；

3、合理切磨才能显示钻石的华丽——3C切工；

4、越重越稀有——4C重量。

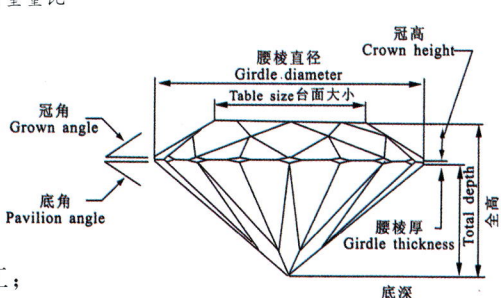

图7-6　圆明亮式琢型的比例

三、分级条件：

1、两名以上经过专业培训的钻石分级师（一名分级，一名复检）。

2、10倍放大镜：观察钻石包裹体或瑕疵的多少和位置，从无瑕（Flawless）到重瑕（Imperfect）。

3、标准比色石：要求形状相似，重量大于0.25ct；净度SI以上，不能带有色包裹体；标准切工且对称性好；不能有明显荧光。总共11粒标准比色石，D～N色。实际运用中5粒标准比色石亦可。

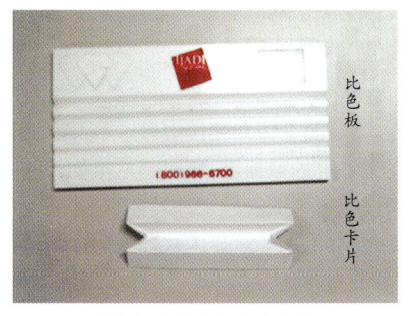

图7-7 比色卡片和比色板

4、标准光源：色温5000K～7200K，或北面的日光。

5、中性环境：环境为黑、灰或白色为宜。

6、比色板或比色纸：无荧光，无明显反光作用。

7、克拉秤。

第二节　钻石的4C分级

一、钻石的颜色(Colour)分级——1C

（一）颜色分级步骤

1、清洗比色石和待测钻石；

2、观察待测钻石和比色石瑕疵并记录和秤重，以免与比色石混淆；

3、将比色石台面朝下按无色到浅黄，从左到右间隔2cm放置在比色板上；

4、将待测钻石台面朝下在标准光源中逐一与比色石对照，直至最终颜色接近比色石；

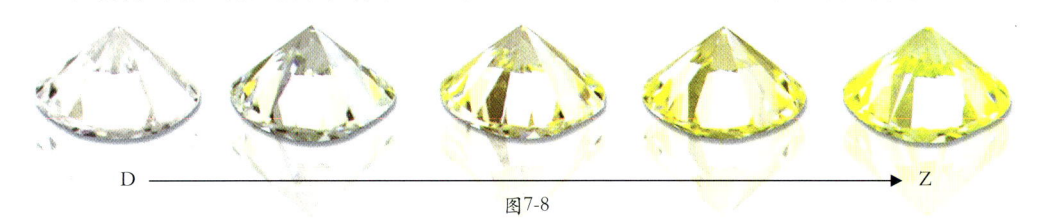

D ⟶ Z

图7-8

5、一般从腰部以上与比色石对比，小钻辨色应从比色石亭部观察；

6、比色时间不易过长；

7、异形钻从不同的方向观察并与比色石比较；

8、已镶嵌在首饰上的钻石通过冠部来比较，尽可能减少金属托对钻石的颜色干扰（见表7-2、7-5）

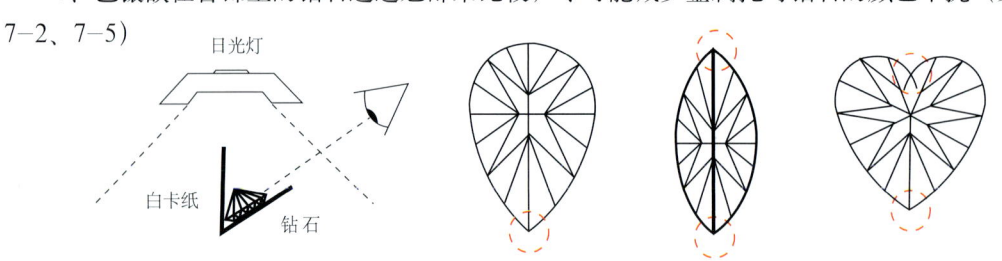

图7-9 观察钻石的方法　　图7-10 花色钻的颜色集中区和不适于比色的位置（虚线范围）

表7-2　　钻石颜色分级对照表

区域\颜色	美国宝石学院GIA	香港	中国	描述	说明
无 色	D	100	D	极白	借助比色石，由台面视无色
无 色	E	99	E	极白	借助比色石，由台面视无色
近无色	F	98	F	优白	借助比色石，由台面视无色
近无色	G	97	G	优白	借助比色石，由台面视无色
近无色	H	96	H	白	借助比色石，由台面视无色
微 黄	I	95	I	微黄白（褐、灰）	台面视带色调（黄色感）小于0.20克拉无色
微 黄	J	94	J	微黄白（褐、灰）	台面视带色调（黄色感）小于0.20克拉无色
微 黄	K	93	K	浅黄白（褐、灰）	台面视带色调（黄色感）小于0.20克拉无色
微 黄	L	92	L	浅黄白（褐、灰）	台面视带色调（黄色感）小于0.20克拉无色
非常浅的黄	M	91	M	浅黄（褐、灰）	台面视带色调（明显黄色感）
非常浅的黄	N	90	N	浅黄（褐、灰）	台面视带色调（明显黄色感）
非常浅的黄	O	<90	<N	黄（褐、灰）	台面视带色调（明显黄色感）
浅 黄	P-Z	<90	<N	黄（褐、灰）	台面视带色调（明显黄色感）

（二）颜色分级规则

1、待测钻石与比色石的某一粒相同，待测钻石就是比色石的颜色；

2、待测钻石高于比色石最高色级，使用最高色级表示待测钻石颜色；

3、待测钻石在两比色石之间，则以较低色级表示待测钻石颜色；

4、待测钻石低于比色石N，用小于N色表示。

（三）颜色分级注意事项

1、颜色分级是一个主观过程，比色时间不易过长，时间过长眼睛会疲劳，使精确分级能力下降；

2、转动钻石，颜色会微小变化，就以"平均"色为待测钻石的颜色；

3、观察褐色钻石时，应尽力考虑颜色的饱和度而不是颜色本色；

4、钻石的荧光会影响钻石的颜色，如蓝色荧光会掩盖钻石的黄色调，注意荧光的影响；

5、待测钻石与比色石大小不一，应通过比较亭尖部分的颜色，减少大小不同的颜色误差；

6、花色钻（异型钻）即非标准圆钻琢型，色在腰棱尖端较集中，应在不同的方向与比色石比较，取平均的色级标准；

7、在陌生的环境，缺乏比色石时，应避免仅凭色级的记忆，评判钻石颜色；

8、带色包裹体（如碳斑）的钻石比色，应排除包裹体的影响，因为它们已记录在净度的品质内；

9、镶嵌钻石的比色（黄金使钻石更黄，铂金使钻石更白），应采用放大观察或辅助工具，减少金属对色的影响，方法见图。

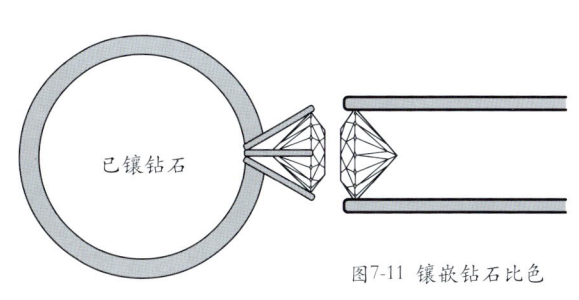

图7-11 镶嵌钻石比色

(四)钻石的荧光对颜色影响及其分级

某些钻石在紫外光照射下会产生不同颜色的荧光,最常见的是蓝白色、黄色、橙色、红色等荧光颜色。中等以上荧光的钻石,可能会掩盖钻石的自身色级(颜色),如蓝白色荧光的钻石,会增进颜色的白度,而提高钻石的色级;而黄色荧光的钻石,将会降低钻石的外观色级。另外,过强的荧光会使钻石产生朦朦的感观,将降低钻石的透明度而影响钻石的净度,被列入较低净度等级,直至影响钻石的价格。

我国钻石分级标准(CB/T16554-2003)和CIBJO钻石分级标准中,把荧光强度分成**强、中、弱、无**4个等级,以3颗强、中、弱强度荧光的标准为基准,当待测钻石低于弱荧光标准石时为无荧光;介于强、弱荧光标准石为中等荧光,高于强荧光的标准石为强荧光,分别记录在钻石分级报告中。

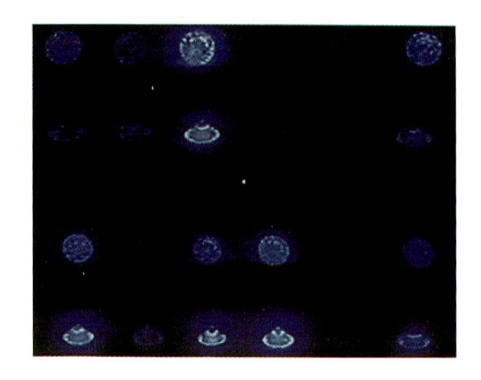

图7-12 紫外灯(a)和钻石荧光(b)

二、钻石的净度(Clarity)分级——2C

(一)钻石的内外部瑕疵(包裹体)内容及标记符号

钻石的净度通常是10倍放大镜或显微镜观察待测钻石内外部瑕疵的统称。

1、钻石的内部瑕疵:

钻石的内部瑕疵指钻石原来就有的(即原生的)包裹体,具体包括矿物晶体included crystal,裂隙chip nick,雾状体cloud,羽状体feather,晶结或晶瘤knot,原晶面natupals等。

2、钻石的外部瑕疵:

钻石的外部瑕疵指不是原有的而是后来加工时引起的缺陷,具体包括多余小面extra facet,抛光纹polishing line,擦痕scratch,小坑pit,生长纹surface growth line,损伤damage mark。

(二)钻石净度分级步骤

1、清洁待分级钻石和分级工具;
2、手持10倍放大镜,用摄子夹住钻石,靠近钻石灯,形成暗域,垂直台面观察视域内钻石的净度:
  (1)观察冠部范围内的净度特征;
  (2)观察亭部和底尖范围内的净度特征;

(3)观察腰棱的净度特征。
3、描绘净度特征图，一般以冠部某个特征位置的瑕疵作零点起始；
4、判别净度级别（按瑕疵的大小、位置、数量、颜色等划分等级）。

（三）钻石净度分级对照表

表7-4 钻石净度分级对照表

中 国	香 港	美国宝石学院GIA	描述	10X镜下
LC	全美	FL	无 瑕	flawless
		IF	内部无瑕	internally flawless
VVS1	VVS1	VVS1	极微瑕	very very slightly included
VVS2	VVS2	VVS2		
VS1	VS1	VS1	微 瑕	very slightly included
VS2	VS2	VS2		
SI1	1号花	SI1	小 瑕	slightly included
SI2	2号花	SI2		
P1	3号花	I1	有 瑕	imperfect 肉眼可见
P2	4号花	I2	重 瑕	肉眼易见
P3	大花	I3	极重瑕	肉眼明显

（四）钻石净度分级注意事项

1、注意表面灰尘和内外部瑕疵的区别，特别是高净度钻石。把钻石浸入酒精清洗干净，趁酒精还没挥发干时观察，灰尘浮于酒精，瑕疵则不会；

2、内部瑕疵，特别是靠近底尖的瑕疵反射像形成多个或一圈，应该垂直亭部刻面观察，避免影像干扰，判断瑕疵数量，同样可区分灰尘和瑕疵；

3、摄子影像容易掩盖影像范围内的瑕疵，应该变换摄子夹持的不同位置观察瑕疵；

4、花色钻（异型钻）的净度观察，应该从多个角度，不同位置观察，避免少看、漏看瑕疵的存在。

（五）镶嵌钻石的净度与颜色分级

我国镶嵌钻石的净度颜色分级参照裸钻净度、颜色分级方法，分别分为净度无瑕LC、极微瑕VVS、微瑕VS、小瑕SI、重瑕P五级及颜色优白（D、E、F、G）、白（H、I、J）、浅黄白（K、L、M、N）三级，综合分级为极好、很好、好、一般四级，见下表7-5。颜色通过突出的冠部来对比，净度为可见部分的瑕疵，应该尽可能减少金属托的影响，这是因为不同颜色、净度对钻石的价格影响较大，颜色、净度的分级准确度显然比不上裸钻分级。

表7-5 镶嵌钻石的品质分级表（中国国标GBT16554-1996）

综合分级 颜色	净度	无瑕 LC	极微瑕 VVS	微瑕 VS	小瑕 SI	重瑕 P
优白	D E F G	极好	极好	极好	好	一般

(续) 表7-5　镶嵌钻石的品质分级表（中国国标GBT16554-1996）

颜色 \ 净度 综合分级		无瑕 LC	极微瑕 VVS	微瑕 VS	小瑕 SI	重瑕 P
白	H I J	极好	很好	好	好	一般
浅黄白	K L M N	很好	好	较好	一般	一般

三、钻石的切工（Cut）分级——3C

钻石的切工分级与其它分级比较更为复杂，也是对钻石价格的影响最不确定的因素，它们在RAPARORT价格表中没有体现。钻石所以美丽，最主要取决于它的切割比例来体现钻石的亮度、闪烁和火彩，这包括切工、比例、对称性和抛光质量。而切工不好的钻石会感到亮度、火彩不足，显得呆板，无生气，甚至会出现"黑底"或"鱼眼"，或"领结效应"，使钻石的价值大打折扣。对切工的分级多数是凭分级者主观经验判验，足以引起人们的争议。现在国际上对钻石切工的评价已放到最重要的位置。

国际上对钻石的切工分级主要有琢型（Brilliant Cut）、切工比例（Proportion）和修饰度（Finishing）三个方面。

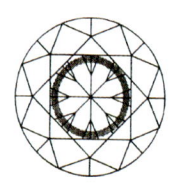

图7-13 鱼眼效应 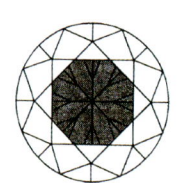　　图7-14 黑底效应 　　图7-15 花式钻石的黑色"领结效应"

（一）钻石的琢型

钻石的琢型是指成品裸钻的外形款式，包括：(1)钻石腰棱外廓的几何形状；(2)钻石刻面分布的排列方式。

圆明亮琢型是市场上最常见的钻石琢型，也称圆多面型，是切工评价的主要对象。除了圆明亮琢型以外，其它所有琢型简称"花式钻"或"异型钻"，常见有：橄榄型、水滴型、椭圆型、心型、长方型、祖母绿型等钻石外形（见下图）。

图7-16 各式花式刻面琢型

圆型　　椭圆型　　橄榄型　　水滴型　　心型　　祖母绿型　　长方型

（二）钻石的切工比例分级

1、圆明亮琢型钻石的切工，由冠部、腰棱、亭部三个部分组成，我国制定了国家标准（GB/T16554-2003），见下表7-6：

表7-6 圆多面型钻石的切工比例表

品质 内容	一般	好	很好	好	一般
台宽比%	≤50	51~52	53~66	67~70	≥71
冠高比%	≤8.5	9~10.5	11~16	16.5~18	≥18.5
腰厚比%	0~0.5	1~1.5	2~4.5	5~7.5	≥8
亭深比%	≤39.5	40~41	41.5~45	45.5~46.5	≥47
底尖比%			<2	2~4	>4
全深比%	≤52.5	53.0~55.5	56~63.5	64.0~66.5	≥67
冠 角	≤26.9°	27.0°~30.6°	27.0°~30.6°	37.8°~40.6°	≥40.7°

2、花式钻由于种类繁多，形态各异，切工的比例标准评价远比圆钻难，因此，很难定出统一标准，尤其是切工比例，但仍可根据钻石的明亮度、美感等原则评价花式钻切工比例的优劣。所以花色钻的比例评价远不如圆钻的比例严格，在评价中只记录比率参数和现象。

> (1)台宽比：台面与腰棱宽度的比例，花色钻台宽比常小于50%（圆钻型少见）；
> (2)冠角比：34.5°为最佳角度，评价时以很小、小、大、稍大、合适等术语描述；
> (3)腰棱厚度：与圆钻相似，分极薄、薄、中、厚、很厚、极厚6个级别（排除特殊部位如心型的凹处，橄榄型尖端等处的腰棱）；
> (4)亭深比：合适的亭深比为41%~45%。亭部过深，明亮度下降，呈块状"黑影"；太浅出现"鱼眼"；过宽则呈现"领结效应"。亭深比分为很浅、浅、合适、稍深、很深5个级别；
> (5)底尖比：分为无、很小、中、大、很大、极大6个级别。

（三）钻石的切工修饰度分级

1、**圆钻修饰度**：包含对称性和抛光质量两项内容：

(1)对称性的评价主要是圆钻的几何图案的匀称性和美感，反映了钻石加工的技艺和磨钻师的水平。

(2)抛光质量的优劣将直接影响钻石的光学效应，即使很好切工比例的钻石，若缺乏精细的抛光，也不能使钻石熠熠生辉。

(3)GB/T16554-2003《钻石分级标准》提出了7种修饰度的影响，3个等级标准：

　①7种修饰度的影响：　a．腰围不圆；
　　　　　　　　　　　b．冠、亭部刻面尖点不齐；
　　　　　　　　　　　c．刻面尖点不尖锐；
　　　　　　　　　　　d．同种刻面不等大；
　　　　　　　　　　　e．台面和腰棱不平行；
　　　　　　　　　　　f．波状腰棱；
　　　　　　　　　　　g．刻面留有抛光纹。

②3个等级标准：　　a．很好：无7种影响的任何一项，仅有轻微抛光纹；
　　　　　　　　　b．好：仅有腰棱不圆或刻面留有抛光纹；
　　　　　　　　　c．一般：除上述二种情况，均属一般。

2、花色钻的修饰度：与圆钻相似，主要是对称性和抛光质量（见表7-7）。

(1) 对称性：主要是腰棱轮廓的对称和协调性及比例，越出这一比例同样失去了美感，良好的比例有：

	长：宽
水滴型、椭圆型	1.5～1.75 ：1
橄榄型	1.5～2.25 ：1
心型	0.8～1.25 ：1
祖母绿型	1.5～1.75 ：1
长方型	1.75～2.25：1

(2)花色钻的修饰度影响是：
　　①腰棱轮廓偏差；
　　②台面偏心；
　　③冠部倾斜；
　　④波状腰；
　　⑤台面不对称；
　　⑥同等刻面不等大；
　　⑦冠、亭部刻面尖点不齐；
　　⑧面棱未交于一点；
　　⑨刻面具抛光纹。

表7-7　花色钻修饰度评价主要是以下四个级别：

等级 修饰度	很好	好	中等	一般
对称性	无对称性偏差，或轻微的很难观察到的偏离	不超过三项轻微的不容易观察到的对称性偏差（不包括轮廓偏差）	不超过三项比较容易观察到的对称性偏差。但钻石的均衡和美观没有受到明显的影响	明显的对称性偏差，钻石的均衡和美感受到了影响
抛光纹或不参与净度评价的其他外部特征	无抛光纹或极少的很难发现的抛光纹及其他外部特征。对钻石的光彩无影响	有轻微的难观察的，到比较容易观察到的抛光纹及其他外部特征。对光彩几乎无影响	比较容易观察到的较明显的抛光纹及其他外部特征。对钻石的光彩有轻微的影响	显而易见的抛光纹或其他外部特征。对钻石的光彩有明显的影响

第七章 钻石的品质分级与价格鉴定

市场上有些钻石往往是生产商为了保存重量来获得较大利益，使钻石的切割比例有所偏差。如腰围加厚，台面加大或减小，亭部变深等等，使钻石无法体现出最美的一面，价格鉴定时应充分考虑切工比例的偏差因素产生的价格差异。

左
图7-17 18k镶彩色钻石戒
金重：11.3克 主钻：4.41ct
副石：2.86ct
品质：彩黄（Fancy Yellow） 净度：SI_1
市场中间价估算约人民币：50万元

右
图7-18 彩钻戒指
主钻：3.39ct
颜色：Fancy Vivid Blue
净度：IF
成交价（含佣金）：4492万港币

四、钻石的重量(Carat)分级——4C

钻石的重量大小与钻石的价格有着直接的关连。在钻坯加工时，磨钻设计师已考虑了加工好的裸钻是保净度还是保重量，以便获得最大的利益（价值）。因此，钻石的重量也是获得价值最重要因素之一。

现今钻石的贸易延用克拉ct计量（1ct=0.2g）。贸易中规定钻石用克拉表示时，应表示小数点后两位，第三位逢9进1，其它忽略。例如：钻石称重0.499ct应标示0.50ct；0.498ct应标示0.49ct。1ct=100分（point）。如0.38ct也可表示为38分（或0.076g），小于1ct的钻石多用分作单位。

裸钻的重量一般情况可以在精度很高的天平（万分之一克拉精度）上直接秤重。标准切工的圆型钻石也可用下例方法估算重量。

（一）钻石重量的估算

1、圆型钻的估重：

圆型钻估算重量ct=(直径mm)^3×60%×0.0061

或=(直径mm)^2×高×0.0061

例如：一颗圆明亮型钻石（腰棱）腰径♀6.5mm，♀6.52mm，全深（高）3.93mm，该钻重量=6.50×6.52×6.51×60%×0.0061=1.01ct

或=6.50×6.52×3.93×0.0061=1.01ct

2、已镶嵌钻石的估重：

对已镶嵌在首饰上的钻石，只能用卡尺测量钻石的尺寸进行重量的换算来估算重量，见下表7-8：

表7-8 标准圆型钻石的直径与质量对照表

直径/mm	质量/克拉	直径/mm	质量/克拉	直径/mm	质量/克拉
1.3	0.01	3.5	0.16	7.2	1.375
1.7	0.02	3.6	0.17	7.4	1.50
2.0	0.03	3.7	0.18	7.6	1.625
2.2	0.04	3.8	0.20	7.8	1.75

（续）表7-8　标准圆型钻石的直径与质量对照表

直径/mm	质量/克拉	直径/mm	质量/克拉	直径/mm	质量/克拉
2.4	0.05	4.0	0.23	8.0	1.875
2.6	0.06	4.1	0.25	8.2	2.00
2.7	0.07	4.68	0.375	8.5	2.25
2.8	0.08	5.15	0.50	8.8	2.5
2.9	0.09	5.55	0.625	9.05	2.75
3.0	0.10	5.9	0.75	9.35	3.0
3.1	0.11	6.2	0.875	9.85	3.5
3.2	0.125	6.5	1.00	10.30	4.0
3.3	0.14	6.8	1.125	11.1	5.0
3.4	0.15	7.0	1.25	11.75	6.0

3、异型钻石的估重：

针对不同的异型钻石，有不同的重量估算公式。

(1)椭圆型琢型的估重公式：

估算重量ct=(平均直径)^2×高(mm)×0.0062

式中：平均直径等于腰围的长与宽的平均值，即平均直径=(长+宽)÷2

(2)心型式琢型的估重公式：

估算重量ct=长×宽×高(mm)×0.0059

(3)三角型式琢型的估重公式：

估算重量ct=长×宽×高(mm)×0.0057

(4)水滴型式琢型的估重公式：

	长：宽(mm)
估算重量ct=长×宽×高(mm)×0.00615	1.25：1
×0.00600	1.50：1
×0.00575	2.00：1

(5)橄榄形琢型的估重公式：

	长：宽
估算重量ct=长×宽×高(mm)×0.00655	1.5：1
×0.00580	2.0：1
×0.00585	2.5：1

(6)祖母绿琢型的估重公式：

	长：宽
估算重量ct=长×宽×高(mm)×0.0080	1.0：1
×0.0092	1.5：1
×0.0100	2.0：1
×0.0106	2.5：1

（二）不同钻石腰棱厚度的估算重量修正系数

钻石的估重，往往与钻石的实际重量产生偏差，这种偏差主要由钻石的腰棱厚度偏差引起的；过薄、过厚的钻石腰棱估算重量时需要进行修正：钻石的重量＝估算重量×(1+修正系数)

1、圆型钻估重的腰棱厚度的修正系数：

厚度	薄腰	适中	厚腰	极厚腰
修正系数	1%	2%	3%	4%

2、花色钻估重的腰棱厚度修正系数（见表7-9）：

表7-9 花式钻估算重量的腰棱厚度修正系数表

宽度(mm)	稍厚	厚	很厚	极厚
3.8～4.15	3%	4%	9%	12%
4.15～4.65	2%	4%	8%	11%
4.70～5.10	2%	3%	7%	10%
5.20～5.75	2%	3%	6%	9%
5.80～6.50	2%	3%	6%	8%
6.55～6.90	2%	2%	5%	7%
6.95～7.65	1%	2%	5%	7%
7.70～8.10	1%	2%	5%	6%
8.15～8.20	1%	2%	4%	6%

注：表中百分数的使用方法是，对按公式计算得到的估算重量再乘上（1+修正系数），
即为：修正后重量＝估算重量×（1+修正系数）

例1：一颗圆钻φ5.26mm和5.30mm，高3.60mm，腰极厚，修正系数4%

钻石估重＝$[(5.26+5.30)/2]^2$×3.60×0.0061≈0.61ct

修正后重量＝0.61×(1+0.04)≈0.63ct

例2：一颗梨形钻长5.7mm，宽3.55mm，高3.6mm，腰很厚，修正系数9%

钻石估重＝5.7×3.55×3.6×0.00573≈0.42ct

修正后重量＝0.42×(1+9%)≈0.45ct

（三）重磨钻石的估重

重新切磨钻石的估重是对可能有破损或切工太差及琢型陈旧的钻石需要重新切磨时，估算钻石的重量。要点是：(1)圆型可获最小的腰棱尺寸；(2)花色琢型可获得长短尺寸，各自高度则按直径的60%或62%计算，目的是获得最大重量（价值）的钻石。

1、明亮型圆钻重磨估重＝(直径mm)^2×直径mm×60%×0.0061

2、花色琢型钻重磨估重＝长径mm×(短径mm)^2×62%×琢型系数

例：一颗破损的圆钻重新切磨，明亮型腰径r为4.8mm，按公式计估算重量为0.40ct。如选用心型琢型，长径为5.5mm，宽4.8mm，估算重量＝长×宽×宽×0.62×0.0059≈0.45ct

由此可得出重磨的心型钻比圆明亮琢型钻重0.05ct。

第三节 钻石的4C与价格关系

在国内外市场的钻石交易中,裸钻(已切磨未镶嵌)的价格确定较为容易,主要原因是目前裸钻交易的世界行情由美国纽约每周向全世界推出一份圆型裸钻询价表,每月一份异型钻询价表(Rapaport Diamond Report),提供给钻石供应商和采购商参考。虽然这些报价并非实际成交价,但直接反映了市场的供求关系。

Rapaport Diamond Report钻石价格表通常高于批发价,低于零售价。但它是建议性定价,是供需双方谈价的基础,通常批发价比Rapaport报价低20%～40%,实际成交价视成交的数量、一次供货还是长期供货、付款形式、切工比例等因素影响。另外,由于人民币的升值,Rapaport报价的折扣率也在变化,应引起价格鉴定人员关注。

一个资深的价格鉴定人员应该以Rapaport报价单为参考依据,对已分级的钻石品质进行认可,进行市场调查分析确认折扣数,以剩余价格作为商家的原始批发价。

图7-19 铂金镶钻石排链
金重:19.70g　主钻:1.32ct
　　　　　　　副钻:2.50ct
品质:主钻 色K
净度:VVS 水滴型
副钻 色I～H　净度:VS～SI
市场中间价估算约人民币:10.3万元

一、重量与价格关系

钻石的重量与价格受市场的供求与自身重量大小的影响。

1、钻石市场的供求与价格关系

随着市场对某类钻的供求变化(增加或降低),戴比尔斯(De Beers)就可提高某些范围内钻坯的价格或减少钻石供应量来保持钻石价格的稳定,以此增加收益率。例如:2007年第30期Rapaport报价,1克拉以上的裸钻比上期报价提高了3%～5%。

2、钻石自身重量的价格关系。

钻石的重量是确定其价格的重要条件。重量增加一倍,从Rapaport反映价格不是简单的乘2。例如VS1净度、H颜色的钻石分别为0.50ct和1ct,价格分别为3600美元／克拉和7600美元／克拉,二者相差2.3倍;又如0.69ct和0.70ct、VS净度、G颜色的钻石为4000美元／克拉和4900美元／克拉,二者相差约1.23倍。钻石重量和价格往往呈指数增长。另外,Rapaport钻石报价单建议重量为0.60～0.69ct、0.80～0.89ct、0.96～0.99ct、1.25～1.49ct、1.75～1.99ct、2.50～2.99ct在报价单基础上上涨5%～10%的价格。钻石的价格鉴定时,估价人员必须注意不同范围内的钻石溢价现象。

二、颜色与价格关系

钻石的颜色从 D 到 O 逐渐变黄，价格也随之降低。钻石的每个色级间的价格差一般在 10%～45%，高色级间的差价比低色级间的差价比例高，1ct 以上比 1ct 以下的差价高。例如 1ct，净度 VVS，D 色与 E 色间差价约 19%，而净度 P，颜色 L、M 的差价为 12%。同样，0.50～0.69ct，颜色 D、E，净度 VVS1 的差价 18.5%。另外，由于钻石的荧光色可能会提高其色级，其价格也相对降低，最多可达 15%。

上述研究表明颜色、净度均较高的钻石差价率大；大于 1ct 的比低于 1ct 的钻石差价率高；高色级的比低色级差价率高，1ct 以内的钻石差价率较稳定。无荧光的钻石比有荧光的钻石差价率低。

三、净度与价格关系

钻石的净度从 LC（全美钻）——P（重瑕），价格随之降低，但每一级的变化率不同。以 2015 年 3 月报价为例：1ct 钻石 D 色，净度为 LC 和 VVS1 分别为 24200 美元和 $17500，两者相差约 38.2%；VS1、VS2 分别为 $12100 和 10700 美元，两者相差 13.1%；SI_1、SI_2 分别为 8200 美元和 6900 美元，两者相差约 19%；P1、P2 分别为 4700 美元和 2700 美元，两者差约 74%。

以上可以看到钻石净度和价格间的比较，不是绝对的比率，颜色好的钻石，净度每一级变化引起价格变化大，即净度对价格影响大，因此 Rapaport 报价只能作为参考，除了应考虑钻石品质分级的 4C 因素外，还应考虑整个市场的供需关系。

图7-20　铂金彩钻戒指
主钻重量：5.42ct
颜色：FANCY YELLOW
净度：IF
天然 Ⅱa 型钻石　伴有两颗心型小钻
估价：64～95万港币
成交价：138.4万港币

图7-21　18k 镶钻石戒指
金重：5.4g　主钻：3.05ct
品质：颜色 J　净度：VS2
切工优　修饰度优
市场中间价估算约人民币：22.81万元

四、切工与价格关系

钻石的 Rapaport 报价中没有显示切工（cut）与价格关系，但又确确实实存在，因为 Papaport 报价以钻石的标准切工为前提，而随着切工差异越大，折扣率就越高。

钻石切工的好与差将充分体现钻石的亮度、火彩和钻石不同级别的价格差。一般切工和标准（完美）的切工价格相差约 40% 甚至更多。

例如：2015 年 3 月钻石报价 D 色、IF 净度，1ct 比 0.99ct 的溢价 66%，这是由于标准的圆刻面型切工只能切磨成 0.99ct，而钻石供应商为了追求最大利润，往往牺牲切磨质量来

珠宝首饰价格鉴定

图7-22 铂金镶红宝钻石女戒
金重：6.29g 红宝石：2.57ct 产地：缅甸抹谷
钻石：0.49ct
切工优 品质 椭圆刻面 色玫瑰红 净度VS
市场中间价估算约人民币：18.09万元

保全钻石重量，以便获取较高价值。市场上的"补卡钻"，实际上就是如果严格按照规定的比例要求切割则重量将在1克拉以下，因此便放松切工比例使重量达到1克拉的这类钻石，价格鉴定时因考虑价格的扣减。

因此相同品质的钻石，切工好比切工差的卖出价更高，至于高多少价格，视不同地区、不同市场、不同的消费群体而定。由此应引起估价人员特别关注，一般来说市场越成熟对切工的要求会更高。

一般来说切工（Cut Grade）完美（Excellent）、抛光（Polish）完美（Excellent）、对称性（Symmetry）完美（Excellent）、比例好（Good或Very Good），可溢价10%～30%。

五、汇率与价格关系

汇率是影响钻石价格的又一因素。钻石的供应、批发、销售是全球性交易，最终的结算币种是美元，而Rapaport报价也是美元，所以人民币兑美元的汇率是直接影响钻石价格的重要因素。例如：1998年官方人民币兑美元汇率是1美元兑8.3元人民币，受东南亚金融危机的影响，民间汇率是1：9甚至1：10美元兑人民币，实际上国内市场钻石交易也是按民间汇率计价，同样欧元、日元汇率也将影响钻石价格。

钻石价格 =（外币 × 人民币兑外汇率 + 手续费）× 钻石重量

第四节　钻石的价格鉴定

一、参考Rapaport钻石报价表

对于从事价格鉴定的机构和人员来说，了解掌握钻石的市场行情是极为重要的工作。钻石报价表对当前钻石市场的动态和价格提供了一个有用的信息渠道。该报价表是由Rapaport Diamond Report公司汇总了众多的钻石贸易公司报价，加以整理汇总，列出的反映卖方的代表性价格。

1. 圆型钻的报价表，按照重量0.01克拉～10.99克拉划为18组，每组以颜色级别为纵坐标，净度级别为横坐标，列出了每一种色级、净度组合的价格。使用报价表时选找重量组范围，再从重量组里查找对应的颜色、净度及对应的报价，表中以百美元为单位。至今该报价表已成为众多钻石批发商、零售商和首饰制造商对钻石定价的参考依据。在价格鉴定时应注意：

(1)在实际钻石交易时，在钻石报价表的基础上会有不同的折扣，虽然不同的卖家、不同的情况折扣并不一致，但仍是讨价还价的依据。

(2)市场的需求也是影响钻石折扣的另一个因素。例如：中国市场0.25ct～0.70ct钻石需求旺盛，批发商提供钻石的折扣率就低；反之折扣可能高。

2. 花色钻的报价表每月更新一次，钻石的4C因素对价格的影响在花色钻中同样有效，而大于1ct的花色钻由于市场供需的不稳定性，对高品质的花色钻供不应求而价格较高，在价格鉴定时应引起足够重视。

表7-10 圆型钻报价表（2015年3月13日）

RAPAPORT: (.01～.03CT)： 03/13/15

	IF-VVS	VS	SI1	SI2	SI3	I1	I2	I3
D-F	12.3	9.8	7.1	5.8	4.8	4.4	3.9	3.2
G-H	9.8	8.3	6.3	5.4	4.4	4.2	3.7	2.9
I-J	7.3	6.6	5.7	4.9	4.3	4.0	3.4	2.6
K-I	4.7	4.1	3.8	3.4	3.0	2.5	2.2	1.6
M-N	3.5	2.9	2.3	2.0	1.8	1.5	1.3	1.0

ROUNDS RAPAPORT: (.04～.07CT)： 03/13/15

	IF-VVS	VS	SI1	SI2	SI3	I1	I2	I3
D-F	11.0	8.7	7.0	5.7	4.9	4.4	3.9	3.2
G-H	8.7	7.7	6.2	5.4	4.4	4.2	3.7	3.0
I-J	7.2	6.6	5.7	4.9	4.3	4.0	3.4	2.8
K-I	4.9	4.3	4.0	3.4	3.1	2.6	2.3	1.8
M-N	3.7	3.1	2.5	2.2	2.0	1.7	1.4	1.1

RAPAPORT: (.08～.14CT)： 03/13/15

	IF-VVS	VS	SI1	SI2	SI3	I1	I2	I3
D-F	11.5	9.8	7.6	6.4	5.7	5.0	4.3	3.7
G-H	9.7	8.6	6.8	5.9	5.5	4.3	3.9	3.4
I-J	8.3	7.3	6.3	5.4	4.9	4.4	3.7	3.1
K-I	6.5	5.8	5.1	4.3	3.7	3.2	2.8	2.3
M-N	4.4	3.9	3.4	3.0	2.8	2.3	1.8	1.4

ROUNDS RAPAPORT: (.15～.17CT)： 03/13/15

	IF-VVS	VS	SI1	SI2	SI3	I1	I2	I3
D-F	13.0	11.8	8.4	7.2	6.5	5.3	4.5	3.9
G-H	11.6	10.0	7.8	6.5	5.6	4.8	4.1	3.6
I-J	9.8	8.6	6.7	5.9	5.0	4.5	3.9	3.3
K-I	7.3	6.7	5.3	4.8	3.9	3.4	2.9	2.4
M-N	5.3	4.5	3.8	3.3	3.0	2.4	1.9	1.7

RAPAPORT: (.18～.22CT)： 03/13/15

	IF-VVS	VS	SI1	SI2	SI3	I1	I2	I3
D-F	14.5	13.0	9.0	8.0	7.0	5.8	4.8	4.1
G-H	13.0	11.0	8.5	7.2	6.4	5.3	4.6	3.7
I-J	10.5	9.5	7.4	6.3	5.4	4.7	4.1	3.5
K-I	8.6	7.5	6.2	5.2	4.4	4.0	3.1	2.6
M-N	7.3	6.4	5.2	4.1	3.7	2.9	2.2	1.8

ROUNDS RAPAPORT: (.23～.29CT)： 03/13/15

	IF-VVS	VS	SI1	SI2	SI3	I1	I2	I3
D-F	18.3	16.5	12.0	10.1	8.7	7.2	5.8	4.7
G-H	16.5	14.0	10.2	9.3	8.1	6.7	5.1	4.3
I-J	13.5	11.3	8.8	7.5	6.8	5.6	4.5	3.9
K-I	11.3	9.5	7.4	6.6	6.0	4.6	3.7	2.9
M-N	9.3	7.9	6.3	5.6	4.9	3.5	2.8	2.1

RAPAPORT: (.30～.39CT)： 03/13/15

	IF	VVS1	VVS2	VS1	VS2	SI1	SI2	SI3	I1	I2	I3
D	41	32	29	27	26	24	23	19	16	11	7
E	32	28	26	25	24	23	22	18	15	10	6
F	28	26	25	24	23	22	21	17	14	9	6
G	26	25	24	23	22	21	20	16	13	8	5
H	25	24	23	22	21	20	19	15	12	8	5
I	23	22	22	21	20	19	18	14	11	7	5
J	21	20	20	19	18	17	16	13	10	7	4
K	18	17	16	16	15	14	13	10	8	6	4
I	17	16	15	14	13	12	10	9	6	5	3
M	15	14	14	13	12	11	9	8	5	4	3

ROUNDS RAPAPORT: (.40～.49CT)： 03/13/15

	IF	VVS1	VVS2	VS1	VS2	SI1	SI2	SI3	I1	I2	I3
D	47	40	35	33	32	29	26	21	18	12	8
E	40	35	32	31	30	27	25	20	17	11	7
F	35	32	30	29	28	25	23	19	16	11	7
G	32	30	29	28	27	24	22	18	15	10	6
H	29	28	27	26	25	23	21	17	14	9	6
I	26	25	24	23	22	21	20	16	13	8	6
J	24	23	22	22	21	20	19	15	12	8	5
K	21	20	19	19	18	17	16	13	10	7	5
I	20	19	18	17	16	15	14	10	8	6	4
M	18	17	17	16	15	14	12	9	6	5	4

RAPAPORT: (.50～.69CT)： 03/13/15

	IF	VVS1	VVS2	VS1	VS2	SI1	SI2	SI3	I1	I2	I3
D	85	64	55	48	46	38	32	26	22	16	11
E	66	54	49	46	42	36	30	25	21	15	10
F	56	49	47	44	40	33	28	23	20	14	10
G	53	46	42	40	37	31	26	21	19	13	9
H	47	40	37	36	34	29	25	20	18	12	8
I	40	35	32	31	29	26	23	19	16	11	8
J	33	29	27	26	25	22	20	18	15	11	7
K	28	26	24	23	22	20	16	13	10	7	5
I	24	23	22	21	20	19	15	11	9	7	5
M	21	20	19	18	17	16	15	11	7	6	4

ROUNDS RAPAPORT: (.70～.89CT)： 03/13/15

	IF	VVS1	VVS2	VS1	VS2	SI1	SI2	SI3	I1	I2	I3
D	100	79	67	62	58	50	43	36	30	20	13
E	80	68	63	58	54	48	41	34	29	19	12
F	70	63	56	53	50	46	39	32	28	18	12
G	65	58	52	49	46	42	36	30	26	17	11
H	60	52	48	45	42	39	33	28	24	16	10
I	49	44	41	39	37	34	28	26	22	15	10
J	38	34	31	30	29	27	25	23	20	14	9
K	33	30	27	26	25	24	22	20	17	13	8
I	28	26	25	23	22	20	17	15	11	7	
M	25	24	23	22	21	19	18	15	12	9	6

RAPAPORT: (.90～.99CT)： 03/13/15

	IF	VVS1	VVS2	VS1	VS2	SI1	SI2	SI3	I1	I2	I3
D	145	114	99	85	75	67	59	47	38	22	15
E	114	99	90	72	71	63	56	44	37	21	14
F	99	90	80	72	67	59	52	42	36	20	14

ROUNDS RAPAPORT: (1.00～1.49CT)： 03/13/15

	IF	VVS1	VVS2	VS1	VS2	SI1	SI2	SI3	I1	I2	I3
D	242	175	152	121	107	82	69	58	47	27	17
E	169	147	119	107	95	79	66	56	45	26	16
F	142	120	107	98	86	76	63	54	44	25	15

(续表)　　　　表7-10　圆型钻报价表（2015年3月13日）

RAPAPORT: (.90~.99CT): 03/13/15											RAPAPORT: (1.00~1.49CT): 03/13/15										
G	90	80	72	67	62	56	49	40	34	19	13	G	115	105	95	86	79	72	61	52	43	24	14	G
H	80	70	66	62	58	52	47	37	32	18	13	H	94	87	81	76	72	65	58	49	41	23	14	H
I	67	60	57	54	51	48	42	33	30	17	12	I	80	74	69	67	64	60	54	46	37	22	13	I
J	52	49	47	45	43	41	37	30	26	16	11	J	66	62	60	58	56	53	50	41	32	20	13	J
K	43	41	40	38	36	34	31	26	23	15	10	K	56	54	52	50	48	46	43	36	30	18	12	K
L	38	37	35	34	32	30	27	23	20	14	9	L	50	48	47	46	44	42	38	34	28	17	11	L
M	35	33	32	30	29	27	24	21	17	12	8	M	42	40	38	37	35	33	29	27	25	16	11	M

RAPAPORT: (1.50~1.99CT): 03/13/15											RAPAPORT: (2.00~2.99CT): 03/13/15										
	IF	VVS1	VVS2	VS1	VS2	SI1	SI2	SI3	I1	I2	I3		IF	VVS1	VVS2	VS1	VS2	SI1	SI2	SI3	I1	I2	I3	
D	303	220	191	166	145	108	88	70	54	31	18	D	474	358	314	270	202	152	119	81	64	33	19	D
E	215	186	159	150	131	105	85	69	51	30	17	E	342	299	264	233	184	148	113	78	62	32	18	E
F	186	159	138	131	118	100	81	65	50	29	16	F	299	259	232	198	172	138	109	75	60	31	17	F
G	149	136	122	114	108	95	76	64	49	28	16	G	241	205	185	165	150	128	104	70	58	30	16	G
H	120	112	103	98	94	87	71	60	47	27	16	H	177	171	162	146	126	114	99	65	55	29	16	H
I	96	92	87	84	81	76	65	55	43	25	15	I	136	131	124	116	108	100	89	60	51	27	16	I
J	82	77	74	72	68	64	58	48	38	23	15	J	108	102	98	94	89	86	78	55	47	24	15	J
K	66	64	62	60	58	55	50	42	35	20	14	K	95	914	87	83	79	76	66	51	42	23	15	K
L	59	57	55	53	51	49	44	38	32	19	13	L	82	78	75	72	69	63	58	46	37	22	14	L
M	48	46	44	42	40	38	33	28	14	13	M	69	66	64	62	58	53	49	39	30	21	14	M

RAPAPORT: (3.00~3.99CT): 03/13/15											RAPAPORT: (4.00~4.99CT): 03/13/15										
	IF	VVS1	VVS2	VS1	VS2	SI1	SI2	SI3	I1	I2	I3		IF	VVS1	VVS2	VS1	VS2	SI1	SI2	SI3	I1	I2	I3	
D	958	633	541	442	342	226	158	94	77	39	21	D	1067	740	660	545	425	273	190	103	84	44	23	D
E	624	543	456	386	315	206	153	89	72	37	20	E	730	660	574	490	405	263	185	98	79	42	22	E
F	541	456	385	323	286	188	149	84	67	35	19	F	660	570	506	444	366	245	180	93	75	40	21	F
G	415	364	318	282	235	173	135	79	65	34	19	G	500	444	407	386	313	215	166	88	71	38	20	G
H	304	284	257	236	194	149	125	75	63	33	17	H	374	354	321	305	260	190	156	83	65	36	19	H
I	225	212	201	189	161	130	110	70	59	31	17	I	274	259	240	228	200	161	137	79	61	34	18	I
J	173	166	163	155	133	115	101	64	53	28	16	J	221	210	196	183	166	142	122	69	55	32	17	J
K	148	138	134	127	114	101	87	58	47	27	16	K	183	173	163	154	141	117	102	64	50	30	17	K
L	110	108	106	102	92	79	69	51	41	26	15	L	135	125	117	113	102	87	76	58	44	28	16	L
M	96	93	90	87	78	69	58	46	33	25	15	M	115	105	100	97	88	76	65	53	36	27	16	M

二、钻石的价格鉴定方法：

1、切工的评分法价格鉴定

由于钻石的切工不在RAPAPORT表中反映，可采用钻石切工系数进行价格修正，得到价格鉴定钻石的实际价格。

圆钻的切工主要分为比例和对称性的评价，下表为圆型钻比例评分表（表7-11）和圆型钻对称性评分表（表7-12），可以用来修正钻石的价格鉴定值。

> **钻石价格鉴定的价格=克拉单价×估测钻石重量**
>
> a.估测重量=实际重量×(100-总评分)/100
>
> b.总评分=比例评分之和+可测量对称评分之和+不可测量对称评分之和

(1)比例的评分是各项评分之和。

(2)对称的评分由可测量对称和不可测量对称的各项评分累计之和。

(3)累计之和小于5，等级评分为各项分之和。

(4)累计之和大于5、小于10，等级评分以5分计算。

(5)累计之和大于10,大于10的部分除2后再加5为等级评分。

如,累计评分12,等级评分 =2/2+5=6,即 6 为等级评分。

表7-11 圆型钻比例评分表

评价名称	中～差 一般	良好** 好	优 很好	良好** 好	中～差** 一般
台宽比(%)	≤5.0	51～52	53～66	67～70	≥71
评分(负分)	6	2～4	0	2～5	8
冠高比(%)	≤8.5	9～10.5	11～16	16.5～18	≥18.5
腰厚 腰厚比(%)*	极薄 0～0.5	薄 1～1.5	适中 2～4.5	厚 5～7.5	很厚 ≥8
评分(负分)	2	0	0	1～5	6～10
亭深比(%)	≤39.5	40～41	41.5～4.5	45.5～46.5	≥47
评分(负分)	7	5～3	0	2～4	5～8
底尖 底尖比(%)*			无～小 <2	中 2～4	大 >4
评分(负分)			0	1～5	6～10
全深比(%)	52.5	53～55.5	56～63.5	64～66.5	≥67
冠角(°)	26.9	27～30.5	31～37.5	38～40.5	≥41
评分(负分)	2～3	1	0	1	2～3

*：百分比适于克拉圆钻
**：指标值2%以上，负分增加

表7-12 圆型钻对称性评分表

方法内容		评价 评分	优 ≤2%	良好 2%～3%	中等 3% 4%	差 >4%
	10倍镜下观察					
可测量对称	腰棱圆度		0	2	4	6
	台面倾斜度		0	2	4	6
	台面偏心		0	2	4	6
	底尖偏心		0	2	4	6
	10倍镜下观察		难见	可见	易见	极易见
不可测量对称	台面不对称		0	1	2	0
	主小面太小不及腰棱或台面		0	1	2	
	面棱不交于一点		0	1	2	
	同种小面不等大		0	0	2	3
	腰棱厚度不均匀		0	1	2	3
	波状腰		0	0	2	3
	具刀口状腰		0	0	2	3
	上下面棱偏移		0	0	2	3
	下主小面不等大		0	1	2	3
	下腰小面不等大		0	1	2	3
	缺少或多余刻面		0	0	2	3

例：一颗圆钻，重1.08ct，切工评价的结果：台宽比52%，冠角32°，亭深比40%，腰厚：中等，底尖小。比例评分表7-11：台宽评2分，亭深评3分，冠角评0分，比例总评分5分；可测量对称性评分表7-12：台面偏心，底尖偏心，分别评2分（即4分）表7-13；不可测量对称面棱角不交一点评2分，同种小面不等大评2分，不均匀腰棱评2分，下腰小面不等大评2分，多余刻面评2分，不可测量对称合计评10分。

比例评分：5分，比例等级：良好，对称评分：4+5=9分，对称等级：中等。总评分=5+4+5=14。钻石重估重量=1.08×(1-14%)≈0.93克拉

Rapaport圆钻报价中0.93ct（非1.08ct）假定25000元／克拉，该钻石价格为25000×0.93=23250元，而原重量钻石价格为25000×1.08=27000元，差价3750元。显然应以0.93ct价格为鉴定价值。

2、累计切工修正法价格鉴定

应用切工评价的方法，分别评价比例及对称的等级（表7-13）。

表7-13 钻石切工比例对称评价的等级

等级	优	良	中	差
比例、对称性等级系数%	0	4~6	6~12	>12

价格鉴定的钻石价值=原价值×（1-切工等级系数）

例：一颗圆钻，切工比例为良好，对称性中等，依据表7-13比例4%~6%，取5%；对称性6%~12%，取8%。切工综合等级系数为5%+8%=13%。该圆钻6600元，则该钻价格鉴定值=6600×(1-0.13)=5742元

3、价格系数法

基本公式：钻石市场价格=基础价×重量×市场系数(K)

(1)基础价：一定颜色、净度、切工的单位克拉钻石价格。

(2)重量：是被估钻石的实际重量。

(3)市场系数K：是钻石的颜色、净度、切工、重量4C和市场需求的综合影响市场价格系数。

K=重置价格系数×颜色价格系数×净度价格系数×切工价格系数

K=K重×K色×K净×K切

设定中国市场条件下颜色I、净度VVS2、切工优、重量为1ct的市场价格系数为1（详见中国市场钻石价格系数表7-14）。

表7-14 中国市场钻石价格系数（王雅玟等1997年修改）

颜色	D	E	F	G	H	I	J	K	L	
净度				IC	VVS1	VVS2	VS1	VS2	ST1	SI2
切工						优	好	中		
重量	2.00	1.50				1.00		0.90	0.80	0.70
价格系数%	1.85	1.75	1.40	1.30	1.05	1.00	0.95	0.90	0.85	0.80	0.75	0.70

(续表)　　　表7-14　中国市场钻石价格系数（王雅玫等1997年修改）

颜色	M	N	O	P							
净度				P1		P2			P3		
切工		差									
重量	0.60	0.50		0.40		0.30			0.20	0.10	>0.005
价格系数%	0.65	0.60	0.55	0.50	0.45	0.40	0.35	0.30	0.25	0.20	0.18	0.15

例：钻石0.70ct，G色，VS1净度，切工"中等"，不含税的批发价可按下例方法估算：

> 价格鉴定值=Rapaport报价×色级价格系数×净度价格系数×切工价格系数
> ×重置价格系数×被估钻石重量

Rapaport2015年3月报价，4900美元/克拉　美元汇率1:6.25，省略税
不含税钻石重量价格(批发价)=4900×1.30×0.95×0.85×0.70×0.70×6.25=15110元
市场零售价一般为批发价的2倍，即该钻石零售价=15110×2=30220元。
上述计算的价格为不含税的市场价格。

第五节　毛坯钻石的价格鉴定

钻石的毛坯主要是由De Beers中央销售机构（简称CSO）控制，全球70%的钻石毛坯来自该机构，它们对钻石原料供应的调整对钻石市场的稳定发展起到了有效的作用。

图7-23　八面体钻石 　　图7-24　菱形十二面体钻石 　　图7-25　立方体钻石 　　图7-26　立方体和八面体的聚形钻石

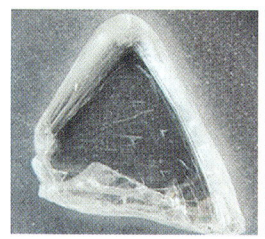

图7-27　三角薄片双晶 　　图7-28　立方体和菱形十二面体的聚形 　　图7-29　钻石穿插双晶 　　图7-30　钻石接触双晶

图7-31 钻石的平行连生 　　　图7-32 钻石的晶面花纹 　　　图7-33 四面体钻石

图7-34 双晶"鱼骨刺状"的双晶纹 　　　图7-35 钻石晶面上的三角形生长台阶

近几年，尤其是2006年以来CSO根据市场供求情况的变化多次调整钻坯的价格。尽管调价增幅的百分率是个综合数字，不是全面提高价格，但必然波及切磨后裸钻的价格。例如，2006年De Beers将宝石级钻石的毛坯总体价格上调3～5%，1ct以上的钻坯平均上涨7%～15%，这次上调是针对市场畅销的钻石而言，而不是普遍调价。

钻石毛坯的价格鉴定是非常复杂且专业性很强的工作，价格鉴定人员需要有钻石的切磨经验和了解国内外钻石毛坯的市场行情，并要考虑切磨后可能获取的裸钻最佳价值，这里只作粗略的介绍。

一、钻石毛坯的大小

这是因为钻石毛坯的重量大小正比于成品裸钻，也正比于价格。一般来说，大于2ct的钻坯称大钻，可作为毛坯销售，大于10ct的钻坯称特大钻，由CSO销售时竞价拍卖，买主当然只能是指定看货人。

二、钻石毛坯的形状

不同外形的毛坯对裸钻的出成率明显不同（如一颗完整的八面体毛坯，切磨成两颗钻石，出成率可能分别达到60%以上；同样重量，不同外形可能出成率只有20%甚至更低。钻坯的外型主要有立方体、八面体、菱型十二面体的规整型和解理块、三角型及扁平型的不规整型，不同的外型钻坯出成率不同，价格自然不同，主要考虑钻坯外型影响成品裸钻的重量和品质产生的价格变化。

三、钻石毛坯的颜色

钻石毛坯的颜色对成品裸钻的价格将有直接影响，准确确定毛坯的颜色极其困难，要有丰富的切磨或看货经验，才能准确估算、判断出切磨后成品裸钻的颜色，有的毛坯切磨后颜色可能会提高，而有的可能会降低，应该仔细评判。钻坯的颜色主要分成五大类：1、极白（最高级）；2、很白（次高级）；3、白～微浅白（高级）；4、浅白～黄（开普级）；5、暗黄（暗开普级）。不同颜色的钻坯，价格相差较大。

四、钻石毛坯的净度

钻石毛坯的瑕疵将直接影响切磨后裸钻的净度和裸钻的定价。与颜色相比，毛坯钻石净度对价格的影响更为复杂，它将涉及到钻石毛坯的大小、出成率、形状、瑕疵的位置、分布等。切磨后的瑕疵是保留，还是去除，将使裸钻的价值可能完全不同，所以对钻石毛坯瑕疵的判断，实际经验极其重要。分级人员根据钻坯的瑕疵数量、大小、分布位置决定其价值类型。

综合上述四点后，价格鉴定人员需要判断钻石毛坯可能的出成率及裸钻的品质，估算出市场的价值，扣减钻石的加工费、平均利润和风险报酬率，得到钻石毛坯的价格。

> 钻石毛坯的市场价=对应市场裸钻参考价×钻坯重量×出成率−工费−利润−风险报酬率
> 一般风险报酬率在20%～30%。

第六节　异型钻石的价格鉴定

图7-36　18k镶彩色钻石戒
金重：10.5g　主钻：5ct
品质：浓彩黄(Fancy Intense Yellow)
净度：VS$_2$
市场中间价估算约人民币：92万元

异形钻也称花色钻，近几年来，中国钻石市场上消费者购买异型钻石的比例逐年增多，价格鉴定中各类珠宝首饰中出现的异型钻几率也较高，尤其是0.05ct以下的配钻更为显著。对异型钻的价格鉴定比圆形钻更为困难，主要原因是异型钻的价格受市场需求的变化更明显。另外异型钻的切工好坏对钻石价格的影响也极为显著，切工好的异型钻价格远高于切工差的异型钻。

1、一般来说，相同品质、重量的花色钻价格低于圆型钻20%～5%，它们之间的秩序是圆形＞马眼形＞梨形＞祖母绿形和长方形＞公主方形＞椭圆形，而心形和菱形钻石的价格高于圆钻价格5%～10%，这与款式的流行花色及钻坯的出成率有关。

2、花色钻的切工好坏对钻石价格的影响极为明显，切工好的花色钻价格远远高于切工差的钻，配对的花色钻可有10%～50%的溢价。

Rapaport异型钻给出了市场行情的参考价，圆形钻4C影响的价格对异型钻同样有效，而大于1克拉的异型钻由于市场供需的不稳定性，真正高品质的异型钻供不应求而价格较贵，价格鉴定时因引起注意。

图7-37　18k镶彩黄钻二用戒
主钻：2.51ct　伴钻：1.41ct
品质：色彩浅褐浅绿黄(Fancy Brownish Greenish Yellow)
净度：VS$_2$
市场中间价估算约人民币：18.2万元

表7-15 异型钻报价表（2015年4月27日）

PEARS

RAPAPORT: (.18～.22CT)：04/27/15							
	IF-VVS	VS	SI1	SI2	SI3	I1	I2	I3
D-F	13.2	11.3	9.1	8.0	6.9	5.4	4.5	3.6
G-H	12.0	10.3	8.3	7.2	6.2	4.9	4.2	3.3
I-J	10.2	8.9	7.2	6.2	5.2	4.2	3.7	3.0
K-L	7.9	6.6	5.6	4.8	4.1	3.6	2.7	2.1
M-N	6.6	5.4	4.7	3.8	3.3	2.5	1.8	1.5

RAPAPORT: (.23～.29CT)：04/27/15							
	IF-VVS	VS	SI1	SI2	SI3	I1	I2	I3
D-F	17.0	13.6	10.8	8.8	7.8	6.3	5.1	4.0
G-H	14.1	11.2	9.5	8.0	7.0	5.7	4.5	3.7
I-J	11.6	10.0	7.9	7.0	6.0	4.8	4.0	3.3
K-L	9.1	8.1	6.3	5.8	5.1	3.9	3.0	2.4
M-N	6.7	6.2	5.5	4.8	4.2	3.0	2.2	1.7

RAPAPORT: (.30～.39CT)：04/27/15								
	IF	VVS1	VVS2	VS1	VS2	SI1	SI2	SI3	I1	I2	I3
D	31	27	24	20	18	17	16	14	11	8	6
E	27	24	21	18	17	16	15	13	10	8	5
F	24	21	18	17	16	15	14	12	9	7	5
G	21	18	17	16	15	14	13	11	9	7	5
H	18	17	16	15	14	13	12	10	8	6	4
I	16	15	14	13	13	12	11	9	8	6	4
J	13	12	12	11	11	10	9	8	7	5	4
K	11	10	10	9	9	8	7	6	6	5	3
L	10	9	9	8	8	7	6	5	5	4	3
M	9	9	9	8	7	6	5	4	4	3	3

RAPAPORT: (.40～.49CT)：04/27/15								
	IF	VVS1	VVS2	VS1	VS2	SI1	SI2	SI3	I1	I2	I3
D	34	32	29	27	25	20	18	16	12	9	7
E	32	29	26	24	23	19	17	15	11	9	6
F	29	26	24	23	21	18	16	14	10	8	5
G	27	25	23	22	20	17	15	13	10	8	5
H	25	23	21	20	18	16	14	12	9	7	5
I	19	18	17	17	16	15	13	11	9	7	4
J	17	16	16	15	14	13	12	10	8	6	4
K	14	13	12	11	10	9	8	7	6	4
L	12	11	11	10	10	9	8	7	6	5	3
M	11	10	10	9	9	8	7	6	5	4	3

PEARS

RAPAPORT: (.50～.69CT)：04/27/15								
	IF	VVS1	VVS2	VS1	VS2	SI1	SI2	SI3	I1	I2	I3
D	57	46	39	35	33	28	24	21	17	13	9
E	46	39	35	31	29	25	22	19	16	13	8
F	39	35	30	29	27	24	21	18	16	12	7
G	35	31	28	27	25	23	20	16	15	12	7
H	31	28	26	25	23	21	19	15	14	11	7
I	27	24	23	22	21	19	17	14	13	10	6
J	22	21	20	19	18	17	16	13	12	10	5
K	17	16	16	15	15	14	13	12	10	8	5
L	15	14	14	13	13	12	11	9	9	7	5
M	13	12	12	12	11	11	10	9	8	6	4

RAPAPORT: (.70～.89CT)：04/27/15								
	IF	VVS1	VVS2	VS1	VS2	SI1	SI2	SI3	I1	I2	I3
D	70	54	50	48	46	43	36	30	24	16	10
E	53	50	48	47	45	41	34	28	23	15	9
F	50	48	46	45	42	39	32	26	22	14	9
G	48	45	43	41	39	35	28	24	21	14	8
H	44	41	38	36	35	31	26	22	20	13	8
I	36	33	31	29	28	27	24	20	18	13	8
J	28	27	26	25	24	23	22	18	15	12	7
K	23	22	20	19	18	17	16	15	14	10	7
L	20	20	19	18	17	16	15	14	12	9	6
M	17	17	16	15	14	13	12	10	8	6

PEARS

RAPAPORT: (.90～.99CT)：04/27/15								
	IF	VVS1	VVS2	VS1	VS2	SI1	SI2	SI3	I1	I2	I3
D	98	79	71	63	58	55	46	38	28	19	11
E	79	71	61	57	55	53	44	36	27	18	10
F	71	61	56	54	53	51	43	34	25	16	10
G	61	56	54	53	51	49	42	32	24	16	9
H	50	49	48	47	44	42	39	30	24	16	9
I	47	45	44	42	41	39	35	28	23	15	9
J	39	38	37	36	33	29	27	25	20	14	8
K	32	32	30	29	27	25	21	17	12	9	8
L	27	26	25	24	23	22	18	14	12	9	7
M	21	20	20	19	18	17	16	12	9	7

RAPAPORT: (1.00～1.49CT)：04/27/15								
	IF	VVS1	VVS2	VS1	VS2	SI1	SI2	SI3	I1	I2	I3
D	161	119	101	83	75	65	56	45	34	22	13
E	120	103	89	75	71	63	54	43	33	21	12
F	102	89	75	71	68	61	52	41	32	21	11
G	79	75	70	67	64	58	50	40	30	20	10
H	71	60	58	56	54	52	46	38	29	19	10
I	56	53	51	49	47	45	41	34	27	18	10
J	48	46	44	42	40	38	35	29	24	16	9
K	39	37	36	35	34	32	29	24	20	15	9
L	33	32	31	29	27	25	21	18	13	9
M	29	27	25	23	22	20	19	15	11	8

PEARS

RAPAPORT: (1.50～1.99CT)：04/27/15								
	IF	VVS1	VVS2	VS1	VS2	SI1	SI2	SI3	I1	I2	I3
D	195	150	133	111	102	89	73	56	42	25	14
E	152	133	115	106	96	87	71	54	41	24	13
F	129	114	106	96	91	84	69	52	39	23	12
G	106	101	94	87	83	78	64	50	37	22	11
H	86	80	77	73	71	68	58	46	35	21	10
I	73	67	65	63	61	59	52	42	33	19	10

RAPAPORT: (2.00～2.99CT)：04/27/15								
	IF	VVS1	VVS2	VS1	VS2	SI1	SI2	SI3	I1	I2	I3
D	281	226	205	180	156	123	92	68	53	28	15
E	228	199	180	160	140	119	90	66	51	27	14
F	199	170	160	140	131	114	88	64	48	26	13
G	161	143	138	128	120	104	85	60	45	25	12
H	124	109	106	103	97	88	74	55	43	24	11
I	95	89	86	83	80	76	67	51	40	22	11

(续表) 表7-15 异型钻报价表（2015年4月27日）

RAPAPORT: (1.50~1.99CT): 04/27/15										PEARS	RAPAPORT: (2.00~2.99CT): 04/27/15									
J	60	54	52	50	49	47	44	35	29	17	10	J	77	71	68	66	64	62	57	43	33	19	11	J
K	47	45	44	42	40	38	37	30	26	16	9	K	67	61	59	57	55	53	51	37	29	18	10	K
L	41	39	37	36	35	33	31	26	23	14	9	L	52	48	46	44	42	40	38	33	25	17	10	L
M	33	32	31	29	28	26	24	22	20	13	9	M	43	41	40	39	38	36	35	31	27	22	16	9	M

RAPAPORT: (3.00~3.99CT): 04/27/15										PEARS	RAPAPORT: (4.00~4.99CT): 04/27/15									
	IF	VVS1	VVS2	VS1	VS2	SI1	SI2	SI3	I1	I2	I3		IF	VVS1	VVS2	VS1	VS2	SI1	SI2	SI3	I1	I2	I3	
D	587	403	349	296	248	175	120	82	63	32	16	D	664	500	461	407	358	220	141	88	68	35	19	D
E	403	349	315	267	228	165	115	78	58	30	15	E	500	461	432	376	334	210	137	85	63	33	17	E
F	349	315	276	247	209	155	110	74	54	28	14	F	451	432	393	340	295	195	133	82	58	31	15	F
G	296	272	247	209	182	135	105	69	50	26	13	G	383	349	315	300	250	177	129	77	54	29	14	G
H	233	223	204	175	145	115	95	63	46	25	13	H	315	291	267	250	210	157	116	73	51	27	14	H
I	175	165	155	140	118	105	85	56	43	24	13	I	219	209	192	179	170	136	103	67	48	26	14	I
J	128	124	114	106	92	89	85	73	42	23	13	J	168	158	148	139	129	112	90	61	45	25	13	J
K	100	96	92	86	80	70	59	45	35	22	13	K	131	123	116	107	98	88	78	54	43	23	13	K
L	73	64	61	58	54	50	45	38	24	20	11	L	88	84	81	78	75	68	59	44	34	22	12	L
M	58	55	52	49	47	42	37	31	25	18	10	M	73	68	64	60	58	55	49	37	27	19	11	M

RAPAPORT: (5.00~5.99CT): 04/27/15										PEARS	RAPAPORT: (10.00~10.99CT): 04/27/15									
	IF	VVS1	VVS2	VS1	VS2	SI1	SI2	SI3	I1	I2	I3		IF	VVS1	VVS2	VS1	VS2	SI1	SI2	SI3	I1	I2	I3	
D	977	705	647	594	470	290	185	97	74	38	20	D	1707	1222	1106	941	774	485	315	152	97	53	25	D
E	705	647	608	541	440	280	180	93	69	36	18	E	1222	1106	941	854	725	455	306	142	92	50	23	E
F	618	569	531	469	378	256	170	89	64	34	16	F	1009	917	854	728	625	420	291	137	88	48	21	F
G	501	453	424	372	310	227	160	75	59	32	16	G	786	737	679	626	543	375	277	133	84	45	20	G
H	404	375	337	304	265	198	141	80	56	30	15	H	637	593	552	506	430	320	243	122	80	42	19	H
I	296	276	257	228	213	163	124	74	54	28	14	I	480	453	428	378	354	275	214	110	76	40	18	I
J	211	202	192	173	168	144	112	67	49	27	14	J	373	354	335	306	283	238	188	100	71	37	17	J
K	165	160	150	136	107	95	85	48	26	15	12	K	281	267	247	238	215	184	155	92	65	34	16	K
L	112	104	98	94	91	82	68	48	35	25	14	L	199	189	184	175	155	135	115	77	55	31	15	L
M	93	88	82	78	74	66	58	42	31	21	12	M	160	155	146	137	130	110	91	70	46	30	15	M

第七节 彩色钻石的品质区分与定价探讨

如果说钻石是"宝石之王"，那么彩色钻石就是王者之冠，它的产量在钻石中仅占几万分之一。虽然无色钻石的品质分级可按4C标准（颜色Colour、净度Clarity、切工Cut和重量Carat），定价由Rapaport每周公布一次制定。然而彩色钻石的品质分级、定价远比无色—浅黄系列钻石复杂得多，至今没有标准。因为它们是集钻石的稀少和彩色宝石的瑰丽于一身的最特殊宝石，更像是一种价值的浓缩。

图7-38 粉红色菱形钻石戒
主钻：3.2ct
在佳士得1998年秋季拍卖会上以915万港元购得，创亚洲拍卖史上彩色钻石的最高成交记录。

随着人们生活水平的提高，彩色钻石购买、收藏的市场空前活跃，它们的地位与无色钻石（浅黄—无色系列），翡翠、和田玉及红蓝宝石等最珍贵的宝玉石品种并驾齐驱。彩色钻石的市场供应量也日渐增多，频繁亮相于全球各地的珠宝展会和拍卖场。世界顶级的珠宝品牌（如梵克雅宝、宝格丽、蒂芙尼、卡地亚等）纷纷推出瑰丽的彩色钻石系列首饰，足以引起广大消费群体与投资市场对彩色钻石的追崇。它们已从过去的奢侈收藏品转变成极具观赏、投资的理财产品。如1987年在纽约的佳士得拍卖会上，一颗重量0.95ct微带紫的红色钻石，以88万美元成交，创造了克拉钻石的天价。2000年，佳士得香港春季拍卖会上一颗重量97.23ct的梨型蓝色彩钻戒指以1545.5万港币落锤。又如一枚重3.20ct的粉红色菱型钻石戒指在1998年佳士得秋季拍卖会上以915万港币成交，创当时亚洲拍卖史上彩钻最高成交价记录。

图7-39 梨形蓝钻"蓝色"
(The Blue)
重13.22ct，级别为"无瑕艳彩蓝"
成交价：2379.54万美元
佳士得 2014.5.15

一、彩色钻石的颜色成因

钻石是自然界中唯一由单元素碳结晶的宝石。通常不含其它任何杂质元素或不发生晶格畸变，它们是无色的。但实际在形成钻石晶体时，钻石体内往往有不同的杂质元素侵入（如氢、氮、硼等）；以及在晶体形成过程中受自然界温度、压力的变化，迫使原有的晶格位置产生偏移、错位形成畸变缺陷，由此引起原单晶碳元素的钻石对可见光谱线选择性吸收发生变化，使原本的无色钻石演变成不同颜色的钻石。常见的钻石颜色主要有无色—浅黄系列、粉色、红色、橙色、黄色、绿色、蓝色、紫色等。

此外，人工着色以及合成彩色钻石已相当成熟，并已出现在市场上。经过人工着色后或合成的彩色钻石在外观上可能与天然的彩色钻石区别不大，但他们的颜色成因有本质不同，使得其价格相差极大。找出这些差异是一个合格鉴定人员特别是价格鉴定人员最重要的工作之一，下面将简单介绍彩色钻石的颜色成因。

图7-40 彩色钻石

（一）天然彩色钻石的颜色成因

天然彩色钻石的颜色成因主要有：微量元素的入侵呈色（其元素主要有氮、氢、硼等）；晶格偏移位错缺陷的呈色；自然界辐射源辐照呈色；包裹体呈色；上述多种因素综合呈色。

1、微量元素入侵呈色

依据钻石体内所含微量元素的不同或数量多少的差异，它们的物理性质（颜色、导热性、导电性）发生明显变化，对应的红外光谱等谱线也发生变化，把钻石分成两大型（Ⅰ型、Ⅱ型）、四小型（Ⅰa型、Ⅰb型、Ⅱa型、Ⅱb型）。

（1—1）Ⅰ型

a）Ⅰa型

在生成钻石晶体时，氮（N）杂质最容易进入钻石体内取代碳（C）的位置，其含量在0.1%—0.25%之间，并以不同的形式占据在钻石的结构中。当氮以双原子形式替代晶格中相邻碳的位置，形成稳定的聚合态时，引起红外吸收谱1282cm^{-1}吸收；当3个氮原子取代了三个相邻碳原子，此时氮原子间留下一个空穴，由此导致可见光紫区415.5nm的强吸收。随着氮原子集聚在晶格中碳位置上数量增加，产生的空穴增多（通常3—4个氮原子增加一个空穴）引起红外光谱1175cm^{-1}产生强吸收谱带；直至聚合成结晶态（约50-100nm大小）此时红外光谱1365-1370cm^{-1}产生强吸收。

Ia型钻石几乎占据整个钻石产量的98%，它们往往具有蓝、白荧光，并以黄色色调出现在钻石的体内。另外，氮原子的侵入降低了钻石的导热性导电性，增强了钻石的机械强度。

b）Ib型

氮（N）以单原子分散形式占据钻石结构中的碳（C）位置。此时红外光谱1130cm^{-1}出现强吸收带并引起紫光—蓝绿光范围的光被吸收，使钻石呈现鲜黄色。此类钻石自然界较少见，占钻石的产出不到1%，而合成钻石主要是此类。

（1—2）Ⅱ型

a）Ⅱa型

Ⅱa型是几乎不含氮的钻石（其氮含量小于0.001%，可忽略不计），它可透过225nm的紫外光而不吸收可见光。没有发生晶格畸变时，此类钻石呈无色透明，并具最高的热导率（室温下是铜的5倍），自然界极少见，占钻石产出的1.5%。

b）Ⅱb型

Ⅱb型是含硼（B）元素取代碳（C）原子的钻石，由于硼原子比碳原子少一个电子，产生空穴引起红外光谱2460cm^{-1}和 2800cm^{-1}强吸收带，而紫光区和红光区全透过。使钻石呈蓝色或蓝灰色，它是钻石家族中唯一的半导体，其电阻率随温度上升迅速降低。自然界极少见，占钻石产出小于0.1%。

2、钻石晶格畸变的颜色呈色

钻石形成于高温高压（温度约1300℃，压力约60×10^{8}pa），碳结晶体金刚石通过载体岩浆运送到地表，温度、压力的变化使原有碳原子（以共价键面心立方体形式）结合的晶体结构产生偏移位错即畸变，同时也将影响杂质氮的聚合方式，此时引起Ia型钻石415nm、478nm、563nm的吸收，Ⅱa型钻石390nm、563nm的吸收，使钻石呈现褐色、灰色、粉色及紫红色。

3、天然辐射颜色呈色

地壳中的辐射源照射形成的碳晶体（钻石）时，造成碳位置迁移空缺损伤，此时光谱741nm处强吸收线，使钻石呈现淡绿色。

4、钻石包裹体颜色呈色

主要是大量的次生包裹体存在于钻石的裂隙中，使钻石呈现褐红色，整体呈黑色。

上述方法呈现丰富多彩的钻石颜色，致色因素也极其复杂，一种颜色的呈现往往是多种色心以不同方式和强度的综合反映结果，以单一呈色机理来解释确定颜色的方法是不合理的，下表（7-16）综合描述钻石天然颜色成因。

表7—16 钻石天然颜色的成因

颜色	致色因素	颜色成因
黄色	含氮（N）	Ia型钻石中氮以二个或二个以上聚合形式出现，引起吸收谱线415.5nm、478nm的吸收线 Ib型钻石中以单一氮原子出现紫光区至蓝光区谱线503nm、637nm的弱吸收
褐色	晶格塑性形变	引起谱线503nm的吸收线

(续表)　　　　　　　　　表7-16　钻石天然颜色的成因

颜色	致色因素	颜色成因
粉色、紫红色	晶格塑性形变	引起谱线415.6nm和565nm的强吸收带
蓝色	含硼（B）	引起红外区至500nm的吸收
绿色	自然界辐射产生结构空穴	引起741nm处的强吸收谱线
黑色	大量深色不透明包裹体	

（二）人工处理改色钻石的颜色成因

D色无色钻称得上是钻石极品，彩色钻石更是由于色彩美丽、数量稀少而身价倍增，因此只能作为少数收藏家的藏品。长期以来人们试图将低色级的钻石改变成受人喜爱的彩色钻石，以求提升它们价值。科学技术发展到今天，改变钻石的颜色已成为可能，见表（7-17）。

表7-17　不同钻石类型辐照、加热改色结果

类型	特点	占钻石产出比例	颜色	辐照后颜色	热处理后颜色（300℃—1000℃）
Ia	双原子氮	98%	无色—浅黄系列	绿色、蓝色、黄色、红色	金黄、浓黄色、橙棕色、红色、蓝色、蓝绿色
	片晶氮	1%			
Ib	孤立氮	<1%	金黄色、黄色、棕黄色	粉红色、红色	粉红色、紫红色、褐红色、蓝色
IIa	不含氮	1.5%	无色、棕色、褐色、粉色、紫红色	浓黄色、红色、粉色、蓝色	无色（原生色）、金黄色、饱和度加强的粉红、紫红色、红色
IIb	含硼	0.1%	蓝色、蓝灰色		

（2—1）辐照处理呈色

人工辐照可以使钻石的颜色发生改变。其原理是利用辐射源的带电粒子，中子与钻石中的离子、原子相互作用导致钻石晶格中离子迁移、空位、位错造成色心的晶格缺陷。通常辐照后为保留稳定的色心，还需加热处理，进一步改变颜色。不同的辐照源照射钻石形成不同颜色。

1）中子辐照

中子辐照是利用核反应器的中子与钻石中的碳原子碰撞，使碳原子离开原来的位置形成晶格缺陷，该类钻石具有稳定均匀的蓝色或绿色，颜色的饱和度取决于中子束能量大小、辐照时间长短和钻石粒度大小；中子束能量越大，颜色越浓；时间越长，颜色越深。

2）高能电子束辐照

高能电子束辐照是通过电子相互碰撞引起钻石中碳原子激发、电离产生电子空穴色心缺陷，此时钻石形成比较均匀的绿色、蓝绿色或蓝色，但仅限于钻石表层。

3）重带电粒子辐照

重带电的α粒子、质子的电荷辐照钻石可诱生绿色、蓝色、黑色等多种颜色。但颜色不均匀，辐照方向颜色集中，且颜色较深。

4）γ射线辐照

γ射线辐照是利用核衰变产生极短波长的电磁辐射，可产生不同色调的绿色、蓝绿色，且颜色均匀，不产生放射性。

（2—2）辐照钻石的加热还原处理

单纯辐照产生的各种色心往往是不稳定的，因而得不到钻石所需的颜色，通常还需加热还原，消除某些辐照后产生的不稳定色心，而使另一些色心得到加强，以便稳定固化钻石的颜色或提高色饱和度，得到惹人喜爱的色彩，通常还原的温度在300℃—1000℃。

（三）钻石的高温高压（HPHE Proucessed）处理颜色成因

钻石的高温高压处理是模拟自然界钻石结晶的生长环境，人工调控待处理钻石的温度、压力及介质条件（约50—70万大气压，800℃—2000℃温度），改善或消除钻石内部晶格塑性形变产生的各种缺陷；还原晶格本来正常的面貌，提高钻石颜色色级（最高可达D色）；或者进一步加强塑性形变的强度，增加形变缺陷，使其转变成色彩逗人喜爱的钻石。见表（7–18）

表7–18　高温高压处理前后的颜色变化

类型	处理前颜色	塑性形变	处理后颜色
Ia型	褐色、黄色、棕色	增强，饱和度上升，颜色增浓	绿色、蓝绿色、蓝色、红色、金黄色
Ib型			红色、金黄色
IIa型	褐色、褐黄色、棕红色	增强	红色
		还原	无色（D色—H色）、粉色、浅蓝色（主要是异形钻）

（四）合成钻石的颜色成因

合成钻石是通过实验室或工厂的一定工艺、技术制造出与天然金刚石相同化学成分、外观的金刚石晶体（大约50—80万大气压，1500℃—2000℃温度）。在高温高压下将石墨结晶成金刚石，其主要方法是高温高压种晶法（HAHT法）和气相沉淀法（VCD法），尽管它们形成的条件和环境与天然金刚石有所不同，但是合成钻石的颜色有无色—浅黄色、黄色和蓝色等，几乎包含天然钻石的所有颜色。见表（7–19）、（7–20）天然与合成钻石颜色对比：

表7–19　天然钻石合成钻石颜色区别

	天然钻石	合成钻石
近无色	带黄色、褐色色调	近无色、带浅灰色、浅蓝色、微黄色、黄绿色色色调
黄色	（Ia型、Ib型）辐照退火后呈橙黄、棕黄、黄色	（Ia型、Ib型）辐照退火后呈橙红、桃红、红色
	黄色柔和纯正	黄色高饱和度、艳丽棕色色调
蓝色	浅淡而明亮	艳丽

表7–20　天然钻石与合成钻石处理后颜色区别

		天然 Ia型 IIa型 IIb型		合成 Ib型 IIa型 IIb型
颜色类型	Ia型 Ib型	98%无色—浅黄色、棕色、黄绿色 辐照、热处理后呈黄色、桃红、粉色、蓝色	Ib型	浅灰色、浅蓝色、浅黄色、浅绿色 辐照处理呈橙色—粉色、红色；加热黄色—绿色—黄绿色
	IIa型	1.5%无色、浅棕色、灰色	IIa型	无色—近无色
	IIb型	0.1%蓝色—蓝灰；浅—深、无色	IIb型	浅—深蓝色

图7-41　合成钻石的颜色

樱桃红　　　　　深天蓝　　　　　金丝雀黄

图7-42　改色处理钻石的颜色

深彩绿黄　　　深彩微褐橙　　　深彩紫粉红　　　深彩绿蓝

图7-43　辐射处理钻石的颜色

艳彩微绿黄　　　浓彩蓝　　　艳彩黄

图7-44　高温高压处理钻石的颜色

微褐红　　　　　微红褐

二、彩色钻石的定义与评价

(一) 彩色钻石的定义

彩色钻石指除无色—浅黄色（D—N）以外呈现可见光谱中所有色彩，且明度、饱和度达到一定程度的钻石，统称为彩色钻石。由于他们集瑰丽、稀有于一身，使得彩色钻石身价倍增。

(二) 彩色钻石的品质分类与概念

彩色钻石的分级、评价是一项复杂的工作，另外人工着色（辐照、加热处理、合成）技术已经相当成熟，正确分级评价彩色钻石，最重要的工作就是判定钻石的颜色成因及颜色的各种参数，但这些参数至今没有统一标准。

GIA在黄色彩钻分级标准中，设定一颗代表黄色彩钻与带黄色色调钻石边界的Z标准色级比色石，以此作为黄色彩钻的分界线，只有颜色饱和度大于Z比色石，才可列入彩色钻石范畴。但是其它色彩的钻石没有在标准中作相应规定。在实际工作中Z比色石适用于黄色彩钻,但不适用于其它色彩钻石的分级,因为不同颜色的钻石稀有程度不同,价格也不同。

对彩色钻石的评价,主要依据颜色的饱和度、色彩的稀有程度、人们的认知性以及买卖双方对颜色的喜好等多方面影响。而对切工、净度等不像无色钻石的影响那么大。

彩色钻石的颜色分级时,采用的光源更为严格,一般采用国际照明委员会标示的标准光源D^{65}(GIA采用此种光源),在中性环境中以孟塞尔颜色图册为标准参照物,将彩色钻石台面朝上放置于白色比色凹槽中(无色—浅黄系列颜色分级台面朝下),垂直于台面观察,注意消除反射光的影响。观察到颜色最佳特征色彩,它就是彩色钻石的自身颜色。

(1)彩色钻石颜色的基本概念

组成颜色有三要素:色彩(Hue)、明度(Value)和饱和度(Saturation),对彩色钻石同样适用。

1、色彩(Hue)

色彩又称色相,是指肉眼可见的光谱色,即红、橙、黄、绿、蓝、靛、紫(可见光不同波长谱线位置)。依据彩色钻石的颜色可分解成27种基本色和12种主色。

1)基本色(Basic Colour)

即红、浅橙红、橙红、红橙、橙、浅黄橙、黄橙、橙黄、浅橙黄、黄、浅绿黄、绿黄、黄绿、浅黄绿、绿、浅蓝绿、蓝绿、绿蓝、蓝、浅紫蓝、浅蓝紫、紫蓝、紫、浅红紫、红紫、紫红、浅紫红组成27种基本色色环。

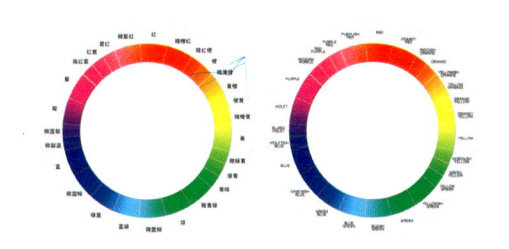

图7-45 27种基本色色环图

2)主色(Primary Colour)

12种主色(即粉红Pink、红Red、橙Orange、黄Yellow、绿Green、蓝Blue、靛Violet、紫Purple、褐Brown、灰Gray、白White、黑Black)。

3)彩色钻石的次要色(辅色)(Supplementary Colour)

自然界中单一颜色的色彩钻极其稀少,它们呈现的颜色往往由多种不同色彩相互组合而成,所以它们的色彩除了主色外,还有次要色,如微褐Brownish、微红Redish、微紫红Purplish、微黄Yellowish、微绿Greenish、微蓝Bluish、微灰Grayish、微粉Pinkish、微橙Orangeish等。有的彩色钻石有三种色彩,也就是说钻石的色彩除了主色外,还有辅色或次要色,它们之间区别仅仅是色彩占主、次的比例而已。

4)彩色钻石颜色描述

彩色钻石的颜色主要有基本色彩和伴有的次要色彩,描述时主色在后,次要色在前。例:Fancy Brownish Greenish Yellow和Fancy Brown Pink 分别表示彩微褐微绿黄及彩褐粉色;前者次要色微褐、微绿,主色为黄色;后者次要色为褐色,主色为粉色。

图7-46 十二种主色图

5）各种彩色钻石中所含的主要色彩

　　a、红色彩钻（Red Diamond）

　　红色彩钻非常稀有珍贵，颜色主要有红（Red）、微紫红（Purplish Red）、微橙红（Orangy Red）和微褐红（Brownish Red），但它们的饱和度要超过彩，方可称为彩红钻，因此只有彩一个级别（即Fancy）。

　　b、粉红色彩钻（Pink Diamond）

　　粉红色彩钻的颜色主要有粉红（Pink）、橙粉红（Orangy Pink）、紫粉红（Purple Pink）和褐粉红（Brown Pink）四种。

　　c、蓝色彩钻（Blue Diamond）

　　蓝色彩钻的颜色主要有蓝（Blue）、微灰蓝（Grayish Blue）、微绿蓝（Greenish Blue），它们一般饱和度、明度都较低，随饱和度下降明度增加出现灰蓝色即暗彩蓝Fancy Dark Blue。艳彩蓝钻极其罕见，不到蓝钻总量的1%。

　　d、紫色彩钻（Purple Diamond）

　　紫色彩钻的颜色主要有紫（Purple）、粉红紫（Pink Purple）、褐紫（Brown Purple）三种。

　　纯紫色钻石颜色较淡，随明度和饱和度增加出现粉紫和褐紫色。如浓彩微粉红紫和暗彩褐紫（Fancy Intense Pinkish Purple和Fancy Dark Brown Purple）。通常紫色钻石净度都较差。

　　e、靛色彩钻（Violet Diamond）

　　靛色彩钻是最罕见的钻石，颜色为蓝色和紫色的混合色。颜色主要有靛色（Violet）和灰靛色（Gray Violet）二种。

　　f、绿色彩钻（Green Diamond）

　　绿色彩钻的颜色主要有绿（Green）、蓝绿（Blue Green）、灰绿（Gray Green）和黄绿（Yellow Green）四种。通常它们饱和度、明度均较低，颜色较浅。随明度上升出现灰绿色。

　　g、橙色彩钻（Orange Diamond）

　　橙色是黄色和红色的混合色，橙色彩钻的颜色有橙（Orange）、黄橙（Yellow Orange）、褐橙（Brown Orange）三种。通常颜色较深，随着饱和度低、明度暗时出现褐色。橙色钻石远少于蓝色和绿色钻石。

　　h、黄色彩钻（Yellow Diamond）

　　黄色色彩深过比色石"Z"的钻石称为黄色彩钻，它们的颜色主要有黄（Yellow）、黄绿（Green Yellow）、橙黄（Orangy Yellow）和褐黄（Brown Yellow）四种。当黄色彩钻明度变暗、饱和度降低时出现褐色或绿色，此时颜色被称为深彩微褐黄（Fancy Deep Brownish Yellow）。黄色彩钻分浅彩黄至暗彩黄九个等级。

　　i、灰色彩钻（Gray Diamond）

　　饱和度只有在浅彩以上的，才能称为彩钻，即浅彩灰（Fancy Ligh Gray），无浓彩和艳彩，颜色有灰色和绿灰色。

　　j、褐色彩钻（Brown Diamond）

褐色彩钻颜色主要有褐（Brown）、橙褐（Orangy Brown）、粉红褐（Pink Brown）黄褐（Yellow Brown）四种，仅有四个等级：浅彩，彩，深彩，暗彩（浅彩以下GIA将褐色归至K—Z之间）。

2、明度（Tone）

明度也称色调，指彩色钻石颜色对光透反射后视觉的明暗感觉或深浅程度。过低的明度呈无色，而过高的明度呈黑色，所以中等明度是最佳状态。

3、饱和度（Saturation）

饱和度也称彩度或色度，指颜色的纯净度或颜色的浓淡程度。饱和度越高，呈现的色彩越浓，越接近可见光的光谱色；过低的饱和度会出现灰、白色。如低饱和度的红色呈现粉色，饱和度过高呈现褐色。

（2）明度、饱和度的分级描述

GIA将彩色钻石的明度和饱和度的差异分别组成描述颜色的九个等级。

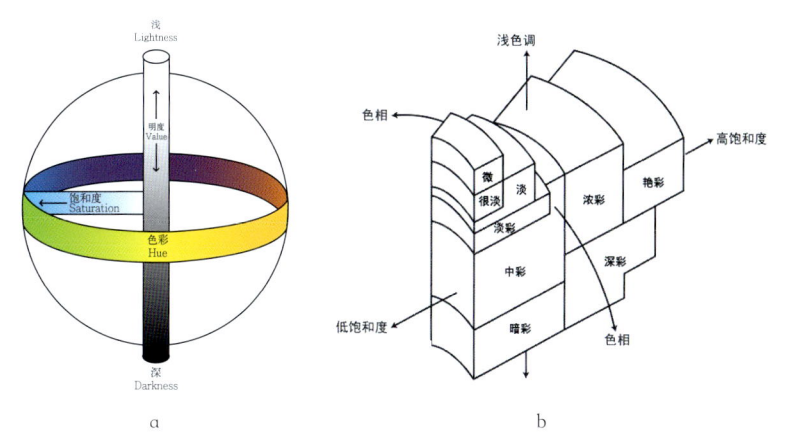

图7-47 彩色钻石分级术语图

1. 极浅（Faint）　　　　　　　明度极高、饱和度极低
2. 很浅（Very Light）　　　　 明度很高、饱和度很低
3. 浅（Light）　　　　　　　　明度高、饱和度较低
4. 浅彩（Fancy Light）　　　　明度较高、饱和度低
5. 彩（Fancy）　　　　　　　　明度中等、饱和度适中
6. 浓彩（Fancy Intense）　　　明度中等、饱和度较高
7. 艳彩（Fancy Vivid）　　　　明度中等、饱和度高
8. 深彩（Fancy Deep）　　　　 明度暗、饱和度中—高
9. 暗彩（Fancy Dark）　　　　 明度较暗、饱和度低—中

如一颗彩黄色钻石当明度较高、饱和度低，此时钻石出现褐色色调，此时彩色钻石被描述为浅彩微褐黄色（Fancy Light Brownish Yellow）。又如一颗浅紫色钻石明度很高，饱和度很低时也出现褐色，此颗彩色钻石被描述为很浅褐紫色（Very Light Brownish Purple）。

三、彩色钻石的价格鉴定探讨

彩色钻石的定价至今没有统一的标准，其价值取决于购买群体，即购买者对颜色的认识和喜爱程度。虽然一颗鲜亮艳丽的彩色钻石往往可以弥补其净度和切工上的不足，但净度和切工也是品质评价不可或缺的一部分；价格根据色彩的稀有性及市场和流通渠道的差异出现较大变化。本文依据颜色的稀有程度参照浅黄—无色系列的Rapaport的D色级报价制定了彩色钻石的定价建议。

（一）彩色钻石色彩根据颜色的奇特及神奇的变化，彩色钻石的稀有程度依次为红色>靛色>粉色>蓝色>紫色>橙色>绿色>黄色>灰色>褐色。由于单一色彩的钻石极其罕见，往往伴有二种或二种以上次要颜色，随着色级下降，它们的价值比依次下降。

（二）褐色和灰色在GIA中归至浅黄—无色系列I—Z之间，其它彩色钻石在相同重量、净度、和琢型时参照浅黄—无色系列的D色标准，单价的变化远比浅黄—无色系列要大。一般而言颜色越浓艳、饱和度越高，价值也越高。由此本文制定了彩色钻石的建议定价，见表7-21。

（三）彩色钻石的定价较为复杂，依据它们颜色的不同、稀有程度及次要颜色的存在，以及明度、饱和度的变化，和人们对色彩喜爱程度的影响，它们的价格也将发生较大变化；如浅彩微紫粉红和浅彩微褐粉红的价格相差约2倍之多，这是因为紫粉色更受消费者欢迎。

表7-21　彩色钻石价值参考百分比：

颜色价格百分比	彩钻的主、次要色		百分率
红色：Red 次要色：紫、 橙、褐 ±40%	红	Fancy Red	≤500%
	彩微紫红	Fancy Purplish Red	≤400%
	彩微橙红	Fancy Orangy Red	≤400%
	彩微褐红	Fancy Brownish Red	400%
粉红：Pink 次要色：橙、 紫、褐 ±40%	极浅粉红	Faint Pink	60%
	很浅粉红	Very Light Pink	70%
	浅粉红	Light Pink	90%
	浅彩粉红	Fancy Light Pink	100%
	彩粉红	Fancy Pink	200%
	浓彩粉红	Fancy Intense Pink	300%
	艳彩粉红	Fancy Vivid Pink	400%
	深彩粉红	Fancy Deep Pink	300%
靛色：Violet 次要色：灰 ±50%	彩灰靛	Fancy Gray Violet	200%
	浓彩靛	Fancy Intense Violet	400%
	深彩靛	Fancy Deep Violet	300%
紫色：Purple 次要色：粉褐 ±40%	浅紫	Light Purple	100%
	浅彩紫	Fancy Light Purple	200%
	彩粉紫	Fancy Pink Purple	300%
	浓彩粉紫	Fancy intense pink purple	400%
	深彩微粉红紫	Fancy deep pinkish purple	300%
	暗彩微褐紫	Fancy dark browish purple	200%
蓝色：Blue 次要色：灰、绿 ±40%	极浅蓝	Faint Blue	≤80%
	很浅蓝	Very Light Blue	90%
	浅蓝	Light Blue	100%
	浅彩蓝	Fancy Light Blue	150%
	彩蓝	Fancy Blue	200%
	浓彩蓝	Fancy Intense Blue	300%

(续表) 表7-21 彩色钻石价值参考百分比：

颜色价格百分比	彩钻的主、次要色		百分率
	艳彩蓝	Fancy Vivid Blue	400%
	深彩蓝	Fancy Deep Blue	350%
绿色：Green 次要色：蓝、灰、黄 ±30%	很浅绿	Very Light Green	≤60%
	浅绿	Light Green	80%
	浅彩绿	Fancy Light Green	100%
	彩绿	Fancy Green	200%
	浓彩绿	Fancy Intense Green	250%
	艳彩绿	Fancy Vivid Green	300%
	暗彩微黄灰绿	Fancy Dark Yellowish Gray Green	200%
橙色：Orange （红+黄） 次要色：黄、褐 ±30%	彩橙	Fancy Orange	100%
	浓彩橙	Fancy Intense Orange	200%
	艳彩橙	Fancy Vivid Orange	300%
	深彩微黄橙	Fancy Deep Yellowish Orange	200%
黄色：Yellow 次要色：绿、橙、褐 ±10%	浅黄	Light Yellow	>25%
	浅彩黄	Fancy Light Yellow	35%
	彩黄	Fancy Yellow	45%
	浓彩黄	Fancy Intense Yellow	55%
	艳彩黄	Fancy Vivid Yellow	100%
	深彩微绿褐黄	Fancy Deep Greenish brown Yellow	40%
	暗彩褐黄	Fancy Dark Brown Yellow	35%
灰：Gray 次要色：绿	浅彩灰	Fancy Light Gray	I
	彩灰	Fancy Gray	
	深彩灰	Fancy Deep Gray	M
	暗彩灰	Fancy Dark Gray	
褐：Brown 次要色：橙、粉、黄	很浅褐	Very Light Brown	K
	浅褐	Light Brown	
	浅彩褐	Fancy Light Brown	
	彩褐	Fancy Brown	Z
	深彩褐	Fancy Deep Brown	
	暗彩褐	Fancy Dark Brown	

从上述色彩评价百分表中我们可以看到：

1) 不同颜色的色彩百分数有差异。这是因为不同颜色的彩色钻石稀有程度不同，人们对颜色的喜好也有着差异。不同颜色及色彩的浓艳程度根据钻石的杂质元素含量、分布以及晶格畸变（缺陷）的大小变化差异而不同。但是我们建议参照给出的浅黄—无色系列钻石D色的百分数为依据，并给出了不同颜色和彩度的参考性百分数。

2) 对相同彩度（饱和度）的彩色钻石给出了不同的百分率区别，例如彩黄和彩蓝对应相同净度D色的45%及200%，又如艳彩粉红色和艳彩绿色对应的价格百分数分别是400%和300%，由此可以确定彩色钻石的价格差异、变化范围。

3) 彩色钻石形成时外界因素（温度、压力、杂质）的差异将影响颜色分布的均匀程度（GIA证书给出颜色为均匀或不均匀），可以在上述基础上形成其价格1—2倍的差异。

4) 建议价格百分比不是一成不变，应按Rapaport Report钻石报价不同的变化而变化。另外彩色钻石由于存在次要色（辅色）对主色彩的影响也将产生1—2倍的价格差异。例：Fancy Intense Pink 浓彩粉红和Fancy Intense Purplish Pink浓彩微紫粉红，分别是：报价×重量×（1+300%）×2和报价×（1+300%）×（1+40%）。

总之，彩色钻石的定价是复杂的综合体现。它们的价格变化远大于浅黄—无色钻石的Rapaport报价表。

四、改色钻石的价格鉴定

人工改色钻石的色彩在外观上与天然彩色钻石没有多大区别，但二者的颜色成因有着本质区别，其价值也相差极大。美国宝石学院（GIA）规定所有改色钻石出具的证书都必须在钻石腰棱打上激光字样，如辐射处理（Iradiation）、高温高压处理（HpHt Processed）多重处理（Treted color），并在鉴定证书中注明，否则鉴定证书就不能出具颜色的级别。对改色钻石的价值在同等净度、琢型条件下以无色—浅黄系列中的M—N色参照标准。

通常给经过颜色处理的钻石，出具一份有颜色级别的鉴定证书时，必须在钻石的腰部用激光刻上标记

辐射处理
钻石深彩紫粉红
0.49克拉

腰部不刻字，鉴定证书就不出具颜色级别

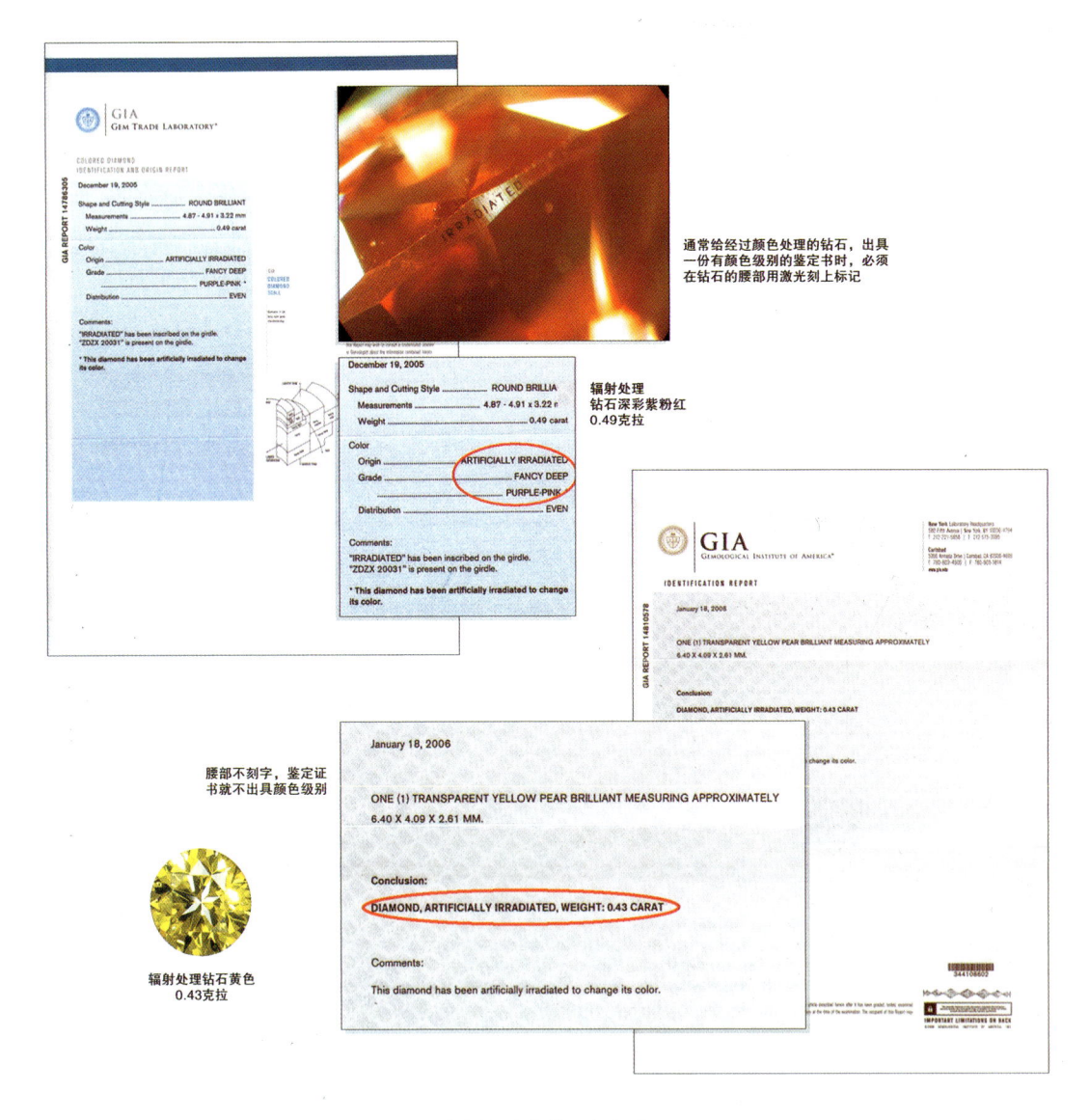

辐射处理钻石黄色
0.43克拉

图7-48 改色钻石印记图

第八章 有色宝石的品质与价格鉴定

有色宝石的品质分级与钻石相似，也以颜色、净度、切工和重量为主，但与钻石相比，它们的分级体系更为复杂，这是因为至今国际上尚无统一标准，因而有色宝石的品质分级受人为因素的影响较重。国际上主要有 Gem Dialogue 颜色描述分级体系和 GIA 的 Gemset 有色宝石分级体系两大类，这两个体系都以颜色的色调、明度和饱和度三个基本要素进行颜色的分级描述，并与标样对比进行颜色分级。本文以 GIA 有色宝石分级体系为主，介绍有色宝石的品质与价格鉴定相关内容。

第一节 有色宝石颜色的品质分级

有色宝石的颜色是决定其品质和价值最主要的因素，宝石的优质颜色（稀少性）往往可掩盖宝石的净度和重量，获得较高的价值，这样就更加显得对宝石的颜色进行合理分级的必要性。分级依据刻面宝石的自身颜色、透明度和方向性。对颜色而言，任何一种颜色都必须具备色彩、明度和饱和度三个基本要素。

一、色彩（Hue）

色彩又称色相，指颜色组成的基本色，也称光谱色，（见彩色钻石的基本概念）。

对宝石而言，纯光谱色（仅一种色）极其罕见，它的颜色往往由两种或两种以上色彩组合而成，描述时英文大写字母表示主要颜色，小写字母表示次色彩，如SLyG表示弱黄绿色（色彩）。中文描述时，主要颜色在后，次要颜色在前。有时一颗宝石会带有两种次色彩，此时应描述为SLbr.p.PK，即弱褐紫粉色。参见表8-1。

图8-2 18k镶非加热粉色蓝宝石钻戒
金重：12.5g 宝石：4.11ct
钻石：2.45ct
品质：粉色荷花红蓝宝石（Padparadscha）
净度：VS
产地：斯里兰卡
市场中间价估算约人民币：34.5万元

图8-1 坦桑石配钻石戒指
椭圆形天然坦桑石重10.3ct，配钻共重约1.25ct，18k白色黄金镶嵌
预估价：9.5–12万港币
成交价（含佣金）：11.875万港币

表8-1 色彩描述等级

描写	很弱次要色	弱次要色	明显次要色	强次要色	极强次要色	平衡色
表示	VSL	SL	（小写字母）（如b.G）	ST	VST	均大写（如BG）
次要色百分比	5%~10%	10%~15%	15%~25%	25%~30%	30%~40%	45%~50%

二、明度（Value）

明度又称色调，指颜色的光亮、明亮度或黑暗程度，又称深浅程度。明度通常分为10级，见表8-2。

表8-2 明度描述等级

级别	0	1	2	3	4	5
描述	无色或白色 Colorless or White	极浅 Extremly Light	很浅 Very Light	浅 Light	中浅 Medium Light	适中 Medium
级别	6	7	8	9	10	
描述	中深 Medium Dark	深 Dark	很深 Very Dark	极深 Extremely Dark	黑 Black	

在实际应用中，"无色、白、黑"只是简单描述为无色、白或黑色，因此明度常用2~8级来描述，即很浅(Very Light)、浅(Light)、中浅(Medium Light)、适中(Medium)、中深(Medium Dark)、深(Dark)、很深(Very Dark)7个级别。

三、饱和度（Saturation）

饱和度又称色度或彩度，指颜色的鲜艳程度或颜色的纯洁程度。颜色饱和度最高时达到纯光谱色，随着饱和度降低趋向灰褐色。对有色宝石而言很少饱和度达到浓艳5、6常空白。通常饱和度分成灰至鲜6级，见表8-3。

表8-3 饱和度描述等级

级别	1	2	3	4	5	6
描述	灰(褐)	浅灰(褐)	极浅灰(褐)	中浓	浓	鲜

四、颜色的表征和分级

通过以上三要素的简单介绍可以看出，颜色的文字描述顺序是：色彩／明度／饱和度。如中浅、鲜艳的绿可按标记顺序为：G/4/6。又如，色彩为弱蓝绿色，其它相同，则标记为：SLbG/4/6。

表8-4 综合颜色三要素

色彩	缩写	次要色	描述	级别	明度	缩写	级别	饱和度	缩写
赤红	R	很弱 5%~10%	VSL	2	很浅	VL	1	灰(褐)	gr(br)
橙	O	弱 10%~15%	SL	3	浅	L	2	浅灰(褐)	Slg(slbr)r
黄	Y	明显 15%~25%	小写字母	4	中浅	mL	3	极浅灰(褐)	vslgr(vslbr)
绿	G	强 25%~30%	ST	5	适中	m	4	中浓	Mst

(续表)

表8-4 综合颜色三要素

色彩	缩写	次要色	描述	级别	明度	缩写	级别	饱和度	缩写
绿蓝	GB	极强 30%~40%	VST	6	中深	md	5	浓	St
蓝	B	平衡 45%~50%	均大写字母	7	深	d	6	鲜艳	V
紫	P			8	很深	vd			

GIA颜色分级所用的颜色对照体系是：

1、色温为6500K的日光灯；

2、中性环境；

3、一套各种颜色的圆型颜料宝石作为颜色标尺来判定宝石的颜色。

GIA的Gemser手册根据每种宝石的品种，人们对宝石颜色的喜爱程度、稀有程度，将宝石的颜色品质分为10级别内容。如下表：

表8-5 颜色综合分级

颜色级别	1~4	4~6	6~8	8~10
颜色分级	一般	好	很好	极好
颜色描述	偏离理想色较大，明度很浅或很深，饱和度很低	偏离理想色，明度较深或较浅，色调不匀、饱和度低	微偏离理想色，无明显的偏浅或偏深，饱和度略低	最佳色，色调均匀，饱和度鲜艳，明度适中

第二节 有色宝石净度品质的分级

有色宝石的种类有很多，其净度分级虽没有钻石那么严格，但不同种类的宝石可以含有不同类型的包裹体，而且所含包裹体的数量相差很大，这对有色宝石的净度统一分级带来极大困难。将有色宝石分成三种类型，以肉眼观察为主，放大观察为辅，来区分有色宝石的净度品质。

一、有色宝石的净度类型

将有色宝石的净度分为三种类型：Ⅰ型、Ⅱ型和Ⅲ型。

Ⅰ型：天然宝石中通常不含包裹体或瑕疵。如：海蓝宝石。

Ⅱ型：天然宝石中通常含有适当数量的包裹体或瑕疵。如：尖晶石。

Ⅲ型：天然宝石中通常总是含有大量包裹体或瑕疵。如：祖母绿。

表8-6 常见有色宝石的净度类型

宝石种	Ⅰ型	Ⅱ型	Ⅲ型
绿柱石	海蓝宝石；绿色、粉色、金黄色绿柱石		祖母绿
金绿宝石	绿色、黄色金绿宝石	变石，金绿宝石	
石英	无色、烟色水晶	紫晶，黄水晶	
碧玺		蓝、橙、黄、杂色碧玺	红色碧玺，三色碧玺(西瓜碧玺)
锆石	蓝色锆石	绿色、橙色、红色、黄色锆石	
托帕石	各色托帕石		
其它宝石	黑黝帘石，锂辉石	蓝宝石、尖晶石，石榴石，橄榄石，堇青石	红宝石

二、有色宝石的净度品质分级

有色宝石的净度品质需要根据不同宝石的类型来确定它的净度品质级别,把7大类有色宝石净度特征分成VVS、VS、SI、I等4种品质,10级,见表8-7。包裹体过多不透明的宝石,通常琢磨成弧面型宝石或串珠。

无包裹体的有色宝石比钻石少得多,市场上很难见到,而且价格极其昂贵。大多数有色宝石难免存在各种各样的包裹体,尤其是祖母绿、红宝石。过多的包裹体会影响宝石的净度和价格,但对有色宝石而言,并不像钻石那么重要,肉眼见不到包裹体时对其价格影响不大。另外有色宝石的某些包裹体有助于人们区分天然、合成及仿制品,还可帮助确认宝石产地。

表8-7 有色宝石的净度分级

	净度类型	描述	宝石类型	观察特征	级别	品质
特征	VVS	极少见到包裹体	Ⅰ型 Ⅱ型 Ⅲ型	10倍镜下近无瑕 10倍镜下具少量包裹体 肉眼观察近无瑕,10倍镜下有瑕	8-10	极好
	VS	可见明显包裹体	Ⅰ型 Ⅱ型 Ⅲ型	10倍镜下具少量包裹体 10倍镜下有瑕 肉眼观察具少量包裹体	6-8	很好
	SI_1 SI_2	影响宝石的外观	Ⅰ型 Ⅱ型 Ⅲ型	10倍镜下有瑕,肉眼可见小瑕疵 肉眼可见少量包裹体,10倍镜下较多包裹体 肉眼可见包裹体	4-6	好
	I_1 I_2 I_3	影响宝石耐久性 严重影响耐久性	Ⅰ型 Ⅱ型 Ⅲ型	10倍镜下具大量包裹体 肉眼可见包裹体 肉眼可见大量包裹体	1-4	一般~差

由上表,肉眼可以看到内部有小瑕的Ⅰ型(海蓝)宝石是SI,为5级好;对Ⅲ型宝石(祖母绿)则是VS,为7级很好。通常蓝宝石净度比红宝石好,但颜色色带比红宝石明显发育,红宝石净度差一级,价格低约15%~20%。

第三节 有色宝石切工品质的分级

有色宝石的切磨质量最主要目的是充分体现宝石的艳丽颜色,由于有色宝石的折射率、多色性具有方向性差异,因而对不同宝石的切磨角度比例有不同要求,只有良好的切磨角度的比例才能展示宝石的艳丽外观(亮度、火彩和闪耀),并能隐藏有色宝石的瑕疵,展现宝石的艳丽颜色。

一、刻面型宝石的切工品质分级

对刻面型有色宝石而言,评价切工主要是展现颜色最佳效果,即光亮度最亮以及琢型、对称性、比例和抛光质量。

1、光亮度:

主要是指宝石对入射光的透、反射程度,也是人眼对宝石表面明、暗感觉的分辨率,它是切工品质最重要的部分。色深(或暗)的宝石,应该加大台面,让更多的光进入,避免产生不透明外观。但台面过大,光不能全内反射,宝石缺乏亮度,使宝石毫无生气,并且瑕疵更易发现，切工显然就差。

2、琢型：

主要是判别外形轮廓的长宽比例是否合适及协调，亭部是否符合要求。

(1)有色宝石理想的琢型比例：

椭圆型：1.33～1.75:1

橄榄型：1.66～2.50:1

梨　型：1.50～1.75:1

心　型：1.1～1.25:1

长方型：1.25～2:1

(2)亭部太薄，颜色变浅，易产生漏光、"没光"，甚至出现"鱼眼效应"透底；亭部太厚，颜色变暗变深，影响透明宝石美感，并且增加宝石重量，形成价格贬值。

(3)全深比和冠部比：

宝石的全深比应在60%～68%之间，冠部比应在25%～35%之间，台面小于65%；对于过厚或过浅的全深比和冠部比，都将改变宝石的亮度。

3、对称性和抛光质量：

刻面宝石的对称性和抛光虽不及钻石影响那么重要，但对称有差异的宝石往往是由缺陷宝石琢磨而成，它们客观反映了宝石的切工品质，与钻石类似均要酌情扣分，降低价值。

4、有色宝石的综合切工品质分级：

综合有色宝石切工品质可分成10级，主要考虑切磨后宝石台面进光的比例所产生的反光量（窗口亮度）等影响透明宝石的美感价值来确定，见表8-8：

表8-8　有色宝石切工等级表

级别		说明
8～10	极好	极好比例和修饰度；冠高、台面、腰棱、亭深、琢型的长宽比在优的范围；台面偏差极小，亮度80%～100%。
6～8	很好	很好的比例和修饰度；冠高、台面、腰棱、亭深、琢型的长宽比接近优；偏差较小，亮度60%～80%。
4～6	好	好的比例和修饰度；冠高、台面、腰棱、亭深、琢型的长宽比有偏差；台面有偏差，亮度40%～60%。
1～4	一般	差或一般的比例和修饰度；冠高、台面、腰棱、亭深、琢型的长宽明显偏差；腰厚、大台面，亮度小于40%。

二、素面宝石切工品质分级

对素面宝石（又称凸面或弧面型宝石）而言，切磨质量的好坏，从长宽高的比例、形状的优良、对称性、抛光来评定，主要是：

1、充分体现宝石的特殊光学效应，如星光、猫眼或变色效应的眼线是否清晰、居中心等。

2、多裂、透明度差的宝石，显示宝石的颜色和色彩，减少裂隙对可见度的影响。

图8-3 祖母绿
重 91.907ct
品质：弧面型，色：弱蓝绿色
净度 I4 级 注无色油（哥伦比亚产祖母绿）
市场中间价估算约人民币：73.5 万元

第四节 有色宝石的重量对品质的影响

有色宝石的重量是影响价格的最明显因素。通常情况下宝石的克拉越重、价格越高。但重量大小与价格间并非简单的线性关系，不同种类的宝石，晶体结晶能力的差异形成的大小重量均不同，价格也将明显变化。有些宝石可能越大越稀有，随着重量增加，价格急剧上升，如红宝石、蓝宝石等；有些宝石重量增加而颜色下降，引起单位价格下降，如海蓝宝石；有些宝石重量的增加，其价格则正比于重量，如水晶等；某些宝石需要特别定制切磨及配对，反映在价格上就会高。

价格鉴定时往往会遇到镶嵌在首饰上的宝石，鉴定人员只能用估重的方法来计算宝石的重量。因为取下宝石秤重后再镶嵌上去是不现实的。即使发票或首饰印记清晰地记录着宝石重量，鉴定时对宝石的估重也是必须的，报告中应记录估算测量所用的仪器、卡尺、公式来源和宝石的估算重量，见表8-9。

表8-9 不同琢型有色宝石重量估算公式

腰部形状	刻面宝石估算公式(单位mm.g/克拉)	弧面宝石估重系数	
圆型刻面	直径^2×高×密度×0.0018	高凸 低凸 扁	0.0019 0.0022 0.0025
椭圆刻面	长轴×短轴×高×密度×0.0020	高凸 低凸 扁	0.0021 0.0024 0.0027
阶梯型刻面	长×宽×高×密度×0.0025	高凸 低凸 扁	0.0265 0.0029 0.0033
长方型刻面	长×宽×高×密度×0.0026		
正方型刻面	长×宽×高×密度×0.0023	高凸 低凸 扁	0.0023 0.0025 0.0029
梨型刻面	长×宽×高×密度×0.00175	高凸 低凸	公式×110% 公式×120%
马眼型刻面	长×宽×高×密度×0.0016	高凸 低凸	公式×110% 公式×120%
心型刻面	长×宽×高×密度×0.00175	高凸 低凸	公式×110% 公式×120%
圆球型宝石	直径^3×密度×0.00262	有孔	减5%

例1：一枚镶在戒指上的椭圆刻面蓝宝石，用电子读数卡尺测量 8.5mm×11.0mm×7mm，用公式：长轴×短轴×高×S.G×0.0020

$$=11×8.5×7×4×0.002≈5.24ct$$

例2：一个水晶球直径20cm，

用公式：(直径)^3×S.G×0.00262

$=(200)^3 \times 2.65 \times 0.00262$
$=55544 \text{ct} \approx 11109 \text{g}$

第五节　有色宝石的综合品质鉴定

一、权重比率法鉴定有色宝石的品质

依据有色宝石对品质影响因素大小顺序为：颜色、净度、切工，它们分别占品质权重百分数：颜色50%，净度30%，切工20%进行品质鉴定。

宝石的品质级别=50%颜色分+30%净度分+20%切工分

例：一颗红宝石，颜色较浅，评价一般（4级）；净度属Ⅲ型宝石，10倍镜下有瑕，评价很好（8级）；切工：比例有偏差，评价好（5级）。

宝石的品质级别=$4 \times 50\% + 8 \times 30\% + 5 \times 20\% \approx 5.4$级

见表8-10　该红宝石品质（5.4级）评价为好。

二、系数修正法鉴定有色宝石的品质

对有色宝石的品质依据颜色、净度、切工的综合品质影响程度建立系数修正表（表8-11）

表8-10　有色宝石的综合品质鉴定

品质分级	透明度	颜色级别	净度级别		切工级别
极好 8～10级	透明	颜色是该品种最佳的，色调纯正，明度适中，饱合度高	Ⅰ型 Ⅱ型 Ⅲ型	10倍镜下近无瑕疵 10倍镜下具小瑕疵 肉眼见少量瑕疵小于5%，10倍镜下有瑕疵明显	比例好，亮度大于80% 外型轮廓整齐 对称精良，抛光好
		极好	VVS		极好
很好 6～8级	亚透明	颜色微偏纯正，明度稍浅或稍深，饱和度略低	Ⅰ型 Ⅱ型 Ⅲ型	10倍镜下具小瑕疵，肉眼不见瑕疵 肉眼见瑕疵，10倍镜下明显 肉眼明显见瑕疵少于10%	比例稍偏差 切工稍差
		很好	VS		很好
好 4～6级	半透明	颜色偏离理想色，明度深浅不一，饱和度较低	Ⅰ型 Ⅱ型 Ⅲ型	肉眼可见瑕疵 肉眼瑕疵明显 肉眼极明显见瑕疵少于15%	较差，亮度40%～60% 比例明显差 切工较差
		好	SI		好
一般 1～4级	半透时	颜色与理想色偏离较远，明度很深或很浅，饱和度很低	Ⅰ型、Ⅱ型 Ⅲ型	肉眼明显见瑕疵 瑕疵已影响宝石耐久性和透明度大于15%	亮度小于40% 比例偏差较大 切工差
		差	Ⅰ		一般

表8-11　颜色、净度、切工品质分数的系数修正表

品质分数 颜色级	净度切工等级	净度／切工级			
		10-8	8-6	6-4	4-1
极好	10～8	+0.5/+0.5	0/0	-1/-0.5	-3/-1.5
很好	8～6	+0.5/+0.5	0/0	-0.5/-0.25	-2.5/-1.25
好	6～4	+0.25/+0.25	0/0	-0.25/0	-2/-1
一般	4～1	+0.25/+0.25	0/0	0/0	-1.5/-0.5

注：分子为净度品质分数，分母为切工品质分数。

例：一颗宝石颜色级7，净度级9，切工级6。从左面找到颜色级（8~6）属很好，净度级9对应VVS（10~8）分子系数+0.5，切工级6对应（6~4）分母系数-0.25，即总品质评分为：7+0.5-0.25=7.25级。查阅综合品质分数评价（表8-11），该宝石品质7.25属很好级。一般来说品质在6级以上是高品质宝石。

第六节 有色宝石的品质对价格的影响因素

有色宝石的品种繁多，品质各异并受市场需求的影响和销售渠道的变化，形成不同的价格差异，以至世界上无法把有色宝石的品质直接统一，并关联它们的价值。但是宝石的品质和价值仍存在必然的关联。

一、品种稀少性

稀少的宝石品种所形成的开采成本和交易成本必然高，另外对这类稀少宝石的交易往往是私下自由协商决定的，形成有色宝石价格的不确定性。价格鉴定人员只有通过拍卖或广泛的市场调查，积累价值规律才有可能正确地确定其价值。如：同为红色的宝石，红宝石远比红色尖晶石价高。

二、品质等级差异性

宝石的品质等级对价格的影响，主要由宝石的品种决定，即同种宝石的品质等级与价格相关较紧密，与不同种类的宝石品质等级之间无关；品质仅仅是决定价值的一个因素。所以宝石品质的4C要素至少可以确定宝石的等级，但不一定能够确定价格。

例如：稀少贵重的宝石原料，重点强调重量的保存，中等的切工等级对价格影响不大；而便宜的宝石原料，强调切工等级，对价格影响很大。又如，颜色美丽的宝石都是稀有的，人们往往喜爱颜色而降低净度、切工的要求，因此品质等级仅仅是价值的指示剂，而不是决定因素。

三、产地特征性

有色宝石的价值，产地常常起决定性作用，被人们形容为天外来客。如优质的红宝来自缅甸抹谷，优质蓝宝来自克什米尔，优质祖母绿来自哥伦比亚，它们的价格往往高于其它产地。但是产地特征往往会因优化处理而被销毁，对于宝石产地的证明也比较困难，目前判断仅仅只能靠内部包裹体的特征，并且需要有经验的价格鉴定人员和权威检测机构来证明。

四、市场需求性

市场的需求是权衡价格的另一要素，市场需求包括：宝石的品种、等级、颜色及琢型等，这种需求的变化往往导致宝石的溢价。如某一客户，需求购特殊琢型的宝石，所用的价格可能会高出价格的20%甚至更高。又如一套翡翠首饰9~10颗，配套所花的时间、精力和费用往往是单颗的9倍多，价格自然就高。

所以宝石的价格与市场的需求密切相关，价格鉴定时，对市场进行调查是必不可少的。

图8-4 一枚亚历山大石戒指
亚历山大石重10.87ct 产地：巴西
变色效应：日光下蓝绿色，荧光灯下紫色
估价：10—15万美元
佳士得 2008.5.28

五、特殊包裹体

包裹体的存在会影响宝石的净度品质，导致降低它的价值。但有些特殊的包裹体，如一组或多组针管状包裹体切磨成弧面型后产生猫眼效应或星光效应，使原有的价格倍增，尤其是形成特殊图案的包裹体，将大大提高观赏艺术性，同样大大提高其价格，如具有水胆包裹体的玛瑙，其价格远高于普通玛瑙；变石价格远高于金绿宝石。

六、其它与价格有关的因素

宝石与价格的其它关系，主要包括名人设计制作、名人使用、非正常销售及政治等因素，都会影响珠宝首饰的价格。

总之，有色宝石市场从矿区到零售经过漫长的游历，与价格的关系错综复杂，在不同的情况下会有不同价格，了解上述原因可以帮助我们更好地掌握市场，确定珠宝首饰品质等级，有助于进一步正确地鉴定宝石的价格。

第七节 部分有色宝石的价格鉴定

一、红宝石（Ruby）

红宝石是由三氧化二铝（AL_2O_3）含杂质铬而形成红色刚玉宝石。红宝石的品质分级同前所述，依据颜色、重量、切工和净度。

（一）红宝石的颜色价格因素

决定红宝石价格的主要因素是：颜色和重量。纯红色不带其它任何色彩的红宝石，其明度和饱和度均较高，俗称"鸽血红"，若大于2克拉，则是宝石中的精品，其价格可与钻石媲美。红宝石的颗粒通常都不大，目前为止世界上最大的"鸽血红"红宝石只有55克拉，可称得上稀世珍品。一般市场上超过5克拉的高品质红宝石没有标准价格，只有买卖双方议价来交易。因此，红宝石颜色越鲜艳，透明度越高，价格越高。

图8-5 18K金镶星光红宝石钻石女戒
金重：14.47g 红宝石：34.04 ct 钻石：1.60ct
品质：弧面型星光 色紫红
市场中间价估算约人民币：8.3万元

（二）红宝石的产地价值因素

除了前面所述的因素外，影响红宝石价格的又一个因素是产地。世界上红宝石的主要产地是缅甸、泰国、斯里兰卡、越南和坦桑尼亚等国，但品质最好的红宝石"鸽血红"唯独产在缅甸的抹谷，它

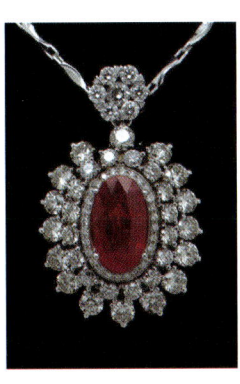

左　图8-6 18k镶亚历山大变色猫眼钻石戒
　　金重：10.3g 宝重：8.5ct 钻石：2.51ct
　　品质：蓝绿色/紫红
　　市场中间价估算约人民币：120万元

右　图8-7 18k镶红宝石钻石挂坠
　　金重：6.6g 宝重：1.87ct 钻石：1.32ct
　　品质：深玫瑰红 净度:SI 产地：缅甸
　　市场中间价估算约人民币：4.3万元

的价格比其他国家产出的红宝石要高很多。就目前的科学技术水平只能通过观察红宝石的内部特征（包裹体）来区分红宝石产地。然而对于一颗无瑕的优质红宝石，产地的确定就非常困难；另外，相同包裹体可能出现在不同产地的红宝石中，所以包裹体只能粗略地区分红宝石产地。

（三）不同产地红宝石包裹体特征的价格关系

1、缅甸抹谷产的红宝石：具有鲜亮的红色，透明度较高。内部包裹体特征为：a. 金红石针；b. 圆形无色晶体；c. 色带呈斑块状；d. 颜色呈熔化的糖浆状。

2、缅甸孟素产的红宝石：颜色褐红到深紫红。内部包裹体特征为：a. 蓝黑色色核；b. 缺少金红石包裹体。通常孟素红宝都经过热处理，价格远低于抹谷产的红宝石。

3、泰国产红宝石：颜色呈棕红至暗红，普遍偏深但均匀，透明度较低，双晶裂理发育。内部包裹体特征为：a. 缺少金红石包裹体；b. 含丰富的硬水铝石；c. 中间为黑色晶体包裹体，外形似"煎蛋"的愈合裂隙。

泰国又是红宝石的贸易和热处理中心，世界上80%以上的红宝石来自泰国曼谷，其中约90%是经过热处理改色的，并被大多数市场接受，所以红宝石的国际报价是热处理后的价格，未经热处理的红宝石其单价比热处理的红宝石单价高20%～50%不等。

图8-8 18k镶非加热红宝石钻戒
金重： 7.6g　宝重： 4.41ct
钻石： 1.23ct
品质： Vivid Red（鸽血红）
净度： VVS　产地：缅甸
市场中间价估算约人民币：110万元

4、斯里兰卡产红宝石：颜色呈浅红至粉红，透明度较高，具明显的六边形颜色分带。内部包裹体特征为：a. 长金红石针；b. 黑云母；c. 黄铁矿；d. 环绕锆石晶体的应力裂隙（锆石晕），价格与泰国产红宝石相近。

5、越南或柬埔寨产红宝石：颜色呈粉紫至紫红，漩涡状色带呈指纹状。特征包裹体是：a. 橘黄色软水铝石；b. 扁平金云母片；c. 双晶和愈合裂被褐铁矿浸染成橘黄色，价格低于泰国红宝石。

6、坦桑尼亚产红宝石：颜色较好，红至紫红色，带褐或橙色色调；过多包裹体影响宝石透明度。内部包裹体特征为：a. 金红石针；b. 磷灰石；c. 相交的双晶面稍带白色硬水铝石，红中带紫的价格比泰国红宝石低。经过热处理甚至充填处理仅数百元人民币1克拉。

图8-10 铂金镶红宝钻石挂坠
金重： 13.3g　红宝： 3.77ct
钻石： 3.82ct/49PC
产地： 缅甸
品质： 椭圆刻面　色深玫瑰红　切工好，非加热处理
市场中间价估算约人民币：55.8万元

（四）红宝石的净度和切工的价值关系

红宝石的净度和切工会影响到它的亮度和火彩，但优质的红宝石极其稀少，往往是为了保重而忽略了切工比例，而购买者也因喜爱颜色而降低了对净度的要求。价格鉴定人员应该依据这些差别而扣减等级分数，通常

净度好的红宝石才切磨成刻面型；净度差的切磨成弧面型。当弧面型红宝石具明显星光效应时，其价值应高于普通弧面型。

（五）不同品质红宝石的价格表

表8-12至表8-14为Gem Guide公司宝石报价参考表（$/ct），

资料来源：美国*The Guide*，Fall/Winter，1999～2000（Published by Gemurld Internalional Inc.）

表8-12　红宝石，除缅甸红宝石外（可以经过热处理）（$/ct）

	商业级			好级		很好级		极好级	
	1～2	2～3	3～4	4～5	5～6	6～7	7～8	8～9	9～10
1/2～<1ct	30～65	65～100	100～270	270～575	575～800	800～1150	1150～1800	1800～2500	2500～3300
1～<2ct	40～90	90～300	300～400	400～1200	1200～1500	1500～2000	2000～2600	2600～3800	3800～7000
2～<3ct	50～125	125～325	250～600	600～1650	1650～2100	2100～3350	3350～5000	5000～7200	7200～9900
3～<4ct	70～200	200～350	350～800	800～2350	2350～3400	3400～4675	4675～7000	7000～10000	10000～12900
4～<5ct	80～300	300～600	600～1000	1000～2750	2750～3800	3800～6000	6000～7500	7500～12600	12600～16000
5～<8ct	100～400	400～800	800～1600	1600～3700	3700～5600	5600～8400	8400～12000	12000～16000	16000～19000

表8-13　缅甸红宝石（可以经过热处理）（$/ct）

	商业级			好级		很好级		极好级	
	1～2	2～3	3～4	4～5	5～6	6～7	7～8	8～9	9～10
1/2～<1ct	40～65	65～105	105～300	300～675	675～900	900～1300	1300～2000	2000～3000	3000～4000
1～<2ct	50～100	100～350	350～500	500～1300	1300～1650	1650～2000	2000～3200	2800～4500	4500～8000
2～<3ct	65～200	200～400	400～700	700～1800	1800～2200	2200～3500	3500～5800	5500～8600	8600～12900
3～<4ct	100～300	300～600	600～850	850～2800	2800～3700	3700～5100	5100～8000	8000～12000	12000～16000
4～<5ct	150～400	400～700	700～1200	1200～2900	2900～4000	4000～7000	7000～8900	10000～15900	15900～23500
5～<8ct	200～500	500～900	900～1800	1800～3800	3800～6000	6000～9800	9800～14000	13400～20000	20000～31000

注：未经过热处理的红宝石：0.50～1.00ct的可以加20～25%价，1～3ct的加30～50%价，3ct以上的可以加50～100%。

表8-14　星光红宝石（$/ct）

	商业级 1～4	好级 4～6	很好级 6～8	极好级 8～10
1/2～<1ct	40～	200～575	575～1150	1150～2000
1～<3ct	40～	300～900	900～1300	1300～2300
3～<5ct	50～	800～1650	1650～2750	2750～4000
5～<10ct	50～	1000～2750	2750～4500	4500～6750
10～<20ct	100～	1500～3300	3300～6750	6750～8000

二、蓝宝石（Sapphire）

蓝宝石是除红色外所有其它颜色的刚玉类宝石三氧化二铝（Al_2O_3）的统称，其颜色变化是三氧化二铝含铬以外其他杂质所产生的，这里所说的蓝宝石指蓝色蓝宝石，即含铁（Fe）的三氧化二铝。颜色是影响蓝宝石价值的主要因素，各种颜色又具各自特点，总体要求是鲜艳纯正。最优质的蓝色蓝宝石产自克什米尔，蓝色中微带紫色调，称为矢车菊蓝，但数量极少，品质最佳，其次浓蓝色，淡蓝色又次之，蓝中带灰、黑、绿是更次的品种。

蓝宝石的主要产地有斯里兰卡、缅甸、克什米尔、泰国、中国山东、澳大利亚、马达加斯加等地，不同产地的蓝宝石品质不同，价值也不同。缅甸产的蓝宝石价格低于克什米尔蓝宝石，高于其他产地蓝宝石。

（一）不同产地蓝宝石的包裹体特征与价格关系

1、克什米尔产蓝宝石：微带紫色"矢车菊蓝"是蓝宝石中的极品，还有深蓝至浅蓝色，它们内部包裹体特征为尘点，锆石晕和混浊的颜色分带和电气石、透闪石及沥青铀矿包裹体。

2、缅甸产蓝宝石：具有亮丽的蓝色。内部包裹体特征为，磷灰石，短针状金红石晶体，价格较昂贵（低于克什米尔蓝宝）。高品质未经任何处理的蓝宝石高于其它产地蓝宝石1倍以上。

3、斯里兰卡产蓝宝石：颜色艳丽（浅蓝为主），较高透明度，有别于其它产地的蓝宝石；内部包裹体特征为大量指纹状愈合裂隙，拉长的负晶（拉长的孔洞），云母和锆石晕圈、六边形色带等。

4、泰国产蓝宝石：颜色较深，云雾状外观影响宝石的透明度，内部包裹体特征为较多的软水铝石针状晶体，价格低于缅甸产的蓝宝石。

5、澳大利亚产蓝宝石：颜色偏深蓝，近似于黑色，透明度很低，热处理后才能改善其品质。澳大利亚蓝宝石产量占全世界70%，价格也较低，具较强二色性蓝／绿或紫蓝／绿，内部包裹体特征为长石和锆石及强色带。

6、中国山东产蓝宝石：颗粒大，颜色呈暗蓝色，是含铁过多的原因，过深的颜色影响宝石的透明度。山东蓝宝石除蓝色外还有黄色、绿色、混合色和褐色，其中的金黄色蓝宝石是蓝宝石中的精品，价格高于其它色的蓝宝石。

图8-11 蓝宝石戒面
4.77ct
品质：椭圆刻面 色纯蓝
净度VVS （泰国蓝宝石）
市场中间价估算约人民币：14.45万元

图8-12 铂金镶蓝宝石钻石女戒
金重：9.26g 蓝宝石：9.07ct 钻石（心型）：2.13ct/2PC
品质：蓝宝石 椭圆刻面 色浓蓝 净度VS 切工优
钻石：心型刻面 G色 VS_2净度 切工一般
市场中间价估算约人民币：35.58万元

7、马达加斯加产蓝宝石：颜色为偏灰的蓝色。

(二) 不同品质蓝宝石价格

市场上几乎 90% 以上的优质蓝宝石都经过热处理，未经任何处理的优质蓝宝石的价格高于热处理的蓝宝石 30%～100% 以上，而扩散处理蓝宝石是热处理蓝宝石价格的 1/3 甚至更低。其它特征如星光蓝宝石比同等品质无明显星光效应的蓝宝石价高，但低于透明刻面蓝宝石。表 8-15 至表 8-19 为 Gem Guide 公司蓝宝石报价参考表（$/ct）：

表8-15　刻面型蓝宝石（除缅甸和克什米尔蓝宝石外）（$/ct）

	一般		好		很好		极好	
	1～2	2～3	3～4	4～5	5～6	6～7	7～8	8～9	9～10
1/2～<1ct	25～40	40～60	60～100	100～175	175～250	250～350	350～475	475～760	760～1100
1～<2ct	40～65	65～125	125～225	225～450	450～650	650～1150	1150～1600	1600～2500	2500～3350
2～<3ct	50～85	85～225	225～450	450～750	750～1000	1000～1800	1800～2500	2500～3500	3500～4700
3～<4ct	50～100	100～300	300～625	625～1300	1300～1800	1800～2700	2700～3300	3300～4600	4600～5700
4～<5ct	60～120	120～350	350～650	650～1500	1500～2000	2000～3400	3400～4200	4200～5500	5500～7500
5～<6ct	60～160	160～480	480～850	850～1700	1700～2300	2300～4300	4300～6000	6000～6700	6700～8400
6～<8ct	60～230	230～600	600～1250	1250～2700	2700～3000	3000～5300	5300～6600	6600～7500	7500～8800
8～<10ct	60～230	230～750	750～1500	1500～3200	3200～3900	3900～6400	6400～6900	6900～8800	8800～11500
10～<20ct	80～300	300～900	900～1700	1700～3500	3500～4200	4200～7300	7300～9200	可协商的	可协商的

表8-16　弧面型蓝宝石（$/ct）

	一般 1～4	好 4～6	很好 6～8	极好 8～10
1～<5ct	20～	100～400	400～1500	可协商的
5～<10ct	40～	200～800	800～2500	可协商的

表8-17　星光蓝宝石（$/ct）

	一般 1～4	好 4～6	很好 6～8	极好 8～10
1/2～<1ct	10～40	40～85	85～150	150～225
1～<3ct	25～115	115～300	300～625	625～1000
3～<5ct	50～135	135～550	550～1000	1000～2500
5～<10ct	50～250	250～700	700～1600	1600～4600
10～<20ct	50～250	250～1400	1400～2800	2800～4500
20～<50ct	50～180	180～750	750～2000	可协商的

表8-18　黑色星光蓝宝石（$/ct）

	一般 1～4	好 4～6	很好 6～8	极好 8～10
1/2～<1ct	1～2	2～5	5～10	10～15
1～<5ct	2～4	4～10	10～15	15～20
5～<10ct	2～8	8～12	12～20	20～30
10～<20ct	2～10	10～20	20～40	40～60
20～<50ct	2～8	8～15	15～28	25～40

注：金色亮带的黑色星光蓝宝石比白色亮带的黑色星光蓝宝石的价格可高30%。

表8-19　变色蓝宝石（$/ct）

	一般 1～4	好 4～6	很好 6～8	极好 8～10
1～<3ct	50～	150～300	300～450	450～800
3～<5ct	75～	300～500	500～900	900～1500
5～<10ct	100～	500～700	700～1200	1200～2000

三、祖母绿（Emerald）

（一）祖母绿颜色与价值关系

祖母绿被称为绿色宝石之王，其化学成分是一种含微量铬元素的铍铝硅酸盐矿物（$Be_3Al_2Si_6O_{18}$），通常加工成去角长方型（也称祖母绿型）。它的颜色是影响祖母绿价值最重要因素。品质最佳的祖母绿颜色是翠绿色或带弱蓝的绿色，其次是带弱黄的绿色。如果绿色偏蓝、偏黄过多都将大大影响祖母绿的价值。

图8-13　铂金镶祖母绿钻石女戒
金重：22.7g
祖母绿：9.35ct　钻石：0.53ct
品质：祖母绿刻面
色翠绿　净度VVS　切工优
市场中间价估算约人民币：35.58万元

（二）祖母绿净度与价值关系

祖母绿的净度属于Ⅲ型宝石类。肉眼观察时大量的包裹体（瑕疵）总存在于祖母绿中；大于15克拉，VVS净度的优质祖母绿极其罕见，一般来说肉眼所见包裹体或瑕疵≤5%净度为VVS，≤10%净度为VS，≤15%净度为SI，可将祖母绿分成4等10个级别，见表8-20：

表8-20　祖母绿的综合品质评价

等级 内容	极好	很好	好	一般
颜色	翠绿色，色饱和度高	深翠绿色，带蓝色调，色饱和度高	浅翠绿色，带黄色调，色饱和度中等	绿色明显偏色，色饱和度低
级别	10～8	7～6	5～4	<4
透明度	透明	亚透明	半透明	半透明
级别 净度	VVS 肉眼观察包裹体少于总体级5%	VS 肉眼观察包裹体少于总体级10%	SI 肉眼观察包裹体少于总体级15%	I 肉眼观察大量包裹体15%以上

（三）祖母绿产地与价值关系

祖母绿的主要产地有：哥伦比亚、巴西、俄罗斯乌拉尔山、南非德兰士瓦、澳大利亚和我国新疆，我国云南也有发现但品质较低。不同产地的祖母绿含不同产地特征的包裹体。

1、哥伦比亚契沃矿产的祖母绿：颜色带淡蓝色的绿，内部含有气、液、固三相包裹体和黄铁矿。

2、哥伦比亚穆佐矿产的祖母绿：颜色带淡黄色的绿，内部含方解石、氟碳钙铈矿和气、液、固三相包裹体及黄铁矿。

3、哥伦比亚磨盘矿产的祖母绿：颜色呈翠绿色，内部通常云雾状，含细长条纹。

4、巴西产祖母绿：颜色呈较浅的黄绿色，裂隙多，透明度差，内部含铬铁矿、云母、黄铁矿。

5、俄罗斯乌拉尔山产的祖母绿：颜色呈黄绿色，内部含竹节状阳起石针状包裹体和电气石、云母片。

6、南非德兰士瓦产的祖母绿：颜色呈苹果绿到深绿，内部常含有绿色和褐色云母片及辉钼矿。

7、澳大利亚产的祖母绿：颜色偏浅的绿色，裂隙发育，内部常含锡石和毒砂（一种魄金属矿物）。

8、津巴布韦产的祖母绿：颜色呈暗蓝色色调的明亮翠绿色，内部含弯曲的透闪石针状包裹体，价格低于哥伦比亚祖母绿。

（四）祖母绿的价值

哥伦比亚和巴西产的祖母绿占全世界产量的70%，优质祖母绿几乎都出自哥伦比亚，价值也从几百美元至数万美元每克拉不等。

表8-21　祖母绿（$/ct）

	一般			好		很好		极好	
	1~2	2~3	3~4	4~5	5~6	6~7	7~8	8~9	9~10
1/2~<1ct	15~35	35~55	55~125	125~325	325~500	50~900	900~1250	1250~1850	1850~3200
1~<2ct	20~45	45~120	120~300	300~600	600~800	800~1250	1250~2000	1650~2300	2300~5500
2~<3ct	30~65	65~180	180~500	500~1000	1000~1250	1250~2000	2000~3900	2900~3600	3600~7200
3~<4ct	35~75	75~250	250~625	625~1150	1150~1450	1450~2350	2350~3900	3900~4350	4350~7600
4~<5ct	40~95	95~300	300~800	800~1400	1400~1900	1900~2800	2800~4200	4200~6300	6300~10000
5~<6ct	45~120	120~400	400~1100	1100~1600	1600~2500	2500~3700	3700~6800	6800~9200	9200~11600
6~<8ct	50~140	140~500	500~1350	1350~2350	2350~3250	3250~5770	5700~8000	8000~11300	11300~14000
8~<15ct	55~180	180~600	600~1700	1700~2850	2850~4200	4200~6400	6400~8400	8400~13000	13000~16000

注无色油处理的祖母绿已为世人接受，但价格明显较低；而注彩色油的市场不能接受，鉴定报告中必须注明处理方法，价格低1/3以上。

例：祖母绿通过品质分级为6级好，重量5.4ct。查表8-21每克拉单价约2000美元，美元兑人民币比率1:6.2，实际成交价为60%～90%，取75%

祖母绿价＝2000×5.4×0.75×6.2=50220元，精确到百位即祖母绿成本价为人民币伍万贰佰元整。

1. 图8-14 铂金镶祖母绿钻石挂坠
金重：18.4g 祖母绿：3.555ct 1.44 ct
钻石：0.792ct 0.24ct
品质：祖母绿型 色翠绿
净度：VVS 工艺佳
市场中间价估算约人民币：15.5万元

2. 图8-15 哥伦比亚祖母绿套链坠
祖母绿153.87ct 钻石26.50ct
估价人民币：350～450万
成交价人民币：451万
诚铭国际 2007.11.17

3. 图8-16 祖母绿钻石戒指
祖母绿重7.45ct 色明泽鲜艳 厚度达0.8cm 火光强 透度佳 镶配马眼钻8颗及圆形钻石 共重2.11ct
成交价人民币：11万
上海崇源 2004.7.3

4. 图8-17 祖母绿钻石戒指
祖母绿颜色饱满 火光明亮 内部几近无瑕 祖母绿重13.99ct 镶配二颗长方形钻石 乃贵重珠宝 值得收藏。
成交价人民币：37.4万
上海崇源 2004.7.3

四、金绿宝石（Chrysoberyl）

金绿宝石在有色宝石中占居极为重要的地位，其化学成份为$BeAl_2O_4$。不具特殊光学效应的金绿宝石，市场需求不大，价值不高，本文不做介绍。而金绿宝石中的特殊效应（猫眼效应、变色效应）被列为世界最珍贵宝石品种之一。

图8-18 金绿猫眼配钻石戒指
金绿猫眼重13.69ct，配钻重1.5ct，18k金镶嵌
估价：45万—55万港币
成交价（含佣金）：500万港币
苏富比 2015.10.7

图8-19 18k金镶矽线石猫眼钻戒
金重：6.5g 宝石：7.8ct 钻重：0.26ct
品质：色深褐黄
市场中间价估算约人民币：1.8万元

（一）猫眼（Cat's Eye）

珠宝玉石定名准则规定：只有具猫眼效应的金绿宝石才能无须注明矿物物种直接称猫眼；其它一些具有猫眼效应宝石（如石英、电气石、磷灰石等）必须在猫眼前加矿物物种（既石英猫眼、电气石猫眼、磷灰石猫眼等）

1. 形成猫眼效应的机理

猫眼效应的产生主要是金绿宝石内部存在大量细小密集平行排列的金红石针管状包体，垂直方向切磨后入射到宝石的光线经高折射率金红石针反射成一条明亮光带即猫眼效应。

2. 猫眼的品质评价

猫眼的品质好坏取决于宝石的自身颜色；猫眼光带的完美程度和重量。

3. 猫眼的颜色评价

猫眼可呈现多种颜色，主要有黄、黄绿、灰绿、褐黄至褐色。依据人们的喜爱及珍稀程度依次为：

黄＞深黄＞黄绿＞褐绿＞黄褐＞褐，颜色越浅（如

图8-20 铂金Pt900镶亚历山大猫眼钻戒
金重：13g 宝石：19.08ct
钻石：2.13ct
品质：黄绿色/黄褐 眼线具乳白光无保重
市场中间价估算人民币约：102万元

图8-21 铂金Pt900镶金绿猫眼钻戒
金重：8.5克
宝石：3.22ct 钻石：0.97ct
品质：浅褐黄
市场中间价估算人民币约：7.5万元

灰白色、褐色）颜色品质下降，价值就越低。

4、猫眼光带的评价

猫眼的光带要求居中、平直、完整，与背景的对比要明显，并伴有"乳白"效应。但是随着宝石透明度提高，猫眼效应随之降低；也随着颜色变浅，效应减弱，它们都将引起价格变低。

5、影响猫眼的光带品质和价值的因素：

①平行排列的金红石针管状包体疏密不均和缺失，光带产生断、缺。

②针管状包体的不平行排列，光带会发生弯曲不直。

③切磨的弧面过小，光带就会粗大而不清晰。

④切磨弧度过大，光带虽清晰但过细。

⑤针管状包体粗而疏，光带就会浑浊不清。

上述5点都将影响猫眼的光带品质和价值。

6、切工评价

加工猫眼时为了产生的光带是垂直于平行排列的针管状包裹体而切磨成弧面型，但宝石供应商往往为了保留更多的重量而牺牲它们的切工比例（如，底过厚或缺角等），评价时因对过厚的底及偏离中心的光带因素酌情扣减。

4、综合评价

猫眼的综合评价分为4档10级（见表8-22）。

表8-22 猫眼的综合品质评价

等级	1-4	4-6	6-8	8-10
档次	一般	好	很好	极好
颜色	浅黄、黄灰、褐—褐	黄绿、蓝绿—褐黄	蜜黄—黄绿、褐黄	蜜黄—深黄色
光带	光带居中，但粗，或弯曲切磨弧形有偏差，有保重，微透，有瑕	光带居中、平直，半透明，弧形标准，有保重，中瑕	光带居中、平直，半透明，切磨弧形标准，略有保重，小瑕	光带居中，平直呈三条线，半透明，弧形标准，无保重，无瑕

例：一颗重5.9ct的金绿猫眼宝石，颜色为蜜黄色，光带清晰伴有"乳白"效应，但有小瑕和保重现象，经分析综合品质评价在6-8级范围，很好。查表8-23每克拉单价约2000-2800美元之间，取2500美元/克拉，人民币兑美元汇率1：6.23，折扣率35%（即可下调35%）

金绿猫眼价=2500×6.23×（1-35%）×5.9≈59700元（精确到百元），即金绿猫眼价格为人民币伍万玖仟柒佰元整。

高品质的猫眼，10ct以上价格较高，由买卖双方协商。

第八章 有色宝石的品质与价格鉴定

表8-23 猫眼参考价格表 ct/$

	一般 1-4	好 4-6	很好 6-8	极好 8-10
1/2—＜1ct	40—200	200—300	300—500	500—650
1ct—＜3ct	75—300	300—800	800—1500	1500—2300
3ct—＜5ct	100—600	600—1200	1200—2000	2000—3000
5ct—＜10ct	200—800	800—2000	2000—2800	2800—4500

（二）变石（ALEXANDRITE）

具有变色效应的金绿宝石称为变石或亚历山大石，其它具有变色效应的宝石必须在变色后面加上宝石名称。（如变色蓝宝石，变色石榴石）

1．变色机理

金绿宝石成分铍铝氧化物（$BeAl_2O_4$）中的铝Al被微量杂质铬Cr元素替代，造成宝石允许等量的红光和绿光通过，而吸收大部分其他波长的可见光。当外界红光充足时（白炽灯）宝石显红色，当外界蓝绿光充足时（日光）宝石呈现绿色，即变色效应。这种效应仅局限于颜色色彩的变化，颜色的明度和饱和度维持不变。它们在红/绿色彩上虽无法与红宝石的红色、祖母绿的绿色相比，但足以引起人们的关注和兴趣。

2．变色效应的评价

①变石的颜色评价

晚上（白炽灯下）颜色好坏依次是红色、橙红、紫红、粉红。

白天（日光下）颜色好坏依次是翠绿、绿、蓝绿、淡绿。

②变色的效果评价

变色的效果就是颜色色彩的转控能力

图8-22 铂金亚历山大变石钻戒
亚历山大变石重7.72ct，配钻重0.10ct，铂金镶嵌
估价：5.5—7.5万美元
成交价（含佣金）：8.125万美元
苏富比 2015.9.25

表8-24 色彩的转控能力评价（%）

＞80%	80%—60%	60%—40%	＜40%
极好	很好	好	一般

③变石的综合评价

表8-25 变石的综合评价

效果 \ 等级		10-8	8-6	6-4	4-1
描述		极好	很好	好	一般
变色百分率%		＞80	80-60	60-40	＜40
颜色	白炽	红色	橙红色	紫色	粉色
	日光	翠绿	绿	蓝绿	淡绿
切磨质量		切磨标准，无保重，无瑕	切磨标准，略有保重，小瑕	切磨标准，有保重，中瑕	切磨一般，保重，有瑕

例：一颗亚历山大变色猫眼宝石重：8.5ct，不同的光源下颜色在日光/荧光灯下呈蓝绿色/紫红色，经测定变色能力约80%，无瑕但略有保重；经综合评价分析在6-8级、属很好，由于宝石大于5克拉，且是变色猫眼石，无参考价格。我们按变石的参考价，增加50%计价，人民币兑美元汇率1：6.3。

变色猫眼价=7000×8.5×6.3×（1+50%）≈562200元（精确到百元），即亚历山大变色猫眼价格为人民币562200元。

表8-26 变石参考价格表 $/ct

	一般1—4	好4-6	很好6-8	极好8—10
<1/2ct	100—300	700—2000	2000—3000	3000—4000
1/2—<1ct	150—450	1200—2900	2900—4400	4400—7200
1ct—<2ct	200—500	1500—4000	4000—7500	7500—10000
2ct—<3ct	500—700	3000—6000	6000—10000	10000—15000
3ct—<5ct	750—1000	4000—7000	7000—15000	15000—23000

3ct以上的变石罕见，大于5ct的变石可以协商；如果一颗猫眼同时具变色效应就极其罕见，价格完全由协商确定。

合成变石的方法已相当成熟，通常每克拉单价50—100美元之间。

图8-23 亚力山大变色猫眼配钻戒
亚历山大变色猫眼重：5.1ct，
配钻重3.65ct，铂金镶嵌
估价35万—43万港币
成交价（含佣金）43.75万港币
苏富比 2015.10.7

图8-24 亚历山大石配钻戒
亚历山大变石重5.77ct，
配钻重3.2ct，铂金镶嵌
估价32万—45万港币
成交价（含佣金）40万港币
苏富比 2015.10.7

第九章 有机宝石珍珠的品质与价格鉴定

第一节 珍珠的基本概念

一、珍珠的形成

珍珠（Pearl）是有机类宝石，贝类或蚌类等动物由于异物的侵入，贝体分泌出由碳酸钙（$CaCO_3$）、有机质（贝壳硬蛋白）和水组成同心圆呈放射状结构的珍珠层。异物自然入侵形成的珍珠称天然珍珠；异物由人工植入后形成的珍珠称养殖珍珠（也称珍珠）。

二、珍珠的分类

珍珠分类方法有多种多样，不同的分类原则有差异。

1、按成因分类：

（1）天然珍珠：在贝、蚌体内自然形成的珍珠。

（2）养殖珍珠：以人工的方法在贝、蚌体内植入异物后形成珍珠；进一步分为有核珍珠和无核珍珠。

图9-1 18K金镶金珍珠钻石女戒
金重：5.6g 珍珠：φ14mm 钻石：0.13ct
品质：正圆 珠光强 颜色金黄（海水球）
　　　外表基本无瑕
市场中间价估算约人民币：2.8万元

图9-2 金珍珠项链
φ15—φ11.5mm
品质：色金黄 圆球形 光泽中
　　　珠层中等 光洁度小瑕
市场中间价估算约人民币：12.3万元

2、按水域环境分类：

(1) 海水珍珠：在海水的贝类中产出的珍珠。

(2) 淡水珍珠：在江、河、湖泊、池塘中的蚌类中产出的珍珠。

3、按是否有核分类：

(1) 有核珍珠：在贝、蚌体内植入珠核后形成的珍珠。

(2) 无核珍珠：在贝、蚌体内植入外套膜小片，形成珍珠后外套膜腐烂呈空囊的珍珠。

4、按是否附着贝壳分类：

(1) 贝附珍珠：珍珠附生在母贝或蚌壳上。

(2) 游离珍珠：单独在贝或蚌体内的珍珠。

5、按产地分类：

(1) 东珠：即产于亚洲的东方国家的珍珠，主要产于日本。

(3) 西珠：产于欧洲海域的珍珠。

(3) 南珠：产于中国南海北部湾（广东、广西、海南）海域的珍珠，也称合浦珠。

(4) 北珠：产于我国黑龙江的珍珠。明末清初因乱采几已绝种。

(5) 南洋珠：产于东南沿海海域国家大珍母贝的珍珠。

(6) 澳洲珠：产于澳大利亚的海水珠，具很强的银白色光泽，颇具盛名。

(7) 波斯珠：又称东方珍珠，产于波斯湾的珍珠。

(8) 马纳尔珠：产于马纳尔海湾的珍珠，具有独特的金黄色和金属铁灰色。

(9) 大溪地珍珠：产于南太平洋法属波里尼西亚北群岛的大溪地的优质黑珍珠。

(10) 中国淡水珠。

6、按产珠贝、蚌分类：

(1) 马氏贝珍珠：产珠贝产于中国广西合浦。

(2) 白蝶贝珍珠：从白蝶贝中产出的珍珠。

(3) 砗磲贝珍珠：由砗磲贝产出的珍珠。

(4) 黑蝶贝珍珠：产于黑蝶贝的珍珠。

(5) 鲍鱼贝珍珠：产于鲍鱼贝的珍珠。

(6) 海螺珍珠：产于海螺内的珍珠。

(7) 池蝶蚌珍珠：产于池蝶蚌的珍珠，主要生长淡水珠。

(8) 三角蚌珍珠：产于三角形蚌的珍珠。

7、按用途分类：

(1) 饰用珍珠：用作首饰的珍珠。

(2) 药用珍珠：用以制药的珍珠。

(3) 保健珍珠：增进营养，防病的珍珠。

(4) 工艺珍珠：不同外形、形象的珍珠。

8、按形状分类：正圆、椭圆、半圆、梨圆、泪滴形、连体、异形等千姿百态的形状。

图9-3 18k镶珍珠钻石挂坠
金重：5.6g 钻石：1.58ct
品质：直径17mm 海水贝附珍珠
市场中间价估算约人民币：1.48万元

9、按大小分类（以合浦珠为准）：
(1) 超特大珠：>8.0mm以上。
(2) 特大珠：7.5～8.0mm。
(3) 大珠：7.0～7.5mm。
(4) 中珠：5.5～7.0mm。
(5) 小珠：5.0～5.5mm。
(6) 厘珠：2.0～5.0mm。

10、按商业习惯分类：
(1) 海水珠：进一步分天然海水珠、海水珠。
(2) 淡水珠：进一步分天然淡水珠、淡水珠（包括有核淡水珠、无核淡水珠、工艺珠、附壳珠）。
(3) 仿制珠：用塑料、玻璃珠涂上模仿珍珠光泽的生物涂料的人造珍珠。

11、按颜色分类：
(1) 白色系列：纯白、银白、极白、瓷白等白色调的珍珠。
(2) 红色系列：粉红、玫瑰红、红带绿、红带紫等红色调的珍珠。
(3) 黄色系列：浅黄、米黄、金黄等黄色调的珍珠。
(4) 深色系列：黑色、蓝黑、灰黑、褐黑、古铜色、蓝褐、紫褐等深色调的珍珠。

综上所述，宝石学的珍珠分类参见表9-1：

表9-1 珍珠的宝石学分类一览表

分类方法	珍珠名称
按成因分	天然珍珠、养殖珍珠、客旭珠
按形成水域环境分	淡水珍珠、海水珍珠
按珍珠是否有核分	无核珍珠、有核珍珠
根据珍珠是否附着贝壳分	贝附珍珠、游离珍珠
按产地分	南洋珠、大溪地珍珠、中国淡水珍珠、阿古屋珍珠、琵琶珠、东方珍珠、印度珍珠、合浦珍珠
按大小分	特大珍珠、大珠、中珠、小珠、细厘珠、子珍珠
按形态分	正圆珠、圆形珠、椭圆形珠、异形珠；扁平珠、包头珠、梨形珠、蛋形珠、腰鼓形珠等
特殊的软体动物分泌的珍珠分	鲍贝珍珠、海螺珍珠、蛤珍珠、贝珍珠
按用途分	饰用、药用、美容用、保健用珍珠等
按颜色分	白色、红色、黄色、深色系列珍珠

第二节 珍珠的鉴定

珍珠的形成原因有多种多样，它们的仿制品也多种多样，本节简单介绍珍珠及仿制品的鉴定特征，供价格鉴定人员参考。

一、珍珠与仿制珍珠的鉴定

由于人造珍珠仿真性好，容易造成真假难分，目前市场上的仿珍珠大致可分四类：

1、涂料珍珠即塑料珠：初看漂亮，细看呆板，色泽单调，手感轻，易脱皮。
2、充蜡玻璃仿珍珠：手感轻，钻孔处针感柔软。
3、实心玻璃仿珍珠：玻璃质明显，表面光滑，针划不动。
4、植物涂料仿珍珠：仿真效果好，不易识别，但缺珍珠纹理，似蛋壳表面。

珍珠与仿制珍珠的鉴别见表9-2。

表9-2　珍珠与仿制珍珠的鉴定

类型 鉴别方法	珍　珠	仿制珍珠
手摸法	手摸爽手，凉快感	手摸有滑腻感，温感
牙咬法	牙咬无滚滑感，常有凹凸感，用牙咬若用力，响声清脆，表面无凹陷牙痕，无珠层局部脱落	牙咬有滚滑感，在牙上轻磨之，感觉光滑，用力咬，表面出现凹陷牙痕，甚至珠层局部脱落
直观法	表面有天然肌理纹，可见光泽颜色的不统一，形状多为圆形、不规则形，即使一串珍珠项链，其大小也会存在一些差异，具有自然的五彩珍珠光泽	珍珠的钻孔处有小块凸片，形状多为珠形，圆度较好，表面微具凸点，缺乏特有的珍珠光泽所发出的虹彩光泽，颜色非常统一、单调、呆板
嗅闻法	轻度加热，无味，嘴巴呼气，珍珠呈气雾状	轻度加热，人造珍珠有异味、臭味，将之放近嘴边，呈现水汽
放大观察法	表面有纹理，能见到碳酸钙结晶的生长状态，好像沙丘被风吹的纹状	只能看到类似鸡蛋壳表面那样高高低低的很单调的状态
弹跳法	将珍珠从60cm高处掉在玻璃板上，反跳高度20～25cm	同样条件下，人造珍珠只能反跳15cm以下，而且连续弹跳比珍珠差
溶液浸泡法	当放入丙酮溶液中摇振数分钟，光彩如常	同样条件下，只需摇振1分钟，表面光泽全部消失
烧灼法	将之放置在石油气炉上灼烧，珍珠未出现黑烟色，表层完好，未见脱落，仍有珍珠光泽，灼烧时间延至1～2分钟，有微小爆裂声响，用指甲刮时出现珠层脱落，呈多数裂片状、弧形、银灰色，具光泽，易形成粉末	同样条件下，人造珍珠出现火光，烧灼面呈黑色，如锅底状，水洗后表面珠层脱落，露出珠核，失去光泽，烧灼时间延至1～2分钟，珠核裂成两半
偏光镜观察	几乎全透光或半透明，有珠核（不透光部分），轮廓较圆	透明层不是一个均匀的圆环形
荧光法	南珠一般会发出淡蓝色荧光	一般无荧光
其他方法	珍珠密度在2.73g/cm^{3}左右，珍珠溶于盐酸	大多为玻璃珠、塑料珠等，可根据和珍珠密度的明显差异区别。与酸无反应

二、天然珍珠与养殖珍珠的鉴定

天然珍珠与养殖珍珠的鉴定见表9-3。

第九章 有机宝石珍珠的品质与价格鉴定

表9-3 天然珍珠与养殖珍珠的鉴定

鉴别方法	天然珍珠	养殖珍珠
经验法	质地细腻，透明度、光泽较养殖珍珠好，外形多不规则，直径较小	形状多为圆形，个头较大，珠光不及天然珍珠强
密度差鉴别法	在密度为$2.713g/cm^3$的重液中，80%的个体漂浮	在同样重液中，90%的个体下沉
强光源下放大观察	结构均一，透明度好，有强烈晕彩与光环，表面有细小纹丝，质地细腻，表面光滑，珠层较厚	可看到突出的珍珠母核的一些平行层灰白相间的条带，呈半透明的凝脂状外表，表面常有凹坑，质地松散，珠光不如天然珍珠强
磁场反应法	在磁场中无旋转现象	当轴与NS方向斜交时，发生转向，直到轴与NS方向垂直时不转向
珍珠内窥镜	当光从针孔的一端射入时，在另一端的镜上看到光的闪烁	当光从针的一端射入时，在另一端的镜上看不到光（因光沿珠核折射）
X射线衍射[1]	劳埃图上出现六方图案的斑点，核小或无，珍珠层厚	出现四方图案的斑点，有珠核（大），珍珠层薄
X射线照相	照片底片色调均匀	照片底片上，外层的珍珠质在色调上暗于珠母核
紫外线摄影法	阴影颜色较均匀一致	在核层与光线垂直情况下，产生深沉阴影，仅周边颜色较浅
X荧光法	在X射线下不发荧光（海珠）	在X射线下发荧光（蓝紫色）
偏光镜观察	几乎全透光，明暗差小	透明层较白，明暗差较显
光照透射法	看不到珠核、核层条带、无条纹效应	大多数呈现条纹效应，可以看到珠核、核层条带

[1]表9-3中X射线衍射法中产生的劳埃图较能确定是天然珍珠还是养殖珍珠。天然珍珠主要由放射状排列的碳酸钙结晶体组成，呈假六方对称生长，X射线从任一方位上透过，劳埃图中的点均呈假六方对称式分布；在人工养殖珍珠中，仅一个方位上的劳埃图为假六方对称形式，而其他所有方位上，由切过碳酸钙晶体生长方向的X射线产生模糊的假四方对称形式。

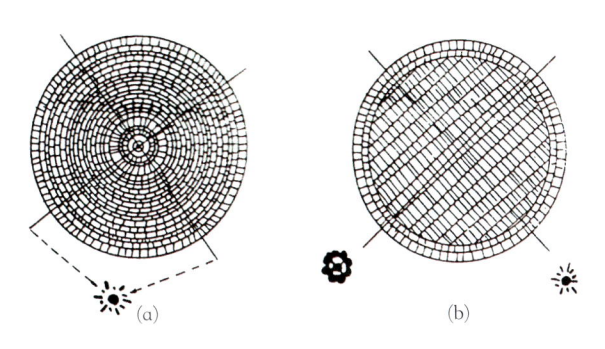

图9-4
用X射线鉴定珍珠的劳埃图
(a)天然珍珠 (b)养殖珍珠

三、天然黑珍珠与染色黑珍珠的鉴定

由于黑珍珠产量低,比较珍贵,常有人用珍珠染色后高价出售。有时黑珍珠和染黑珍珠外观几乎完全一样,珍珠层也不透光,肉眼鉴定比较困难,表9-4列出了黑珍珠与染黑珍珠的区别。

表9-4 天然黑珍珠与染色黑珍珠的鉴定

类型 鉴别方法	天然黑珍珠	染色黑珍珠
粉末法	粉末颜色为白色	粉末颜色为黑色
紫外荧光法	长波紫外线照射,发出粉红到明亮或黑红色荧光	长波紫外线照射,则显示惰性或只发灰白荧光,有少数不发荧光,只要不发浅红色荧光,就足以证明是假色的,而且若发红色荧光的黑珍珠是养殖珠,则它必然是人工染色的,若近乎透明的表层有绿色棒状包体,无荧光,也是人工处理的
X射线荧光光谱法	在能量散射X光荧光系统下,无染色银盐的银光谱	同样条件下,有染色银盐的银光谱
X射线照相法	在珠母质、壳角蛋白和珠核之间有一明显的连接带	在X射线照片上呈白色条纹(由于银对X射线有蔽光性)
肉眼观察法	色非纯黑色,而是有轻微彩虹样的闪光的深蓝黑色,或带有青铜色调的黑色,碎布蘸5%的硝酸摩擦珍珠,白布不带黑	颜色纯黑色,颜色均一,光泽差,用碎布蘸5%的硝酸摩擦珍珠,有黑色污迹,不过对硝酸银染黑者无效,同时对腐蚀了壳基质变成黑色的也无效
交叉滤光镜下	显暗淡红光	无反应
大小法	天然一般较小,为4.5～7mm	颜色很黑的8mm或<8mm呈灰白色、绿色、蓝绿色调的黑珍珠常是人工处理的
表面特征	较光滑	用银盐染色的珍珠,因珍珠层受到腐蚀,会产生细微的折皱,不自然的斑点、裂隙,珠孔处有药品处理过的痕迹(放大镜或显微镜下观察)
红外线照相法	用柯达红外线胶片照相,黑珍珠呈现绿青色的像	染色黑珍珠呈现从青绿色到黄色的像

图9-5 18k金扣黑珍珠项链
品质:珠直径:10-15mm,36粒
外表光洁无瑕疵 具孔雀绿反光
市场中间价估算约人民币:2.3万元

四、有核与无核珍珠的鉴定

淡水珍珠中有核与无核珍珠，外观和品质差别不大，但正圆的无核珍珠比有核珍珠价值高出10倍，因此对于高品质珍珠有核无核必须正确鉴定，参见表9-5。

表9-5 有核、无核珍珠的鉴定

	有核珍珠	无核珍珠
密度法：$2.7g/cm^2$重液	密度$2.8\sim2.7g/cm^3$ 下沉	密度$2.7\sim2.5g/cm^3$ 上浮
磁场反应法：不同角度垂放于磁场	发生旋转；C轴与NS垂直而停止	静止不转
形态	多数形态好圆，少数异型	多数长形、扁圆形、异形，少数圆形
强光透射法	可见珠核的平行条带	无平行的条带
X射线照相	可见珠核与珍珠层分界线	不见分界线，可见同心圆

五、海水珠与淡水珠的鉴定

海水珠与淡水珠较容易区别，见下表9-6。

表9-6 海水、淡水珍珠鉴定

	海水珍珠	淡水珍珠
形 态	外形较圆，少皱纹	外形呈椭圆或不规则，少见圆，常见勒腰、皱纹
表面特征	颜色较好，光滑度好，光泽强	颜色好，光滑，光泽稍差
珠孔现象	可见珠核，珍珠层与核分界明显	不见珠核，无分层界线（无核）
微量元素	含纳、钾、钡、锶较高	含锰、铁较高

第三节 珍珠的品质鉴定

珍珠的品质鉴定主要依据形状、颜色、光泽、珍珠层厚度、光洁度及匹配程度。

一、珍珠的形状

珍珠的外形是确定珍珠品质和价值的重要因素，它们对珍珠总的品质质量影响达20%，受生长环境和条件等各种因素的影响，外形好的珍珠数量极为罕见，价格就高。海水养殖呈圆球形珠比天然珠或淡水珠高，这是由它们内部同心圆结构决定的，一般海水养殖呈圆形珠达50%～60%，淡水珠只有10%～30%，它们受外界生长条件和珍珠囊的形态等影响。

从圆形到异形的珍珠之间的价格是渐变的，每级之间的价格差约15%～20%。

1、圆珠

(1)正圆珠（古代又称走盘珠），是形态最好的珍珠，直径误差小于1%。
(2)圆形珠，直径误差1%～5%。
(3)近圆珠，直径误差5%～10%。

2、变形珠：也称非正圆珠，外形不规则的珍珠

(1)椭圆珠，长短直径比约10%～20%。
(2)异型珠，长短直径比大于20%，包括馒头珠、泪滴珠等。

图9-6 18k镶海水珍珠钻石挂件
金重：5.6g 钻石：0.61ct
直径：17mm
珠形：正圆　颜色：银白
珠光：强　珠形：正圆
市场中间价估算约人民币：2.1万元

3、艺术珠：奇形怪状的珍珠，富有想象的选择，如：动物、观音像等外形。

二、珍珠的颜色

珍珠的颜色有许多种，主要受生长水域不同的致色元素卟啉体影响；由珍珠体色的伴色和晕彩综合而成。

1、珍珠的体色：是指珍珠的背景色，主要由贝母生长水域含不同类型和微量的"金属卟啉体"及各种色素差异形成不同的体色。色彩如粉色珍珠含卟啉体比白色珍珠高，光泽差的劣质珍珠卟啉体低等。

2、珍珠的伴色：是珍珠表层与内部形成珠层，引起光的干涉、衍射和漫反射形成珍珠特有的色彩，这种色彩叠加在体色上所产生的伴色色彩有绿色、玫瑰色、银白色、古铜色等。

3、珍珠的晕彩：是珍珠光泽、体色和伴色叠加产生的综合颜色的感觉，好的晕彩更能增加珍珠的美感和品质，它是一种可变化的彩虹色彩。

国际市场上把珍珠颜色分成三类：

Ⅰ类白色系列：（如大部分淡水珠、海水珠）粉色和白色带有玫瑰色伴色最佳，粉色次之，再者白色、深奶黄色最次，价值也随之下降，它们占整个珍珠产量的90%。

Ⅱ类黑色系列：大溪地黑珍珠，具孔雀绿伴色最珍贵，其次粉红、紫铜色伴色。

Ⅲ类彩色系列：如金色、黄色、绿色、粉色珍珠。

品质鉴定分级时颜色和大小不作分级，只作描述。颜色的描述以体色为主，伴色和晕彩为辅。

三、珍珠的光泽

珍珠的美丽来自于光泽，由珍珠层表面对光的反射和散射、珍珠内层对光反射、珍珠层表面的反射光与内层反射光的干涉和薄珍珠层之间干涉所叠加形成的彩虹就是珍珠光泽。

珍珠光泽是珍珠品质最重要的因素，它受生长水域环境好坏、贝母的健康与否、水体微量元素、生长时间长短等多种因素影响。一般而言珍珠层越厚，碳酸钙排列越有序，珍珠光泽越高，表面也显得越圆润。

正因为珍珠的美是由它特有的珍珠光泽产生，因此珍珠光泽是珍珠品质中最具特征的要素，也是珍珠层厚度的外在指示剂。珍珠光泽的品质根据其表面反光影像分成A、B、C、D四级，见表9-11、表9-12。

图9-7 美丽的珠光与晕彩

四、珍珠层厚度

珍珠珠层厚度是珠核表面到珍珠层之间的距离,它与生长时间、速度、水质有关,珠层越厚珍珠光泽越强。贝种不同,珍珠层厚度不同,我国对珍珠层厚度分为A、B、C、D、E五级,见表9-11、表9-12。通常珠层厚度在0.5mm以上,会感觉到珍珠光泽明亮而圆润。

珍珠层越厚,珍珠光泽越强,价值越高,南洋珠的珍珠层可达2mm,品质较优,我国规定小于0.3mm为不合格珍珠。

图9-8 壳内的天然珍珠

五、珍珠光洁度

珍珠的光洁度(又称皮光度或净度)是指珍珠表层的光滑程度或瑕疵。珍珠表面的瑕疵包括凹坑、黑斑、缺陷、纹理及剥落等。瑕疵的多少和分布的位置将直接影响珍珠的品质及寿命,同样也影响其价值,因此真正完全光滑无瑕的珍珠极少见,多数珍珠表面是有一些瑕疵的。2003年我国实施了海水、淡水珠光洁度的A、B、C、D、E等级标准,见表9-11、表9-12。

六、珍珠的匹配

匹配是将两颗或两颗以上珍珠配合在一起使用,如耳坠、项链等,它们要求颜色、尺寸、光泽基本一致,实际上这种匹配并不容易,所花费的时间和成本也较高。品质好、匹配好的珍珠可增值约15%~20%,如果一颗优良品质的珍珠1000元,两颗匹配好的优质珍珠达2400元,同样一串长45cm的优质12mm~16mm大溪地黑色珍珠,可能花费数年时间,批发价可达10万美元。匹配的珍珠一般分为很好A、好B或一般C三个等级。

此外,有时首饰中形状不完全一致的珍珠匹配时会产生意想不到的美感及价值,这种情况主要体现异形珍珠的匹配设计。因此,品质鉴定最主要是体现美学的认知效果。

图9-9 养殖金珠双链和金珠耳坠一副
项链:珠直径:11.3-15.8mm,65粒
耳坠:珠直径:14.1mm
成交价:25万港币

表9-7 养殖珍珠匹配性分级

匹配性级别		质量要求
很好	A	形状、光泽、光洁度等质量因素应一致,颜色、大小应和谐有美感或呈渐进式变化,孔眼居中且直,光洁无毛边
好	B	形状、光泽、光洁度等质量因素略有出入,颜色、大小较和谐或基本上呈渐进式变化,孔眼居中无毛边
一般	C	颜色、大小、形状、光泽、光洁度等质量因素较明显不同,孔眼略歪斜且有毛边

七、珍珠的尺寸大小（或重量）

珍珠的尺寸大小或重量决定着珍珠的价值。价格鉴定时首先考虑珍珠的大小，尺寸越大越稀有，价格就越高。通常珍珠的价值与重量的平方成正比。

1、国际上散珠的计量单位是格令（gr.），又称珍珠哩

1格令=1珍珠哩=0.25克拉=0.05克

2、香港、日本珍珠交易时使用毛美

1毛美=3.75克 =18.75克拉=75格令（毛美只适用于大宗交易）

3、成串的珍珠通常采用珍珠的直径，以毫米（mm）计量，以均一尺寸计价，即一串珠链可允许一定的误差，如6.5mm～7mm、8mm～10mm之间的变化，超过10mm的误差范围相对大（如10.5mm～15mm）。珍珠的大小决定了珍珠的品质，同样也决定了价值。

一般来说，海水珠比淡水珠大，淡水珠一般小于6mm，超过8mm的属大珍珠；而海水珠普遍大于9mm。海水珠大于11mm或淡水珠大于8mm的以粒论价。

球型珠的直径和重量之间有很好的对应关系，见下表9-8。

表9-8 球形珍珠直径重量表

直径/mm	重量/ct	直径/mm	重量/ct
2.0	0.06	11.5	10.75
2.5	0.11	12.0	12.22
3.0	0.19	12.5	13.81
3.5	0.30	13.0	15.53
4.0	0.45	13.5	17.39
4.5	0.64	14.0	19.40
5.0	0.88	14.5	21.55
5.5	1.18	15.0	23.86
6.0	1.53	15.5	26.32
6.5	1.94	16.0	28.95
7.0	2.42	16.5	31.75
7.5	2.98	17.0	34.73
8.0	3.62	17.5	37.89
8.5	4.34	18.0	41.23
9.0	5.15	18.5	44.76
9.5	6.06	19.0	48.49
10.0	7.07	19.5	52.42
10.5	8.18	20.0	56.55
11.0	9.41		

注：穿孔珍珠，直径为5mm的珍珠，重量均减去0.01ct。

八、珍珠的综合品质鉴定

珍珠品质的综合评级分成二类：珠宝级和工艺级。

珠宝级珍珠：光泽>C，光洁度>C（≥9mm为D），珠层厚度>D

工艺级珍珠：不符上述要求的珍珠称工艺级珍珠。

珍珠分级条件是白光（与钻石分级相近），中性环境（黑、白、灰），肉眼和10倍放大镜结合观察。

表9-9是美国珍珠协会对养殖珍珠品质的分级标准，为六级；表9-10是大溪地黑色珍珠的分级，为四级。

表9-9　美国珍珠协会养殖珍珠的品质分级

品质级别	光洁度	颜　色	珍珠层厚度	光　泽	形　状
宝石级	几乎无污点	玫瑰色、白-粉红色、银-粉红色、白-银色	厚、平坦、层、丝般光滑	镜面发光	正圆形
好	非常少污点	乳玫瑰色、玫瑰色、白-粉色、银-粉色、白-银色	重、厚、平坦分层	明亮，似玻璃明亮的表面光彩	大体上圆
商业顶级	很少污点	玫瑰色、白-粉色、银-白、白-浅绿、粉色、白色	中等厚、平坦分层	明亮光泽，明亮的表面	大部分圆-非常少量扁圆
较好的商业级	很少的污点	白-粉、白-浅绿、粉、白	中等厚	平均亮度	圆-稍扁圆
商业级	污点	白-黄	薄、不平坦分层	也许有微小的亮度	圆-稍扁圆-半异形
促销级	很多污点	白垩色至黑褐色和黄色	非常薄、无平坦分层	光泽很弱，通常非常暗淡	圆-半异形

表9-10　大溪地黑珍珠的品质分级

级　别	光　泽	瑕　疵
A级	很好	表面无瑕疵或肉眼可见个别瑕疵
B级	较好	肉眼所见的瑕疵占1/3以下
C级	较好	肉眼所见的瑕疵占1/3至2/3
D级	不论光泽与否	表面有较多明显的瑕疵

注：这一分级系统是指在珍珠大小、圆度和伴色等基本相同等情况下的分级。

2003年11月1日实施的由国家质量监督检验检疫总局发布的珍珠分级标准(表9-11、9-12)：

表9-11　海水珍珠评级

1、形状		
级别		直径差百分比%*
正圆	A_1	≤1
圆	A_2	≤5
近圆	A_3	≤10
椭圆、水滴、梨形	B	>10
扁平	C	具对称性，有一面或两面近似平面状
异形	D	形状不规则，表面通常不平坦，没明显对称性，可能是某一物体形态的相似形
2、光泽		
级别		反射光
极强	A	特别明亮、锐利、均匀，表面像镜子，影像很清晰
强	B	明亮、锐利、均匀，影像清晰
中	C	明亮、能照见物体影像
弱	D	较弱，能照见物体，但影像较模糊

(续表) 表9-11 海水珍珠评级

3、珠层厚度		
级别		珠层厚度（mm）
特厚	A	≥0.6
厚	B	≥0.5
中	C	≥0.4
薄	D	≥0.3
极薄	E	≥0.3
4、光洁度		
级别		珠皮
无瑕	A	以肉眼观察，表面光滑细腻，极难看到表面有瑕疵
微瑕	B	表面有非常少的瑕疵，似针点状，肉眼较难看见
小瑕	C	有较小的瑕疵，肉眼易看到
瑕疵	D	瑕疵很明显，占表面面积1/4以下
重疵	E	瑕疵很明显，严重的占表面面积1/4以上

*珍珠的最大直径与最小直径之差和最大与最小直径之平均值之比的百分数

表9-12 淡水珍珠评级

1、形状			
级别			直径差百分比（%）
圆形类	正圆	A_1	≤3
	圆	A_2	≤8
	近圆	A_3	≤12
椭圆形类	短椭圆	B_1	≤20
	长椭圆、水滴、梨形	B_2	>20
扁圆形类（具对称性，有一面或两面近似平面状）	高形	C_1	≤20
	低形	C_2	>20
异形		D	形状极不规则，表面通常不平坦，没明显对称性，可能是某一物体形态的相似形
2、光泽			
级别			反射光
极强		A	很明亮，锐利均匀，影像很清晰
强		B	明亮，能照见物体影像
中		C	不明亮，能照见物体，但影像较模糊
弱		D	全部为漫反射光，光泽呆滞，几乎无影像
3、光洁度			
级别			
无瑕		A	以肉眼观察，表面光滑细腻，极难看到表面有瑕疵
微瑕		B	表面有非常少的瑕疵，肉眼易看到
小瑕		C	有较小的瑕疵，肉眼易看到
瑕疵		D	瑕疵明显，占表面面积1/4以下
重疵		E	瑕疵很明显，占表面面积1/4以上

注：1、珠层厚度参照海水珠。
2、该标准对珍珠的光泽、光洁度、圆度及珠层厚度（有核珍珠）进行独立分级，只是海水珠、淡水珠分级要求不同。
3、颜色和大小，品质鉴定时只作描述，不作分级，其中，颜色描述以体色为主，伴色、晕彩为辅。

第四节　珍珠的价格鉴定

珍珠制成的首饰在我国有较成熟的市场，对于高品质的珍珠首饰，国内需求量正在逐步扩大，对它们的价格鉴定可以通过市场调查、销售或拍卖记录及查找相关的报价表（Gem Guide）等手段，根据标的海水珠、淡水珠、串珠长度、匹配度进行调整，确定其价值。但是许多因素不是一成不变的，评判珍珠的品质其实存在很大弹性和差异，参考体系的确定、依据鉴定目的和品质分级的准确性及市场资料收集的准确性是至关重要的因素。

一、市场法价格鉴定

珍珠的市场销售目前主要是散珠，即海水、淡水珠（包括已镶嵌的单粒或多粒珍珠），珍珠链即海水珠链和淡水珠链二类，价格鉴定时它们的品质受光泽、形状、光洁度、珠层厚度及颜色、匹配度等因素的影响进行调整，还受文化底蕴和消费群体喜爱的制约，以此来确定标的珍珠之价格。丘志力等提出了散珠、珠链的市场估价模型，本人根据市场调查作了改进，见表9-13。

基本公式：

散珠价格鉴定值=基准价×形状系数×光泽系数×光洁度系数×珠层系数
×尺寸系数×匹配系数×颜色系数×其它系数

其它系数：包括颜色、优化处理、海水、淡水等因素系数，系数值为0.5～1.5之间变化。

表9-13　珍珠价格系数表

系数(%)	尺寸(mm)	形状			光泽		光洁度		珠层厚度		匹配		颜色
		级别	直径误差%		级别	反射光	级别	珠表面	级别	珠层厚度(mm)	级别	品质要求	
			海水	淡水									
330	11.0												黑色，伴色呈孔雀绿色
260	10.5												
200	10	正圆 A_1	≤1	≤3					特厚 A	≥0.6			金黄色，伴色粉红色
160	9.5				极强 A	影像很清晰特别明亮，均匀	完美 A	肉眼极难见表面瑕疵					
130	9.0	圆 A_2	≤5	≤8					厚 B	≥0.5	很好 A	孔居中，颜色、大小和谐，形状、光泽光、洁度一致	粉红色，伴色呈玫瑰色或蓝、绿色
110	8.5				强 B	影像清晰，均匀，明亮							
100	8.0	近圆 A_3	≤10	≤12			微瑕 B	肉眼难见表面瑕疵	中 C	≥0.4	好 B	孔居中，颜色、大小和谐渐变，形状、光泽、光洁度有差异	银白色，伴色呈浅粉红色
90	7.5				中等 C	明亮，能照见物体影像，淡水模糊							

(续表)　　　　　　　　　表9-13　珍珠价格系数表

系数(%)	尺寸(mm)	形状			光泽		光洁度		珠层厚度		匹配		颜色
		级别	直径误差%		级别	反射光	级别	珠表面	级别	珠层厚度(mm)	级别	品质要求	
			海水	淡水									
80	7.0	椭圆B	>10	≤20			小瑕C	肉眼易见表面瑕疵			一般C	孔歪斜，颜色、大小、形状、光泽、光洁度明显不同	浅黄色，伴色浅粉色或蓝色
70	6.5	扁圆C	一面近似平面	>20					薄D	≥0.3			
65	6.0				弱D	能照见物体但影像模糊，淡水无影像							深奶黄色或蓝色，见伴色
55	5.5						瑕疵D	瑕疵明显占1/4以下					深奶黄色，无伴色
40	5.0	异形D	不规则外形，无对称性						极薄E	<0.3			
30	4.0												
20	3.0						重瑕E	瑕疵明显占1/4以上					

（一）散珠的价格鉴定

1、设定颜色以银白为基准100%，粉色最佳可溢价10%~30%，浅奶黄色低10%~20%，深奶黄色又无伴色低45%。

颜色系数的高低依据消费群体的喜好及市场需求有较高的差异，并非品质等级的高低，如白珍珠的粉玫瑰色伴色越强，品质越好，价值越高，同样蓝色伴色越多，价越低。因此珍珠的颜色取决于珍珠的伴色和晕彩，对黑珍珠而言，最佳伴色是"孔雀绿"、灰或黑次之。

2、设定珍珠的大小以φ8mm，光泽中强＞C，形状近圆，光洁度为瑕疵级＞D，珠层厚度中等≥0.4mm（海水），系数分别为100%（单粒珠无匹配系数）。

3、设定海水珠每颗人民币300元，淡水珠每颗人民币100元为基准价，大于11mm的珍珠，每超过1mm溢价120%~200%。

例1：一颗φ8.5mm的圆球形淡水珍珠，光泽强，皮质有小瑕，颜色呈银白见粉红伴色，珠层中等。

价格鉴定值＝基价×颜色×尺寸×形状×光泽×光洁度×珠层
　　　　　＝100×1.1×1.3×1×0.8×1＝114元

例2：一颗大溪地黑珍珠具孔雀绿伴色，φ11mm圆形珠，光泽极强，皮质有微瑕，珠层中等。

价格鉴定值＝基价×颜色×尺寸×形状×光泽×光洁度×珠层
　　　　　＝300×3.3×3.3×1.3×1.6×1×1＝6795元≈6800元

例3：同例2为银白色海水珠，具粉色伴色。

价格鉴定值=基价×颜色×尺寸×形状×光泽×光洁度×珠层
　　　　　=300×1×3.3×1.3×1.6×1×1=2069元≈2100元

(二) 珍珠链的价格鉴定

1、设定表9-14、表9-15海水、淡水珍珠链基准价。

2、匹配系数是珍珠链品质90%一致，且孔正中心为很好，2/3一致为好，1/2一致为一般。

3、海水珍珠链大于10mm，淡水珍珠链大于9mm，参照国际市场价格。

4、珍珠链48cm为基准长度。

表9-14　海水珍珠链参考基准价表

直径	基础价/元	直径	基础价/元
9.0～9.5	5500～6500	6.5～7.0	1500～1000
8.5～9.0	4000～5500	6.0～6.5	1100～800
8.0～8.5	3000～4000	5.5～6.0	800～600
7.5～8.0	2500～3000	5.0～5.5	600～400
7.0～7.5	2000～1500		

表9-15　淡水珍珠链参考基准价表

直径	基础价/元	直径	基础价/元
8.5～9.0	1000～900	5.0～5.5	100～90
8.0～8.5	900～800	4.5～5.0	90～80
7.5～8.0	700～600	4.0～4.5	80～70
7.0～7.5	600～500	3.5～4.0	70～60
6.5～7.0	450～350	3.0～3.5	50～30
6.0～6.5	300～200	2.5～3.0	30～20
5.5～6.0	200～100	2.0～2.5	15～10

例1：一串海水珍珠链，其中2/3以上为8mm～9mm，光泽较强，呈圆球形，光洁度微瑕，匹配好，颜色为银白，具蓝白伴色，珠层厚中。

价格鉴定值=4000 × 1.3 × 1.3 × 1 × 1 × 1.15 × 0.8 × 1 ≈ 6219元
　　　　　　基础价　形状　光泽　光洁度　珠层　尺寸　　匹配　颜色厚度

例2：颜色为金色海水珍珠链，其它同上（例4）。

价格鉴定值=6219×2≈12438元

例3：例4如果是一串淡水珍珠链。

价格鉴定值=1000×1.3×1.3×1×1×1.15×0.8=1555元≈1560元

二、成市法价格鉴定

1、根据标的珍珠的光泽、颜色、形状、大小、海水珠、淡水珠、天然或养殖珠等资料确定珍珠的品质级别。

2、查国内外珍珠市场的报价资料及国际展览会和拍卖会的价格资料并珍珠产地、散珠或珍珠链的价格。

3、注意加上贵金属、副石、税收、利润及鉴定价格目的等。

4、根据价格鉴定目的，确定标的珍珠的价格。

图9-10 淡水珍珠项链
φ8.5×φ9.5mm
品质：珠形圆 珠光强 表面微瑕 匹配好
市场中间价估算约人民币：0.15万元

图9-11 铂金镶海水珍珠 钻石女戒
金重 15.4g 珍珠：φ13.5 钻石：1.0ct
品质 珠形正圆 珠光强 色银白伴粉红 无瑕
市场中间价估算约人民币：2.94万元

图9-12 铂金镶天然黑珍珠钻石排链
金重：106g 珍珠：φ18.8mm 钻石：18.5ct
品质：银黑色 珠光强 馒头型 工艺精
市场中间价估算约人民币：45.58万元

三、珍珠的价格鉴定报告

1、鉴定标的：戒指、项链、吊坠等。

2、鉴定结果：天然珍珠、养殖珍珠（包括有核、无核、海水、淡水）或仿制珍珠。

3、品质鉴定：

　　(1)外形、圆度：正圆、圆、近圆、椭圆、扁圆、异形

　　(2)光泽：极强、强、中等、弱

　　(3)颜色：体色　白色、黑色、彩色
　　　　　　　伴色　紫红色、绿色、蓝色

　　(4)珠层厚度：特厚、厚、中、薄、极薄

　　(5)净度（光洁度）：无瑕、微瑕、小瑕、瑕疵、重瑕

　　(6)尺寸（mm）与数量（粒）、总长

　　(7)匹配：很好、好、一般

4、综合品质

5、贵金属：名称、重量

6、副石：名称、重量、数量

7、价格鉴定目的

8、价格鉴定方法：市场法、成本法

9、价格鉴定结论：大写（RMB）

10、价格鉴定依据

11、价格鉴定限定条件

12、其它：略

第十章 玉中之王——翡翠品质与价格的鉴定

翡翠又称硬玉（Jadeite），它们的产地除了缅甸外，还有危地马拉、日本、美国、哈萨克斯坦、俄罗斯、墨西哥和哥伦比亚等地，但品质好的主要产在缅甸北部的密支那，所以市场上常把翡翠称为缅甸玉。

翡翠矿物是由硬玉钠铝硅酸盐组成的纤维交织状矿物集合体，化学成分为$X·Y[Si_2O_6]$。其中X为Mg^{2+}、Ca^{2+}、Fe^{2+}、Mn、Na^+、Li^+，Y为Al^{3+}、Fe^{3+}、Cr^{3+}、V^{3+}，它们分别在X或Y中构成类质同象替代。由于不同离子的结合及结合方式的差异，形成不同的颜色、透明度和纤维结构的交织变化，这给翡翠的品质和价格鉴定带来了较大困难。

第一节 翡翠原石的特征与区别

翡翠原石的交易又称赌料，风险很大，人们常讲"神仙难断寸玉"。价格鉴定翡翠原石时，鉴定人员应慎重，不应轻易作出估测。

翡翠原石由于长期风化作用，常带有一层厚薄不匀的外壳，俗称皮，它是翡翠原石表层风化或氧化形成的。然而由于皮壳的存在很难观察到内部的特征，但它们与内部又会有某种联系，找寻这种关联就是我们的目的。如结晶颗粒的粗细，杂质含量的多少，结合的紧密程度，透明度和颜色的差异都将在皮壳上有某种体现。

图10-1 翡翠《中华龙》
品质：色正绿 质地藕粉地 半透明
重约88kg 由原石150kg雕琢而成
工艺精良
市场中间价估算约人民币：5600万元

图10-2 组别编号4883的三件满色料
重204kg
底价30万欧元
最终成交价210万欧元

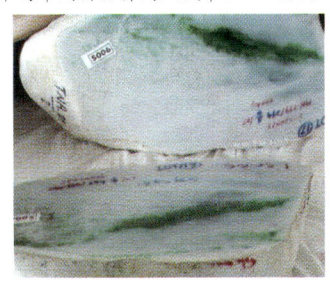

图10-3 组别编号5006的两件老坑带子绿 重198kg
底价168万欧元
最终成交价320万欧元

本节简单介绍翡翠的皮壳表现，供鉴定人员参考。

一、翡翠原石的皮壳特征

翡翠原石皮壳的不同表现决定了内部质地的差异，同样内部颜色浓淡不一，结构粗细，也反映在皮壳上。不同矿区（缅甸当地常用场口表示）的翡翠原石表现也不同，其中主要有：

1、砂皮石：皮壳呈粗、细不等砂粒状颗粒。具体可分为：

（1）白砂皮：颜色呈白或灰色，通常内部透明度较好，具淡绿或淡紫色，主要产于老矿区的马那矿和小矿区的莫格叠矿。

（2）黄砂皮：颜色呈黄或棕黄，内部可能有不均匀的绿色，几乎所有矿区均有黄砂皮翡翠原石出现。

（3）铁砂皮：颜色呈铁锈色，内部可能存在透明度和绿色较好的高档翡翠，主要产于老矿区东部矿。

（4）黑乌砂皮：颜色呈黑色或灰绿色，内部变化较大，有深绿或很脏的绿不等，主要产于老矿区后江矿和莫罕矿。

（5）石灰皮：皮壳易掉，呈灰白色，内部通常种好，主要产于老矿区的山料。

2、水皮石：又称籽料翡翠，颜色有褐、青、淡黄等色，呈片状或带状色，皮壳较薄且细腻，透明度好，内部容易判断，品质也较好，常产于回卡矿。

3、黑漆皮：颜色漆黑光亮，皮壳厚薄不一，皮壳细腻的一般内部颜色可很好，产于老矿区香公矿、大马坎矿区的莫格叠矿和马那矿。

4、老象皮：颜色呈灰白至淡绿色，外表粗糙起皱，皮厚薄不一，质地佳的有玻璃种，主要产于帕敢矿。

5、洋芋皮：属半山半水石（山流水），皮薄，透明或不透明都有，产于大马坎矿区的那莫矿。

二、皮壳的"松花"特征

松花其实是翡翠内部绿在皮壳上的表现。皮壳上松花越多、越绿、越集中越好，它可能呈块状、脉状、星点状和丝状等多种形式，俗话说"多少松花多少绿，什么松花什么绿"，皮壳外表没有松花，内部很少有绿色，观察时需十分仔细，应该结合质地，绿的走向综合考虑。常见的松花有：

1、带形松花：如同带形缠绕在原石表面，忽隐忽现。如果松花出现在原石某个角或某一部位，缠绕部位就是绿的部分。

2、膏药松花：松花如同一块膏药覆盖在原石上面，其覆盖可深及原石三分之一，取决于松花渗透深浅，有的可能仅仅是表皮一点，即"一寸膏药一寸色"。

图10-4 仙洞场口 铁锈皮壳 底干 粗

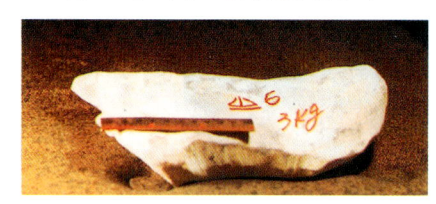

图10-5 马那场口 黄砂皮 种细

图10-6 苗撒场口 粗白砂皮 白雾 糯底 淡春带彩

3、丝状松花：如同丝网的松花，赌性很大。如果种好，几丝松花可映绿整件翡翠戒面。

4、点子松花：在原石表面呈星点状松花，在内部则不联成片，此类原石只能做花牌。

5、春色松花：色如同紫罗兰，比较少见，如果春夹绿，两种色可能都会渗透，常用于雕件或手镯。

翡翠原石松花的特征

图10-7 带形松花　　图10-8 膏药松花　　图10-9 点子松花　　图10-10 大块松花　　图10-11 包头松花

三、皮壳的"蟒"特征

蟒是翡翠结晶较细的部分，也是色带、色块集中所在地，是证明翡翠原料品质和价值的依据，一般蟒在表面与四周有差异，如同缠绕石头的带或绳，所以蟒一般呈条带状突出于表面，蟒中有绿，透明度高，里面往往有好色。常见蟒有：

1、白蟒：与原石的颜色有差异的蟒，是白色称白蟒，特别是帕敢黑乌砂矿的原石上有灰白色（如同鼻涕）的蟒，如果再有松花是难得的品种，即"哪里有筋蟒哪有色"。

2、带蟒：蟒呈带状缠绕原石，如果象绳打结（也称紧蟒），内部往往色佳。另外蟒有松花，里面必有色。

3、丝蟒：蟒呈丝状，原石内部的色可能也呈丝状，不会成片。

翡翠原石蟒的特征

图10-12 白蟒带松花　　图10-13 黑蟒　　图10-14 包头蟒　　图10-15 筋蟒　　图10-16 丝蟒带松花

四、皮壳的"癣"特征

癣是皮壳表面形状各异的灰绿或黑色的印记。癣的分布可以判断翡翠绿的趋势，它们可能呈星点状、片状或块状分布，俗称"绿随癣走"是绿的方向标，即：有绿不一定有癣，有癣必有绿。如果一个面有片状癣，另一面没有，癣可能不会影响到里面；两个面都有则里面可能很脏，价格就会降低。常见的癣有：

1、黑癣：常出现在绿色的翡翠中呈星点状、丝状或脉状，它的存在使绿黯然失色，但它们又是绿过于集中的表现。如果周围有松花，这种癣可能不进入原石内部，是上佳的原料。

2、灰癣：癣呈灰色，此癣可能出现在整个原石中。

3、膏药癣：癣呈膏药状，多半是癣、色分开，膏药癣下常有高绿色。

4、癣夹绿：指癣中有绿，绿中有癣，制成雕件时，剔除癣才能提升雕件价值。

5、枯癣：形状多样，也称烂钉，仅仅损害局部原石，危害不大，只要处理恰当，周围有色呈高档翡翠。

6、介子癣：是危害最大的癣，又称烂石。

7、蝇屎癣：色呈咖啡色，如同苍蝇屎，四处出现将大大降低原石价值。

翡翠原石癣的特征

图10-17 黑癣　　图10-18 灰癣　　图10-19 黑癣夹块绿　　图10-20 癣夹绿

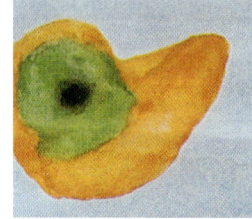

图10-21 枯癣　　图10-22 松花癣　　图10-23 介子癣

五、雾

雾是皮壳与玉肉的过渡层，也就是尚未风化的层，漂亮的雾是俏色雕琢亮点。所以好雾可提升翡翠原石价值，差雾则会降低价值。

雾有白雾、黄雾、红雾和黑雾，主要出现于大马坎矿区和回卡矿区。白雾如同覆盖在颜色上的"蛋皮"，去掉"皮色"就变浓。雾的研究有助于人们观察、研究原石翡翠的变化。

以上简单介绍了翡翠原石外表的一些特点，对上述皮色、蟒、雾、癣的理解应当多看、多总结，才能正确地判断翡翠原石的好坏。实践是检验真理的唯一标准，翡翠更是如此。

第二节　翡翠的A、B货特征与区别

翡翠的A货是纯天然、未经任何处理的翡翠，翡翠的B货则是经过漂白、充填处理的翡翠。由于翡翠深受东方人的喜爱，好与差的价格相差很大，弄虚作假的历史也较久，故本节简单介绍翡翠A、B货的区别（见表10-1）。

表10-1　翡翠A、B货的鉴定特征

一般观察	A货	B货
看光泽	玻璃光泽～亮莹	树脂或腊状光泽～柔和
看颜色	真实自然，清新艳丽	均匀，纯净，呆板（带黄气）
看色征	具色根，绿由内向外	无色根，色浮，绿由外向内
看反光	具翠性（蝇翅闪光）	翠性降低或破坏无翠性
看质地	温润通透	透度差而模糊，呈云雾
敲击(手镯)	声清脆具回声	声沉闷，沙哑，呈破缸声

(续表) 表10-1 翡翠A、B货的鉴定特征

常规仪器(1)		
重液	在二碘甲烷中下沉	悬浮
荧光	LW紫外下无或弱荧光	LW紫外下强蓝白荧光
折射率	点测1.65~1.67	1.65~1.66可能模糊
光谱	690nm，660nm，630nm，437nm	同左
热针	无影响	具胶臭味
仪器(2)		
放大观察：表面（反射光）		
	1、石纹呈不规则状，沙孔状 2、雕琢不均呈凹凸状 3、研磨纹较浅 4、疏松结构的裂成细线 5、晶粒具多面形空间，表现为尘点状	1、具龟裂和凹坑 2、由于胶影响呈"桔皮状"，并产生严重刮痕龟裂 3、裂隙呈带沟状 4、晶粒间呈不规则凹坑，具剥落感
放大观察：内部（透射光）		
	1、晶粒镶嵌结构清楚 2、翠性明显 3、混熔性包体呈褐黑~褐绿色 4、二相包体组成针或异型形状 5、石或铁染包体异常突起	1、晶粒浊圆，边界模糊呈带沟 2、翠性模糊 3、晶粒间被胶充填部分可见气泡（120X），或反射光下呈黑色絮纹
特殊仪器(3)：红外光谱		
	2000~3500nm无特征体	2000~3500nm出现最大吸收峰（有机物） 4320和4250－1nm弱峰（可能由蜡造成）
特殊检测：火烧（一定要客户同意）		
	无影响	具胶臭味，变形变色（发黑）

注：染紫翡翠紫外LW、SW强吉红荧光

第三节　翡翠的品质鉴定

影响翡翠品质的因素主要是颜色、质地（结晶颗粒的粗细和结合方式）、水头（透明度）、净度（瑕疵）和工艺。在品质评定中，颜色占40%，质地占30%，透明度占20%，净度（裂隙）占5%，工艺占5%。

一、颜色（Colour）分级

（一）翡翠颜色与品种

翡翠的颜色可谓多姿多彩，它们大致可分为原生色和次生色。原生色是化学成份中铝被铁、铬、钒等致色离子替代后形

图10-24　五彩翡翠
上排：椭圆型　市场中间价估算约人民币：0.3万元
下排：异　型　市场中间价估算约人民币：0.5万元

成的翡翠颜色，它们有白、灰、绿、紫、黑等色。次生色是翡翠形成后由于氧化、水解作用，氧化铁形成褐铁矿、赤铁矿，从表面渗入翡翠内部的颜色呈红色和黄色。在颜色色彩中，绿色是最引人注目的翡翠颜色，也是最有价值的颜色，俗称"一分色，一分价"；紫色是较为稀有、具较高市场价值的翡翠颜色；其次是红色和黄色。当翡红或翡黄有一定厚度，又出现在质地、水头较好的翡翠中时，常用于俏色雕琢成独立器皿，将有较高价值。表10-2、10-3、10-4分别表示绿色、紫色和其他色的翡翠品种。

图10-25 橄榄型翡翠戒面
22×12.1×5.3mm
品质：色阳俏绿（满色） 水种
市场中间价估算约人民币：32.8万元

表10-2 绿色翡翠品种

品种	描述	包含名称（俗称）
翠绿	指绿色均匀、鲜艳且透明度高，颜色和结构相互结合，是最高档次的绿	玻璃艳绿、艳绿、祖母绿绿
阳俏绿	绿色鲜艳明亮，绿色中略带黄或蓝色调，仅次于翠绿的颜色	黄阳绿、苹果绿、鹦哥绿
菜绿	绿色与菜叶相似，透明度高，色艳；透明度差，色灰，色有时分布不均匀	菠菜绿、豆苗绿、葱心绿
豆绿	绿色呈青豆色，比阳俏绿差，一般分布于较粗的结构中，是一种最普遍的绿	豆青绿、丝瓜绿
瓜皮绿	绿色如瓜皮色，绿中泛青	花青、干青
水绿	比豆绿色浅，分布均匀，地色不分	分水绿、江水绿、浅水绿
油绿	一种暗绿，绿中偏灰蓝	油绿、油青、蓝绿
斑状绿	绿呈点或脉状分布于不同结构的翡翠上	点子绿、白地青、花青
灰绿	以暗绿为主多种颜色的混合色，往往结构粗，透明度差	灰绿、狗屎绿
墨绿	强光下深绿	墨绿

表10-3 紫色翡翠品种与分级

级别	品种	描述	百分率(%)
I	纯紫色	浓单色的紫色，饱和度较高，极其罕见	90-100
II	红紫色	偏红的紫色，饱和度中，不常见（又称春色）	80-90
III	蓝紫色	偏蓝的紫色，呈浅蓝紫到深蓝紫，饱和度高时呈灰蓝色，俗称"茄紫"	70-80
IV	紫罗兰色	中等程度的浅紫色，出现在质地粗到细的翡翠中	60-70
V	春带彩	罕见，在白色的基底上同时有红、绿、紫三色，又称"福禄寿"	50-60
VI	粉紫色	较浅的紫色，饱和度较低，常出现于质地细腻的翡翠中	0-50

表10-4 其它色翡翠品种

品种	描述
翡红	以红色为主，带褐色的翡翠
红翡	以褐色为主带红色的翡翠，呈褐红、铁锈红等，是翡翠氧化后的产物
黄翡	带黄色色调的翡翠，呈栗子黄、鸡油黄，是翡翠氧化后产生
黑色	纯黑色翡翠，透射光呈墨绿，顶光呈墨黑色，近几年引起人们重视
无色	很纯的翡翠，质细，透明度高的，较少见

（二）翡翠颜色品质分级

颜色是影响翡翠品质最重要的因素，绿色是翡翠最有价值的颜色，俗话称"见绿开价"，它约占整个品质的30%～40%，可见绿的重要性。如今颜色分级有多种方法，可是尚未形成翡翠颜色评级的标准；但基本上也是以颜色的色彩、明度、饱和度和色匀度为基准来确定颜色的"浓、正、阳、匀"的准则。

1、浓：是指翡翠颜色的饱和度。更确切地说是颜色的浓、淡程度。只有不浓不淡适中的颜色才吸引人们喜爱，而饱和度过高的绿色就会偏暗偏深，反之零饱和度就是无色。以百分率描述饱和率大于90%近似墨绿，低于10%近似无色。

2、正：指色彩的色纯正程度。绿的光谱色范围是530nm～510nm，高于530nm～545nm则偏黄，低于510nm～480nm偏蓝；纯正绿色的翡翠喜爱的人多，价格自然最高。另外当颜色偏黄时对翡翠价值影响小（如阳俏绿），偏蓝则会对价值影响较大，如果色彩在较宽的波长范围内，所见的翡翠颜色呈混合色，色就不纯。所以当翡翠的颜色越偏离人们喜爱的区间，价值自然就低。

图10-26 黄翡手件 合和二仙
57×32×20mm
品质：色果子黄 藕粉种
市场中间价估算约人民币：4.5万元

3、阳：指明度，也就是色的鲜亮程度，给人一种赏心悦目的感觉，它与光源、色温有关，只有色纯又鲜亮才是决定翡翠颜色品质的关键，具有较高的市场价值。

4、匀：指绿色在翡翠中的分布均匀程度，一般极均匀满绿翡翠达到整件玉器的90%以上极其罕见，很均匀绿达80%～90%的翡翠很难见，均匀绿达60%～80%，较均匀绿50%～60%，低于40%绿极不均匀。

表10-5　绿色翡翠综合分级表

级别	纯正程度(正)	均匀程度(和色面积)	浓淡(浓)	色泽(阳)	百分率(%)
极好Ⅰ	正绿	极均匀(>90%)	不浓不淡	色与质地融为一体，非常艳丽	90-100
很好Ⅱ	绿色微微偏黄	很均匀，俏有差异(80%～90%)	整体适中	艳丽，可见绿色脉和斑块	80-90
较好Ⅲ	绿色微偏黄	略显浓淡不均匀(60%～80%)	基本适中	较艳丽，整体色泽有变化	70-80
好Ⅳ	绿色微偏蓝	较匀(50%～60%)	适中	漂亮	60-70
尚好Ⅴ	蓝绿、黄绿色	尚匀(40%～50%)	变化	较漂亮	50-60
一般Ⅵ	带灰色调的蓝绿色或黄绿色	不均匀<40%	暗淡	基本漂亮	0-50

注：据欧阳秋眉、张蓓莉等方案修改。

由翡翠颜色分级表可找到正、均、浓、阳对应的品质百分率，各自满分为100%。颜色综合百分率为(4×100%)/4=100%。

例1：一块翡翠颜色品质为(1)浓淡适中；(2)很均匀；(3)绿色微偏黄；(4)色泽较艳丽。查表可得到：

颜色品质百分数=(70%+80%+70%+80%)/4=75%

即翡翠颜色评分为75分，属Ⅲ级较好的颜色品质。

图10-27
18k镶翡翠钻石挂件
金重：12.8g　钻石：1.39ct
品质：色阳绿　芙蓉种
市场中间价估算约人民币：18.8万元

图10-28
全红翡手镯一对
内径56.5mm　外径62mm
品质：色褐红　质地冰种
市场中间价估算约人民币：100万元

图10-29 翡翠手镯
重：67.5g 尺寸：73×57×18.5mm
品质：飘兰花　水种
市场中间价估算约人民币：22万元

图10-30 翡翠手镯
重：81.5g
尺寸：(75—69)×(60—55)mm
品质：色阳绿　芙蓉种
市场中间价估算约人民币：158万元

二、结构（质地Texture）分级

翡翠的结构是指组成变晶结构的翡翠硬玉矿物结晶颗粒粗、细和晶粒间隔距离的大小。翡翠结晶颗粒的大小、形态和结合方式都将会直接构成翡翠透明度、光泽的变化，所以翡翠的结构是决定它们品质不容忽视的又一重要因素。结晶颗粒和间隙越大，视觉效果越粗，翡翠结构就越松。结晶颗粒越细小，结合越紧密，晶粒间间隙越不发育，翡翠的质地就越细，质量就越好。张蓓莉等（2003）将翡翠的矿物结构划分为5级，笔者依据5级给出翡翠的品质和百分率，见表10-6。

图10-31 翡翠挂件枫叶
32×16.5×5mm
品质：色浓绿均匀
质地玻璃种（内部洁净）工艺佳
市场中间价估算约人民币：35万元

第十章 玉中之王——翡翠品质与价格的鉴定

表10-6 翡翠结构分级表

级别	品质	品种	描述	包含名称	百分率（%）
I	极好	玉地 非常细	结构细密、透明，强玻璃光泽，10X镜下无明显颗粒感，少量石花，色艳的极其罕见。之间差异主要是结晶颗粒大小和石花是否明显。	玻璃种 水种 冰种 蛋清种	90～100
II	很好	粉地 细	结构较致密、近似透明，玻璃光泽，10X镜下隐约可见颗粒，肉眼不见，有石花。	芙蓉种 清水种 深水种 藕粉种	70～90
III	好	砂地 较粗	结构中颗粒中等，肉眼可见，10X镜下明显可见较多石花，半透明状。	豆青种 白砂种 粗豆种 青花种	60～70
IV	一般	瓷地 粗	结构较密，肉眼可见颗粒较细，边界不明显，透明度较差，干而如同瓷器，微透明至不透明。	干白种 细白种 马牙种	40～60
V	差	石地 很粗	结构中颗粒呈粗砂状，肉眼明显见颗粒边界，透明度差而不透。	紫花种 糙白种 石灰种 狗屎种	0～40

例2：翡翠结构较细，10X镜下可见颗粒感，称清水种，查表10-6属粉地，百分率在70%～90%之间，取80%，即翡翠结构粉地80分，II级，属很好的结构品质。

图10-32 钠长石玉手镯（俗称水沫子）
粗看与玻璃种翡翠十分相像
市场中间价估算约人民币：0.06万元

图10-33 翡翠水种手镯
75.5×55.5mm
品质：色丝状绿 质地水种 雕龙
市场中间价估算约人民币：36.7万元

三、透明度（水头Transparency）分级

影响翡翠透明度的主要因素是颜色和结构的质地。它们之间各自独立又相互关联。人们把翡翠的透明度以各种形象词来表达，即水头、种头。它们受颜色、厚度、结构影响，颜色越深，透明度越差；自身厚度越厚，透明度越差；结构越细，透明度越高（如品质结构呈全透明玻璃种）。透明度高且绿色好的翡翠一定是高档品种，特别是近几年高透明度的翡翠引起人们关注，价格直线上升，一只玻璃种全透明无色翡翠手镯高达150万元人民币，所以透明度在翡翠品质中占很重要的位置。张蓓莉等（2003）将翡翠透明度分成5级，见表10-7，笔者分别给出品质百分率。

表10-7 翡翠透明度品质分级表

级别	透明度	光透进厚度	常见品级	百分率（%）
极好 I	透 明	10mm以上	常为无色、白色翡翠，制成手镯或花件	90～100
很好 II	亚透明	6-10mm	少量特级色料，常为手镯、花件、串珠、戒面等	70～90
好 III	半透明	3-6mm	色料常见，手镯、串珠、高档花件	50～70
一般 IV	微 透	1-3mm	质地颗粒粗而干，常见普通花件	40～50
差 V	不 透	基本不透光	地子差，常制成摆件	0～40

例3：一只亚透明的手镯可查表10-7品质百分率为80%，即翡翠手镯透明度品质分级80分，属II级透明度很好。

四、净度（Clarity）分级

翡翠的净度包括裂隙、石纹和包裹体。它们是影响翡翠品质的另一重要因素。

1、裂隙：是后天的地壳变化中翡翠受外界应力所形成，往往与表面贯通，在净度分级中最具破坏性，对于大而明显的裂隙应在雕琢前去除，对于不能去除的细小的裂隙往往对整体艺术的美产生影响，使其价值大打折扣。大型翡翠摆件的裂纹难以完全避免，

图10-34 翡翠玻璃种手镯
67×55×8mm
品质：无色略带丝 质地玻璃种
市场中间价估算约人民币：58万元

但往往被工匠隐藏在隐蔽处，价格鉴定时应该注意隐蔽处，其价值最少降低1/4～1/3以上。常见裂隙有：鸡爪裂、马尾裂、格子裂等。

2、石纹：又名绺裂或绺纹，是先天形成的或由内部应力作用产生的裂隙，又被后期矿物充填呈愈合状态，为半封闭型。在翡翠的外部难以判断，只有透射光中才能辨出，所以对外观影响也较小，但只要存在总会影响翡翠的价值。

石纹与裂隙的区别主要是对抛光后的翡翠表面用指甲去刮，是否有台阶状阻碍的感觉，有就是裂隙，无就是石纹。

3、包裹体：由于翡翠是多晶矿物集合体，形成时一些黑色的矿物晶斑包裹体，各种白棉状包裹体形成各种杂色，雕琢时对包裹体应尽可能去除；而杂色作俏色处理以增加艺术美观性，这也是因材施艺的另一主要方面。表10-8列出了翡翠净度级别。I级净度百分率90%～100%，V级净度百分率40%以下。

表10-8 翡翠净度品质分级表

级别	包裹体分布	常见品级	百分率（%）
极好 I	边缘或底部，不影响等级	10X放大镜下不见任何绺裂、白棉、黑点、黑斑	90～100
很好 II	边缘或小于1/2处	肉眼不见任何绺裂，10X放大镜下可见少量小黑点、黑丝或棉柳	70～90
好 III	边缘或中心	肉眼难见绺裂，10X放大镜下可见；肉眼可见少量白斑、黑点或黑结、翠性	50～70
一般 IV	大部分	肉眼可见绺裂和较多白斑、黑点、翠性易见	40～50
差 V	全部	肉眼明显可见大量绺裂、黑点、白棉、翠性明显	0～40

例4：如果翡翠饰品肉眼可见不明显裂绺和白斑，为50%～70%取60%，即净度品质分级60分，应属Ⅲ级净度品质好。

五、体积（Size）分级

虽然翡翠的体积与价值关联不大，但翡翠的原料通常按品质论价，而成品则以件论价，它们之间优质的和一般的往往相差数万倍，如高档品质的翡翠价值数千万元/千克。因材施艺的加工原则能体现翡翠的最高价值；同等品质的翡翠重量重的自然价更高。

六、制作工艺（Shape）分级

翡翠制作工艺的好坏，直接影响成品翡翠的品质分级，欧阳秋眉（2005）把成品戒面的工艺好坏分成5级，作者分别给出百分率，见下表10-9：

图10-35 翡翠摆件 喜上眉梢
265×135×44mm、228×140×71mm
品质：色深绿～浅阳绿 俏色雕琢 芙蓉种 工艺良
市场中间价估算约人民币：45万元

表10-9 翡翠戒面工艺分级（据欧阳秋眉2005修改）

级别	工艺描述	轮廓	对称	比例	厚度	百分率（%）
Ⅰ	极好	很标准	很好	很好	双凸或适中	90～100
Ⅱ	很好	标准	好	好	适中	70～90
Ⅲ	好	一般	良好	较好	稍厚或稍薄	50～70
Ⅳ	一般	不正	中等	一般	薄	40～50
Ⅴ	差	歪斜	差	差	很薄或挖底	0～40

翡翠的挂件或摆件的制作工艺，对品质影响是举足轻重的，因为一件中低档翡翠原料，好的设计制作工艺往往使翡翠身价倍增。制作工艺的品质应该从以下几个方面统一考虑：设计创意、雕琢精细程度、瑕疵的处理、俏色的处理和形制的大小。见表10-10。

表10-10 翡翠挂件、摆件制作工艺分级

级别	描述	描述	百分率（%）
Ⅰ	极好	裂隙极少，肉眼难见，工艺精，抛光佳，设计有创意	90～100
Ⅱ	好	裂隙少，工艺精，抛光佳	70～90
Ⅲ	一般	肉眼可见裂隙，工艺一般	50～70
Ⅳ	差	肉眼易见裂隙，工艺差	0～50

七、翡翠品质的综合分级

翡翠品质的综合分级主要是颜色、质地、透明度、净度和加工工艺及体积大小，在掌握上述六点的翡翠分级要素后，可对翡翠进行综合分级。

汪毅飞（1996）根据翡翠的六个要素进行综合分级，笔者根据市场状况对翡翠颜色、结构、透明度、净度、加工工艺的百分率作了调整，以各种要素对翡翠品质的重要性给出各自的权重进行分级，见表10-11。

表10-11 权重百分比对翡翠品质进行评价（据汪毅飞1996修改）

评价因素	成品(权重%)	原石(权重%)
颜 色	35	30
透明度	30	30
质 地	20	20
净 度	5	20
工 艺	10	

左 图10-36 翡翠手件
重：65g 尺寸：64×34×12mm
品质：色阳绿 巧雕 工艺佳 芙蓉种
市场中间价估算约人民币：38.5万元

右 图10-37 18k镶翡翠钻石挂件
金重：16.8g 钻石：2.58ct
尺寸：44×25×6.5mm
品质：色正阳绿 冰种
市场中间价估算约人民币：58万元

例5：翡翠戒面工艺级别很好属Ⅱ级，百分率取85%即85分，颜色、质地、透明度、瑕疵与例1、例2、例3、例4一致，用权重百分比进行综合评价，即：

75×35%+80×30%+80×20%+60×5%+85×10%=77.75%

查表10-9，可得知翡翠戒面77.75%级别属很好。

影响翡翠价格的因素除上述的品质、颜色、工艺以外，还受市场的需求、人们喜爱的程度等多种不确定因素影响，如北方较喜爱浓艳的，而南方喜爱阳艳，这给确定翡翠的价值带来极大困难，只有经过不断总结，尽可能收集资料，找出相关的规律才能得到一个合理的市场价格。

图10-38 18k镶翡翠钻石挂件
金重：6.7g 钻石：1.5ct
尺寸：58×37×7mm
品质：无色 玻璃种
市场中间价估算约人民币：55.5万元

第四节 翡翠的价格鉴定

一、市场价格指数法

基本公式：价格鉴定标的翡翠价格＝市场调查基础价×品质系数

其中：品质系数＝颜色指数＋结构指数＋透明度指数＋尺寸指数＋切工指数＋净度指数＋其它指数

表10-12 翡翠戒面参考价格系数表

指数（%）	颜 色	质地(结构)	水头(透明度)	大小	比例(切工)	净度
320	翠绿					
220			极好			
180		玉 地				
145	阳绿					
130			很好		极好	
120	菜绿			较大		极好
110						
100	豆绿	粉地	好	正常	好	好
90	瓜青				一般	
80	水绿	豆地	一般			一般
70	油青	瓷地				
60				偏小	较差	
50		石地	较差			
40				小		较差
30	灰绿					

表10-13 翡翠手镯参考价格系数表

指数（%）	颜色	颜色百分比（%）	质地(结构)	水头(透明度)	净度	大小(比例)
380	翠绿色	70	玉 地			
300						
220						
160	阳绿色	60		极好		
140						
120			粉 地	很好	极好	大
110	菜绿色					
100	豆绿色	50	砂 地	好	好	中等
90	瓜青色		瓷 地			
80	水绿色	40		一般		
70	斑点绿色	30				
60	油青色					
50		20	石 地	较差	一般	
40		10				小
30	灰绿色					
20					较差	

表10-14 翡翠挂件参考价格系数表

指数（%）	颜色	颜色百分比（%）	质地(结构)	水头(透明度)	净度	大小(切工)
360	翠 绿					
300		90	玉地			
220		80		极好		极好
160	阳 绿	70			极好	
140				很好		
120	白地青	60				
110						
100	豆 绿	50	粉地	好	好	好
90	斑点绿	40	砂地			
80	瓜 青	30				
70	水 绿			一般	一般	一般
60	油 青		瓷地			
50					较差	
40	灰 绿	20		较差		
30		10				较差
20			石地			

依据翡翠色、结构、透明度、净度、大小等各自因素，给出不同的价格指数。通过调查分析，分别找出戒面、挂件、手镯中等品质的参照价格（二件以上），颜色豆绿、结构粉地、透明度好、比例好、净度好、大小中等（一般戒面7×9mm，挂件20×35×5mm，手镯φ56mm为标准尺寸）为基准100%，并依据品质高低分别升高或降低指数。目前市场调查基础价约人民币20000元。

例1：一颗阳绿翡翠戒面，冰种，属玉地，透明度较高，尺寸10×12mm，净度极好，比例极好。

> 市场翡翠价格鉴定值=市场基价×颜色指数×结构指数×透明度指数×大小指数
> ×比例指数×净度指数×其它指数

=20000×1.45×1.45×1.45×1×1.3×1.2×1.5≈142676元（RMB）

例2：价格鉴定手镯一只，瓜绿色，绿占50%，质地为玉地，透明度较好，无瑕，大小适

图10-39 翡翠椭圆吉祥龙牌
54×41×6.4mm
品质：色正绿 不匀
芙蓉种 工艺佳
市场中间价估算约人民币：12.5万元

中。鉴定目的确定市场价值。

> 标的手镯价值＝市场基价×颜色指数×色面积指数×结构指数×透明度指数×净度指数×尺寸指数×其它指数

$$=20000×0.9×1×3.8×1.2×1.2×1=98496元$$

例3：价格鉴定玉佩一块，黄阳绿，满色90%，玉地，具少量石花，透明度很好，制作工艺完美，肉眼瑕疵不见，大小约为45mm×20mm～18mm×3mm。

> 市场价格＝市场基价×颜色指数×色面积指数×结构指数×透明度指数×雕工指数×净度指数×尺寸指数×其它指数

$$=20000×1.4×3×2.2×1.4×1.6×1.6×0.6≈397394元$$

注：

1、所有系数只适于市场上的翡翠玉器价格鉴定；

2、常规椭圆戒面大小以7mm×9mm为基准，9mm×11mm为大，6mm×8mm偏小，4mm×6mm小，可增加或降低指数1.2～1.5；

3、马鞍戒面其它指数为1.5～1.8之间，其它形状戒面指数为0.9～1.1；

4、翡翠手镯价值主要是颜色和透明度，颜色鲜亮，饱和度高可溢价50%，反之则降价30%；

5、手镯的尺寸是正常大小和粗细尺寸，过宽、过窄的应增加或降低百分其它指数10%～30%；

6、玉佩价值除了颜色、结构和透明度之外，还有大小、题材及雕琢工艺水平：

(1) 一般20mm×35mm×5mm为基准尺寸，厚或薄可增加或降低10%～30%价格，因为过小的尺寸说明是用边角料制成的；

(2) 好的题材可溢价10%～30%；

(3) 名师雕琢可溢价150%～200%。

二、翡翠饰品的价格鉴定报告基本要求

1、鉴定标的：镶嵌、未镶嵌及照片

2、价格鉴定目的

3、价格鉴定基准日

4、鉴定结果及描述：名称、是否经过优化处理及处理方法、形制（手镯、戒面、挂件尺寸）、重量、图案等

5、翡翠的品质分组：颜色、结构、透明度、净度、工艺、大小及综合品质级别

6、价格鉴定依据

7、价格鉴定方法：市场价格指数法

8、价格鉴定结论

9、价格鉴定限制条件

10、其它：略（见第四章价格鉴定报告）

图10-40 18K金镶翡翠钻石挂件
金重：8.0g 钻石：2.01ct
品质：色花绿 水种 工艺佳
市场中间价估算约人民币：6万元

第十一章 玉中之后——软玉品质与价格的鉴定

软玉(Nephrite)最早出现于红山文化时代,在新疆楼兰遗址中出土了新石器时代由新疆白玉制成的玉斧、玉璧等,质地细腻、润滑。

图11-1 良渚文化玉琮
高5.5cm
南京博物馆藏

图11-2 亳州东汉玉刚卯 玉严卯
均高2.3cm
南京博物馆藏

软玉作为中国一种特殊的文化传承已深深融贯于历史长河。东汉许慎把玉石内在性质之美比喻成君子"五德",即"仁、义、智、勇、洁",也就是玉石的"润泽以温,仁也"(光泽)、"缜密以栗,智也"(质地)、"瑕不掩瑜,瑜不掩瑕,义也"(皮色)、"叩之其声诎然,勇也"(韧性)、"君子之德,洁也"(颜色)。在中华几千年的文明史中,软玉被人们评价为"玉中皇后"。

第一节 软玉的基本特征和分类

一、基本特征

软玉由透闪石$[Ca_2Mg_5(Si_4O_{11})]_2(OH)_2$和阳起石$[Ca_2(Mg,Fe)_2(Si_4O_{11})]_2(OH)_2$为主要矿物构成类质同相系列矿物和其它矿物组成的多晶质纤维状矿物集合体,是一种含水的钙镁硅酸盐。软玉折射率约1.62,光泽为弱玻璃光泽或油脂光泽,其中油脂光泽最佳,硬度约6.5,

密度为2.9g/cm³~3.1g/cm³，随所含的杂质（矿物）而变化；韧度为1000，仅次于黑色金刚石。

二、软玉的品种分类

1、按产出的形式区分：软玉所处的地质环境不同，品质不同，不同品质的软玉所表现的外形也不同。

（1）山料：产于山上的原生矿软玉。外形呈不规则棱角状，大小块度不一。开采时由于采用炸药爆破，浪费很大并容易产生不规则裂纹，质地比籽料粗。

（2）籽料：是软玉原生矿自然风化崩落，经冰川、泥石流、河水不断冲刷，长距搬运，其中结构致密、质地细腻部分保留下来的次生矿，形成光滑鹅卵石形状，产出在现代和古河床中的软玉。采集方法有"捞玉"和"踏玉"之说。

籽料外表常常带有一层浸色的皮壳，厚约1mm，主要是由自然界铁的入侵所致。籽料常见的皮色有黄色、金黄色、秋梨色、枣红色、黑色等许多种。人们常用外皮的颜色来定名籽料，如白皮籽玉（无皮色）、黑皮籽料、乌鸦皮籽料、桂花皮籽料、洒金皮籽料、糖皮籽料、枣红皮籽料等。

籽料块度一般较小，1公斤以上优质的少见。

（3）山流水料：是原生矿软玉经自然风化、泥石流或雨水冲刷，短距搬运形成的次原生矿玉料，表面棱角较为圆滑，呈现波浪状感觉，尚未形成鹅卵石外形。质地内外一致，介于山料和籽料之间的细腻程度，是一种较为优良的玉种。

（4）戈壁料：是软玉原生矿山料或次生矿籽料经大风和沙暴冲击，长距迁移至戈壁滩的"籽料"，品质细腻、油润性较好的玉种。玉材表面有大小不等砂孔，棱角磨圆，常常有波纹面。

图11-3 和田籽玉摆件 童子拜观音
327.8g 130×86×33mm
品质：色黑白分明 质地细润 俏色雕琢 工艺精良
市场中间价估算约人民币：39.8万元

图11-4 和田籽玉原石
10.8kg 色白 质地细润 具金黄色皮
市场中间价估算约人民币：500万元

2、按产地区分：同类软玉，不同产地品质不同，其中新疆产的软玉最佳，俄罗斯软玉次之，青海软玉又次之，辽宁软玉更次之。

（1）新疆软玉：又称和田玉，产于中国新疆维吾尔自治区的软玉，主要集中在新疆昆仑山以西，阿尔金山以东一带长1100多公里的范围内（有山料、籽料、山流水料和戈壁玉）。

图11-5 各色软玉手镯
左起：1.羊脂白玉手镯
2.加拿大碧玉手镯
3.辽宁"河磨"黄玉手镯
4.新疆墨玉手镯
5.和田带皮籽料手镯
6.俄罗斯糖玉手镯

新疆软玉的主要矿区在巴州地区的若羌县、且末县，和田地区的于田、策勒、洛浦、和田、墨玉和皮山六县；喀什地区的叶城县、莎车县和塔什库尔干县等地。

（2）青海软玉：产于青海省格尔木市西南五陵地区，属昆仑山山脉的东侧，又称"昆仑玉"、"格尔木玉"（目前产出的只有山料）。

（3）俄罗斯软玉：产于俄罗斯贝加尔湖附近的山脉中，矿区位于海拔2500米乌兰乌德的达克西姆和巴格达林地区。在地质构造上与我国昆仑山所产的软玉十分相似（产出形式有山料、籽料和山流水料）。

（4）辽宁软玉：产于辽宁岫岩泥沙砾石层中（产出有山料和籽料）。

a.原生矿山料，也称"老玉矿"；

b.次生矿籽料（砂矿），也称"河磨玉"。内部软玉被外部氧化形成厚薄不等的皮壳以同心圆形式所包围，形成肉夹皮、皮夹肉的独特特征。玉色有黄、白、青白、黑等色，并由内向外逐渐过渡，组成多重色彩。

（5）其它国家和地区：加拿大、美国、澳大利亚和我国台湾均有产出，但品质皆不如我国新疆软玉。

3、按颜色区分：

（1）羊脂白玉：羊脂白玉仅产于新疆白玉的籽料中，因色似羊脂白润，玉质细腻纯净，油性感特强，无玉性表现"石脑"或"石花"，是软玉中的极品，十分稀少。透闪石含量99%以上。透光观察略带粉色，其价值十分昂贵，已远远超过黄金。有些上好的羊脂白玉以块论价。

（2）白玉：主要指白色的软玉，与羊脂白玉相比玉质略粗，润度不够。根据软玉的白色差异又可细分为雪花白、象牙白、鱼肚白、鸡骨白、糙米白、秋梨白等。白玉价格的高低依据块度的大小和白度的好坏及细润程度来区分，价格从几千元到数万元不等。透闪石含量可

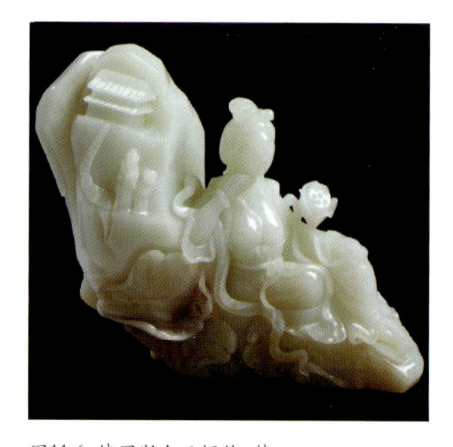

图11-6 俄罗斯白玉摆件 梦
194×138×45mm
品质：色白带糖色 工艺一般
质地细 润度略差
市场中间价估算约人民币：5.5万元

图11-7 软玉原石
左上一：和田山料 676g
左上二：和田籽料 680g
左上三：戈壁黄玉 359g
右下一：青海产山料磨圆仿籽料并做假皮 82.2g
右下二：青白玉籽料做假皮色（俗称二次皮）189.7g
右下三：和田羊脂白玉籽料 230g

达99%，含铁质较少。

（3）青白玉：是以白为基本色彩，微微带绿、带青、带灰，色感不青不白。常见有粉青、葱白、灰白等色，它们是白玉和青玉之间的过渡色玉种（目前有人把青白玉归入白玉一类）。

白玉、青白玉、青玉之间主要是杂质元素三氧化二铁（Fe_2O_3）含量的逐渐增加引起青灰色逐渐变深。

（4）青玉：是颜色由淡青到深青品种的软玉。主要品种有竹叶青、杨柳青、虾子青、铁莲青等。青色主要是三氧化二铁（Fe_2O_3）杂质和伴生矿物斜黝帘石、绿泥石、磷灰石、磁铁矿、白钛矿等含量高达5%～7%引起的。青玉透闪石含量达93%～95%。

（5）糖玉：指颜色从黄褐色至红褐色。业内人士称为红糖色，主要是白玉或青玉的外壳被氧化后Fe^{2+}变为Fe^{3+}。外壳糖色裹住内层的白玉或青玉，称糖白玉或糖青玉。糖色的表现往往呈斑块分布，并逐渐过渡。如果在雕刻过程中加以俏色利用，其作品价值可成倍增加。

（6）黄玉：是软玉中的罕见品种，由体内氧化铁所致。颜色从淡黄到深黄。按照黄色的变化，人们又把黄玉进一步分为栗子黄、秋梨黄、鸡蛋黄、密蜡黄、桂花黄、鸡油黄等，其中鸡油黄为最，密蜡黄、栗子黄次之，鸡蛋黄、秋梨黄又次之……

图11-8 和田籽料手件 童子
68.5g　68×32×24mm
品质：色白如羊脂　质地细润　工艺优
市场中间价
估算约人民币：12.43万元

新疆昆仑山地区产的黄玉极少，它们的价格不低于羊脂白玉，古代就有"甘黄为上，羊脂次之"之说。

近几年辽宁岫岩县发现了带绿色调的黄玉，但质地远不如新疆的黄玉，颜色也远不如新疆的艳丽，多数呈褐黄、褐青和灰白，或由之构成的混合色。

（7）碧玉：碧玉产地分布较广，主要产于中国新疆的玛纳斯、加拿大、俄罗斯以及我国青海的格尔木。碧玉的显著特点是颜色呈绿至暗绿色，其绿有鹦哥绿、松花绿、菠菜绿等。上好的碧玉色如翡翠绿色，粗看易与翡翠相混，但细看质地截然不同，并含有大量黑色包裹体。这是因为它的矿物组成除透闪石外，含铁过多引起的，并含有铬尖晶石、钙铬榴石、磁铁矿、黄铁矿、绿泥石等杂质矿物形成黑色斑点状包裹体，其密度也高于其它品种软玉约3.006g/cm^3。我国新疆产的玛纳斯碧玉和加拿大碧玉相比，玉质更为滋润，油润性更强；加拿大产碧玉色呈艳绿色，玉性较粗，雕琢时易起皮或暴口。碧玉透闪石含量通常在96%～98%。

（8）墨玉：墨玉是颜色呈墨绿至黑色的软玉。它的

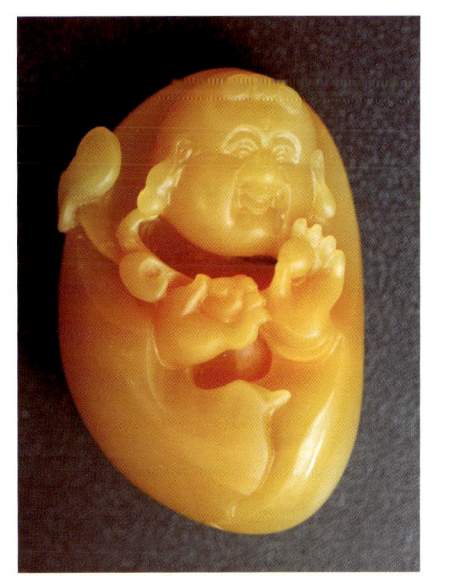

图11-9 黄玉手件 童子
46.4g　71×55×33mm
品质：色栗子黄　质地细　润度略差　工艺良
市场中间价估算约人民币：5.7万元

图11-10 和田籽料 兽型 手件 （具假皮色，俗称二次皮）
105.5g 57.5×40×29mm
品质：色羊脂白 质地细润度略差 工艺良
市场中间价估算约人民币：10.2万元

颜色主要是含铁量高达3.92%所引起，并时常含有微细石墨杂质。有时多种颜色可同时集聚在一块软玉上（如俗称"烟青玉"），形成墨玉和白玉的强烈对比；常用俏色雕琢。纯黑色抛光后油黑发亮，是目前不可多得的软玉品种，具较大升值潜力。墨玉主要产于新疆昆仑山喀拉喀什河的墨玉河和皮山地区。

第二节 软玉的鉴定与区别

一、真假软玉的区别特征

随着白玉市场的不断升温，白玉收藏为更多人喜爱，伴随着白玉材料及工艺成品中以假充真、以次充好现象的蔓延，其中以白东陵冒充白玉，用白色大理岩（阿富汗玉）冒充白玉，甚至用白玻璃（料器）充作白玉销售比比皆是，这些现象在市场上层出不穷、屡见不鲜。但只要认真仔细地鉴定，不难区别它们。表11-1列出了软玉的简易区别法。

图11-11 大理岩爵士瓶（俗称阿富汗玉）
粗看与羊脂白玉相似 但硬度很低，仅3
遇酸起泡
市场中间价估算约人民币：0.08万元

表11-1 软玉的简易区别

品种 检测方法	软玉	白色翡翠 硬玉	石英岩 白东陵	大理岩 阿富汗玉	蛇纹石 岫玉	钠长石	玻璃 （料器）
折射率	1.60	1.66	1.54	1.49~1.66	1.56	1.53	1.55
密度g/cm³	2.9~3.1	3.33	2.65	2.9	2.57	2.61	
硬度	6~7	7	7	3	5.5	6	4
放大观察	纤维结构	纤维结构	粒状结构	粒状结构	粒状结构	粒状结构	气泡旋涡纹
三溴甲烷 2.9g/cm³	下沉	下沉	上浮	悬浮	上浮	上浮	上浮
稀盐酸	不变	不变	不变	起泡	不变	不变	不变
其它检测	油脂感	玻璃光泽	手感轻	刀片可刮动	手感轻	手感轻	手感轻，贝壳状断口

二、真假籽料皮色的区别特征

软玉籽料的皮色是反映内在油润的一种表现，这种次生色的皮色是大自然的造化，可谓千姿百态：有的呈散点状，有的呈云片状，有的呈亮红色，有的呈桂花黄，价格比不带皮的籽料高许多。另外在雕琢时巧用表皮的颜色进行俏色处理，将会大大增加雕件的艺术价值来提高销售价格，特别是皮色还是区别山料、籽料最好的鉴定特征。近几年喜爱皮色的人也越来越多，具有良好皮色的籽料价格也逐年上涨，一块质地优良的300克枣红皮籽料已卖到50万元，每克达到1666元，是黄金的10倍还多。在高额利益驱动下，不法商人为牟取暴利，将质地、颜色不好的籽料或磨蚀成籽料外形的山料，经人工染色处理以冒充带皮籽料出售，蒙骗消费者。真假皮色的鉴别应引起价格鉴定人员的广泛关注。表11-2列出了真假软玉籽料皮色的区别特征。

图11-12 和田籽料 兽
108.5g 59.5×38.3×26mm
品质：色羊脂白 质地细润 略带皮色俏雕 工艺精良
市场中间价估算约人民币：25.3万元

图11-13 和田籽料的假红皮板指 和田籽料（人工红皮"二次皮"）	左
图11-14 籽料包金（和田红皮籽料）	中
图11-15 山料磨蚀或籽料外形并经人工染色处理的假皮假籽料	右

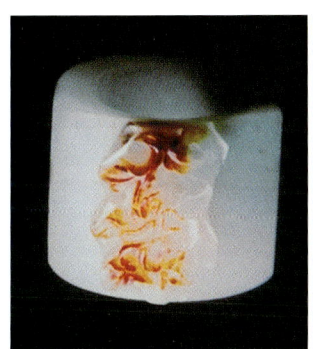

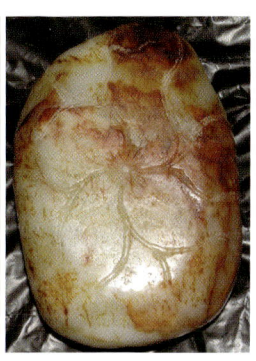

表11-2 真假籽料皮色的区别

		天然籽料皮色	人工染色软玉皮色（俗称二次皮）
显微观察		内部隐晶质毛毡状或纤维状结构；晶粒极细。	内部有隐晶质（籽料染皮色）或显晶质（山料磨圆）的毛毡状或纤维状结构，晶粒粗细不等。
	表皮	布满细小麻坑，由肉质决定坑的大小。	光滑无麻坑，有磨光留下生硬的痕迹。
	色形	具原生皮色沁，呈网纹状或蜈蚣纹状。	色浮于外表，不像天然皮色深入肉内具层次感。
	颜色	丰富，不均匀，有深浅变化的过渡，且自然。	单一，无深浅变化的过渡而不自然，生硬。
皮色特征		a. 风化色呈淡黄或色白呈不规则团块状，斑点状沿裂隙分布，深入体内，由软玉含铁氧化风化形成过渡色。 b. 浸染色：呈黄、棕、暗红、黑，由外界的铁的侵入形成。色呈团块或斑点状沿裂隙或风化物由深到浅的变化分布；色可深入较深的体内。	a. 不具风化物伴生矿，色在白花、裂隙、僵斑处富集。 b. 植物染色的色虽逼真，但极易褪色。 c. 化学试剂染色：先由酸处理再染色，色不自然真实且干涩，色溶解于弱酸。 d. 火烧热处理染色，色仅存于表层，表面产生细小龟裂纹，且色截然不同。
内部特征		色在结构薄弱部位富集，并伴随不透明风化物，内部质地细润，光泽柔和。	质地细润不一，可见石脑、石花。
块度		一般较小，大者少见，几十公斤罕见。	可大可小。

图11-16 软玉手件 金蝉脱壳
32g 57×31×21mm
品质：俄罗斯产地软玉 细润度略差 色白
俏色雕琢 工艺极精细
市场中间价估算约人民币：3.6万元

三、新疆（和田）、俄罗斯、青海软玉的区别特征

俄罗斯软玉、青海软玉在市场上大量出现有近二十年的时间。虽然都属软玉系列，但是受地质环境等诸多因素影响，与新疆软玉，特别是制成的工艺品相比，玉质观感、滋润细腻等效果并不同，因此，这是新疆的软玉价格高于俄罗斯和青海软玉的重要因素，表11-3列出了上述三个产地软玉的特征，供大家参考比照。

表11-3 新疆和田、俄罗斯、青海软玉的区别

内容	产地	新疆软玉	俄罗斯软玉	青海软玉
质地	结构	隐晶质结构为主，含显微纤维状、片状结构，呈毛毡状。	显微纤维状、片状结构为主，含隐晶质结构呈放射状。	粒状纤维变晶结构，呈放射状或杂乱分布。
	晶粒	颗粒细小均匀，间隙呈紧密镶嵌结构。	颗粒大小不均，间隙排列不规则结构。	颗粒大且不均匀的杂乱排列结构。
	透明度	微透明	微透明至不透明	半透明
	细润度	细腻，润滑	比较细腻	不细腻，具刚性
	光泽	强油脂光泽	油脂光泽	半玻璃光泽或蜡状光泽
外观	籽料	具原生皮色沁。色呈蛛网纹或蜈蚣纹；颜色丰富，通常有白、灰白、秋梨、枣红色等；表皮布满细小麻坑（坑的大小由肉质粗细决定）；质地如凝脂，油性极强；云絮纹理短而致密。	皮色较单一，具白色、乳白色为基色的棕褐色、蛋黄色；色由深褐至浅褐到白色的串糖现象。表皮不具麻坑，部分糖色有黑褐斑点并具糖包玉现象，质地细腻温润，油性较好，色虽白但泛油泛灰，又称糖皮白玉或灰皮白玉。	
	山料	内部云絮状纹理松散，呈条状丝状；有些具粒状闪星，质地出入很大。	内部晶粒大小和排列不均匀；云絮状纹理呈团块状，夹带细裂纹；由于玉本色和糖色杂质硬度差异，一同打磨后出现桔皮效应；质地不够细润，性硬，雕琢时易崩口、起皮。	颜色呈灰白～米汤色；色不正不明亮，并夹带烟灰、翠青或黑色，有絮状棉绺或黑褐斑点的石筋、石钉，多见半透明水线。
	山流水料	色内外一致，细润，与籽料比油脂性和糯性稍差。	质地细润，油性好，但润度不够，具玻璃光泽感。	

(续表) 表11-3 新疆和田、俄罗斯、青海软玉的区别

产地\内容	新疆软玉	俄罗斯软玉	青海软玉
原生矿成因	1、产于花岗岩、花岗闪长岩与白云质大理岩接触带中的矿床，以白玉、青白玉、青玉为主（和田、于田软玉矿）； 2、产于蛇纹石化橄榄岩及辉石岩中矿床，以青玉、墨玉为主（玛纳斯软玉矿）。	1、产于酸性岩浆岩与云质大理岩接触带中矿床，以褐、棕黄、黄色、青色、白色软玉，俄罗斯贝加尔湖地区。	产于中酸性侵入岩与镁质大理岩接触交代变质型矿床，以白玉、青白玉、青玉为主，青海格尔木软玉矿。
化学成分(wt%)	SiO_2　Al_2O_3　Fe_2O_3　FeO　CaO　MgO　Na_2O　K_2O　H_2O+　H_2O-　Cr_2O_3 新　疆　56.38　1.24　0.78　0.62　15.76　24.82　0.11　0.03　0.03　0.07　0.003　99.843 俄罗斯　57.95　1.16　0.15　0.12　13.20　24.08　0.21　0.09　0.01　0.09　0.005　97.065 青　海　55.74　0.11　0.12　0.09　14.17　23.20　0.097　0.04　0.38　0.12　0.009　94.076		
产出状态	1. 山料：产于山上的原生矿。块度大小不一，呈棱角状。 2. 山流水料：原生矿经自然风化后由泥石流、河水、搬运至山下或河流上游的玉石。特点：距原生矿近，棱角稍有磨圆，内外色质一致，表面光滑，呈纹状感。 3. 籽料：原生矿经风化剥蚀，由泥石流、河水搬运至河流中下游的砂矿中。特点：块度小，常为卵形，质地紧密细腻，外表常有氧化形成的不同皮色黄、黑、褐、红等。 4. 戈壁料：原生矿经风沙暴冲击至戈壁滩。特点：棱角圆滑，表面光滑，常呈波纹面，大小不等；小沙孔，块度大小不等。	1. 山料：新、老坑糖白玉，白皮白玉，灰皮白玉。 2. 山流水料：以片状产出为主。 3. 籽料：颜色：呈白色、灰白色、奶白色。内外颜色分层，外层灰白色，内层深褐色至浅褐色，一直过渡到纯白色。	山料：同新疆软玉。 不见山流水料、籽料。 颜色：白、灰色、黄灰白、伴生白玉的烟青色、翠青色青玉是特征色。
颜色	羊脂玉：晶粒0.0006mm×0.033mm～0.001mm×0.01mm，毛毡状或纤维变晶结构，透光观察略带粉色。 白玉：晶粒0.009mm×0.002mm～0.018mm×0.006mm，呈柱状长柱状纤维变晶交织结构，个别晶粒粗大。 青白玉：晶粒0.006mm×0.002mm～0.014mm×0.004mm，残余花岗变晶结构。 青玉：晶粒0.0013mm×0.0053mm～0.006mm×0.004mm，纤维呈变斑或篱束状变晶结构，局部毛毡状、放射状结构，含杂质呈大理岩残余结构。 碧玉：晶粒0.0002mm×0.03mm～0.05mm×0.0026mm，放射状杂乱聚斑结构或纤维状、毛毡状结构。 黄玉：晶粒极其细腻，大小均一，纤维状，毛毡状结构。 墨玉：晶粒0.0033mm×0.0033mm～0.08mm×0.0053mm，填充的石墨0.01mm×0.0066mm。 糖玉：主要指颜色呈黄褐至红褐至棕褐色的软玉，业内人士称为糖色。		

第三节　软玉品质的价格规律

一、软玉价格的一般规律

1、按软玉的产出来区分价值：

籽料价值>戈壁料价值>山流水料价值>山料价值

2、按软玉的产地来区分价值：

新疆（和田）软玉>俄罗斯软玉>辽宁（河磨）软玉>青海（格尔木）软玉

3、按软玉的颜色来区分价值：

羊脂白玉或黄玉>白玉>青白玉或黑玉>青玉或糖玉>碧玉

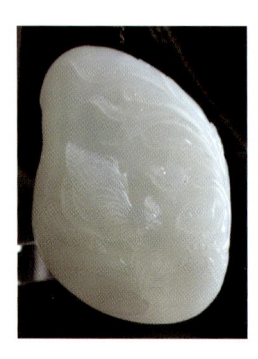

左 | 图11-17　和田籽料手件母子情深
重：122g
品质：色羊脂白　质地细润　油性好
市场中间价估算约人民币：26.8万元

右 | 图11-18　和田山料镂空手件
重：54.2g　60×39×23mm
品质：色白　润度一般　工艺佳
市场中间价估算约人民币：3.5万元

二、新疆和田软玉的价格变化

随着我国人民生活水平的日益提高，收藏、投资需求不断升温，软玉特别是优质的白玉在市场上更是奇缺难寻。近几年，和田玉价格更是一路飚升，几十万元一块羊脂白玉玉牌已不是新鲜事。新疆维吾尔自治区宝玉石协会统计26年来和田玉价格变化足以证明，并预计仍有升值的可能。和田玉26年涨了近3000多倍，应引起价格鉴定人员关注动态发展，正确鉴定软玉价值。

1980年　　　一级和田玉山料　80元/公斤
　　　　　　籽料　100元/公斤
1990年　　　一级和田玉山料　300元～350元/公斤
　　　　　　籽料　1500元～2000元/公斤
1995年　　　一级和田玉山料　800元～1000元/公斤
　　　　　　籽料　6000元～10000元/公斤
2000年　　　一级和田玉山料　2000元～3000元/公斤
　　　　　　籽料　10000元～15000元/公斤
2003年　　　一级和田玉山料　4000元～5000元/公斤
　　　　　　籽料　30000元～40000元/公斤
2004年　　　一级和田玉山料　8000元～10000元/公斤
　　　　　　籽料　60000元～80000元/公斤
2005年　　　一级和田玉籽料　100000元/公斤
2006年　　　一级和田玉籽料　300000元/公斤

三、软玉品质的价格规律

评估软玉的价值除了要注意一般规律的三要素外,主要还是考虑它的质地,这是一个复杂而困难的工作。因为籽料来源于山料;色彩来源于矿物组成成分和杂质的含量;质地、透明度和细润度来源于矿物结构。所以人们往往从白、润、细、俏四个方面来衡量软玉的价值。

(一)白

白色彩的微妙变化,使人们对白有各种描述,如脂白、润白、透白、青白、僵白、燥白等。白的色调与软玉的内在质地与产地有关,价格也不一样。白如羊脂,润如肌肤,给人视觉上的愉悦,喜爱人多价就高。而僵白、燥白给人枯燥无味的感觉,价格自然就低。应注意:

1、白的观察应该在自然光或宝石灯下进行,光线的差异往往会影响玉色的判断,导致价格差异;

2、玉色的判断应该与玉质综合考虑,二者缺一不可。目前市场上优质的羊脂白玉价格已高达数十万元一公斤,甚至以粒或克论价。

(二)润

润就是油润。所谓"油润"或"干燥"只是相对而言。玉如同小孩的肌肤滑润呈油脂状,它吸取大自然的精华,含蓄而深沉,光泽张扬而不刺眼,温柔而又文雅,这才是滋润的感觉。

图11-19 和田籽料 佛珠
276.8g
佛珠由108颗头像(水浒108将)组成,其中宋江为和田墨玉籽料 43.5×41mm 107颗为和田籽料 8×5mm 雕琢而成
品质:色均匀 质地细润 工艺精良 是一件不可多得的艺术品
市场中间价估算约人民币 57.45万元

(三)细

细就是玉的内部结构。高纯的透闪石含量,使得晶粒细小均匀,排列密集。隐晶质结构好于显晶质结构的毛毡或纤维状排列,形成质地细腻且不透明的外观,造就了玉的细腻质地,洁净无瑕的品质,内部呈毛毡结构,密度相对较大、紧密,产生色泽浓重而不僵白的合理组合。古人用"缜密以栗,智也",来描述软玉的内部结构。

(四)俏

主要是玉料颜色和外表皮壳色彩的合理组合,这又离不开能工巧匠的设计和雕琢时的合理利用。所以皮色不仅可反映内部玉质,而且

图11-20 和田籽料摆件 太白醉酒
113.7g 75.5×47×29.5mm
品质:色羊脂白 质地细润 油性好 工艺精
市场中间价估算约人民币:37.18万元

可增加作品的艺术想象表现力，因此有皮者价高。

上述四点综合了软玉的品质，它们互相关联，互相作用，形成各种各样的组合，充分体现了软玉玉料的品质与价值规律，需要价格鉴定人员深刻领会，综合把握。

表11-4 和田软玉等级标准（1981年轻工部）

品种	等级	等级标准
白玉 （籽料）	特级	羊脂白色，质地细腻滋润，无绺，无杂质，质量6kg以上
	一级	色洁白，质地细腻滋润，无绺，无杂质，质量3kg以上
	二级	色白，质地细腻滋润，无绺，无杂质，质量1kg以上
	三级	色灰白，质地细腻滋润，稍有绺，无杂质，质量3kg以上
	等外	色、质地、块度未达到以上标准
白玉 （山料）	特级	色洁白或粉青，质地细腻滋润，无绺，无杂质，质量10kg以上
	一级	色白或粉青，质地细腻滋润，无绺，无杂质，质量5kg以上
	二级	色青白或泛白，质地细腻滋润，无绺，无杂质，质量10kg以上
	三级	色青白或泛白，质地细腻滋润，稍有绺，无杂质，质量10kg以上
	等外	色白或青白，质地细腻滋润，有绺，有杂质，质量3kg以上
青玉 （籽料或山料）	一级	色青绿，质地细腻滋润，无绺，无杂质，质量10kg以上
	二级	色青，质地细腻滋润，无绺，无杂质，质量5kg以上
	三级	色青，质地细腻滋润，稍有绺，有杂质，质量5kg以上

注：白玉籽料特级质量10kg以上，90年代新疆工艺美术公司等级标准质量是6kg以上。

左

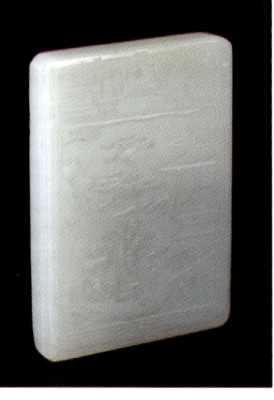

图11-21 和田白玉挂件时来运转
重：28g 尺寸：直径52mm
品质：色白 润度一般 工艺佳
市场中间价估算约人民币：1.28万元

右

图11-22 和田白玉牌
重：70.1g
尺寸：70×49×7.5mm
品质：色白 润度一般 工艺佳
市场中间价估算约人民币：4.5万元

第四节　玉雕制品的价格鉴定

一、玉雕制品体现的价值

俗话说："玉不琢，不成器；石不磨，不成宝"，大多数的宝石原料只有经过特殊的款式设计和精细的琢磨加工，才能成为一件既有装饰功能，又具美学价值的工艺性商品，因为只有商品才可用价格去衡量。玉石雕琢是一种艺术创作的结晶，昂贵的玉石材料因材施艺和精雕细琢，才能最大限度体现材料的价值。

第十一章 玉中之后——软玉品质与价格的鉴定

虽然体现玉雕制品价值有多种因素，真正能体现玉雕制品价值的因素主要为：材料自身的品质（档次、种类、颜色、光泽等），作为艺术品的设计创作和雕琢工艺精度。

（一）材质的品质价值

不同的材质品质不同；不同的玉料价格差别很大，即使同类玉料品质不同都将影响其价值。

翡翠品质着重体现颜色的艳、俏，透明度越高越好，因此颜色相差一点，价格就是几万甚至几十万元差别，加工时就要尽可能保留其绿色。

图11-23 和田山料玉挂件 蝉
25.2g 65×21.5×15mm
品质：色白 细润度略差 工艺优
市场中间价估算约人民币：1.8万元

软玉品质应该着重体现凝脂光泽，质地细密而坚实，纯厚而温润是首位。而白色，在相同质地时以白为贵，除羊脂白玉外，主要辨别白的纯度，偏灰、偏青都将影响其价值，同样白而不润（僵）价格就低。

（二）设计创作和加工工艺精度的价值

1、设计创作的价值：

一件精湛的玉雕珍品，它们的材质品质不一定是最好的，但工艺一定是最好的，设计一定是独特的。

玉石的雕琢工艺分为设计、雕刻、抛光等几个步骤。设计创作是对原材料处理前的综合分析，应该：a.物尽其材；b.优料精用；c.次料巧用；d.雕琢施艺应该慎之又慎，既要照顾白玉玉质，又要利用皮色俏雕。最大限度体现玉的价值，这是设计的总体原则，更是设计制作者的见识、阅历、智慧、想象力的综合体现。设计的玉雕制品往往是以自然界人、物、景为基础，并以流传典故为题材，体现一件艺术品的价值。它们的原则是：

(1) 尊重原作，形像准确；
(2) 遵循历史，保留原样；
(3) 比例协调；
(4) 夸张有度，创意适当；
(5) 经济、美观、实用。

2、雕琢工艺精度的价值：

玉器的雕琢是雕刻技艺的展示过程，雕琢过程应该见面留棱，以方代圆，先浅后深，留实打虚。通常有线雕、圆雕、浮雕、透雕和镂雕等技艺，重要的是体现白玉的洁白、润滑，造型简洁而巧夺天工。制作、雕琢艺术评价如下：

(1) 雕工的精细程度，越精细越费时，价值就高；

图11-24 和田玉原石
重：2350g
品质：籽料 色羊脂白 细润
市场中间价估算约人民币：55万元

(2) 雕件的大小，大尺寸比小尺寸价值高；

(3) 品相的完美程度，有残次的价值低；

(4) 对瑕疵、绺裂的处理，特别是白玉所制成的雕件应该洁白无瑕；

(5) 俏色的利用，白玉中杂色是瑕疵，但巧妙利用，往往可以大大提高玉器的价值；

3、白玉作为艺术品的价值评判：

(1) 审视材料是否最完善的利用；

(2) 审视独到艺术的展现程度；

(3) 创意工艺演绎的完美程度；

(4) 造型的平稳、对称性；

(5) 作品的层次衔接性；

(6) 作为艺术品的精抛细修程度。

二、玉雕制品的价格鉴定

确定玉雕制品的价值可用市场比较法，也可用成本法进行价格鉴定。

（一）市场比较法

应用市场比较法关键是找到相类同器型的玉雕制品在同类市场条件下的价格，并根据鉴定标的品质工艺差异进行调整（如拍卖行、大型商场、专卖店），最终确定出价格鉴定标的市场价格。目前软玉市场主要在上海、北京、新疆乌鲁木齐、广东广州、河南、江苏。表12-5列出了2007年中国玉雕拍卖成交价格前十位的制品。

图11-25 和田籽料 链条瓶
255×88×30mm
品质：色灰白带黑点 质地细润 工艺精良
市场中间价估算约人民币：46.6万元

表11-5 2007年拍卖十大最贵玉器

	名　称	成交价（RMB）	拍卖行
清乾隆	白玉鹤鹿同春笔筒	51383125	香港佳士得
	御制翡翠和田玉扳指七件	46886400	香港苏富比
	御制紫檀木嵌"延年"龙凤纹古玉璧御题诗插屏	34135200	香港苏富比
	御制白玉松树纹笔筒	17867125	香港苏富比
	白玉"太上皇帝之宝"	15207125	香港佳士得
宋晚期	御制白玉饰一组十件配紫檀龙云纹双层盖盒	14289600	香港佳士得
宋/明	黄玉双螭盖瓶	11483125	香港佳士得
清乾隆	黄玉巧色雕双鱼螭龙"鱼龙变化"图瓶	10099925	香港苏富比
	御制和田碧玉暗刻填金乾隆御笔"山阴真面"玉册	8632800	香港苏富比
	御制白玉云蝠纹"游龙戏珠"图如意	8291125	香港苏富比

第十一章 玉中之后——软玉品质与价格的鉴定

左 图11-26 和田籽料手件 大展宏图
113g 61×53×31mm
品质：具秋梨皮色 玉色白 细润
俏色雕琢 工艺精
市场中间价估算约人民币：3.2万元

右 图11-27 和田山料墨玉挂件 蝉
34g 68×25.5×16.5mm
品质：色黑 质地细润 工艺精细
市场中间价估算约人民币：2.5万元

（二）成本法

成本法价格鉴定玉雕制品，首先要确定原材料的价值，其次是加工工艺成本。

1、软玉原材料的市场价格：主要参考标的当地市场条件下的原料价值，也可参照北京、上海等地的市场价格，并作适当调整（如运输费等）。对于特殊级别的原料应该参考历史或拍卖价格并进行综合调整。

2、设计制作成本：主要取决于制作的工艺水平、复杂程序、精细程度、制作人的名望、创意劳动力成本。表11-6列出了目前软玉制品的基本价格表。

表11-6　　玉雕制品的工艺参考价

雕作工艺	精　工	良　工
一般摆件	50000～100000	10000～50000
子冈牌	10000～30000	5000～10000
手　件	5000～20000	2000～5000
小　件	1000～5000	500～2000

注：(1)大师有创意的工艺可溢价130%～150%；
(2)摆件重量约8kg～50kg不等，大型摆件应议价；
(3)高档玉料随行就市，不能选超参考价。

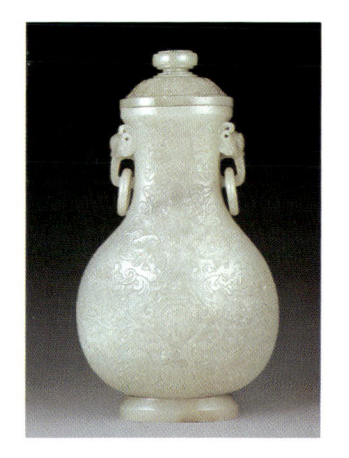

图11-28
清乾隆 白玉雕八吉祥寿字纹双耳瓶
高25cm
成交价：100.8万人民币
北京瀚海 2007.12.17

图11-29
清乾隆 白玉镂雕烹茶洗砚图笔筒
高25cm
成交价：69.1万人民币
香港佳士得 2007.11.17

图11-30
清乾隆 黄玉盘螭尊
高161mm
成交价：145.6万人民币
中贸圣佳 2007.12.1

例：2007年5月 ××公安分局委托价格鉴定××单位被盗白玉白菜一件，润度一般。

1、经鉴定该软玉为青海产，色灰白，底部有一条长7cm裂隙，重量为24.5kg，尺寸约为长42cm、宽16cm、高24cm，做工精良，出自名家设计制作之手。

2、采用成本法价格鉴定

    (1)基准日青海玉原料价约3000元～5000元/千克，取4000元/千克

    (2)成品玉料为原材料1.5倍，即24.5×1.5=36.75，取36Kg

    (3)玉料价格4000×36=144000元

    (4)该玉料制作周期约半年，费用约5万元

    (5)做工精良，名家设计制作费5×150%=7.5万元

    (6)价格鉴定标的成本价值=144000+75000=219000元

    (7)利润30%：219000×30%=65700元

    (8)价格鉴定标的价值=219000+65700=284700元

3、其它：略

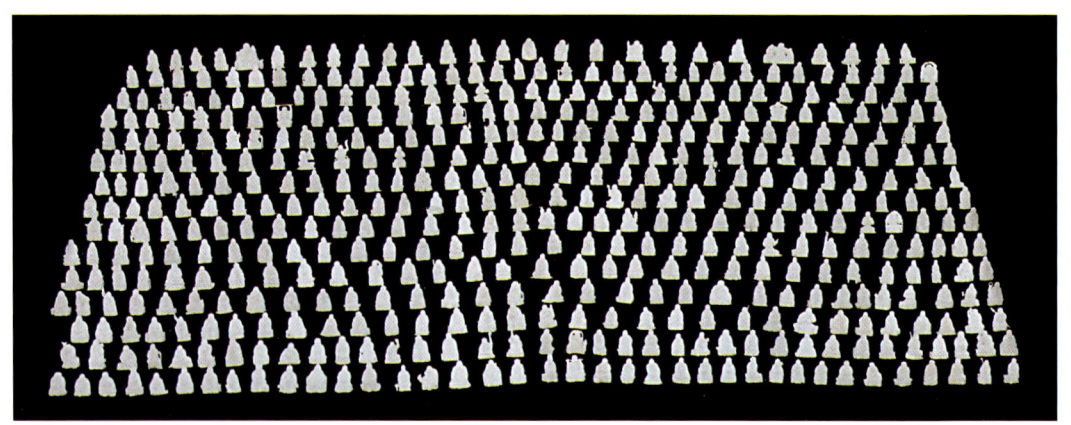

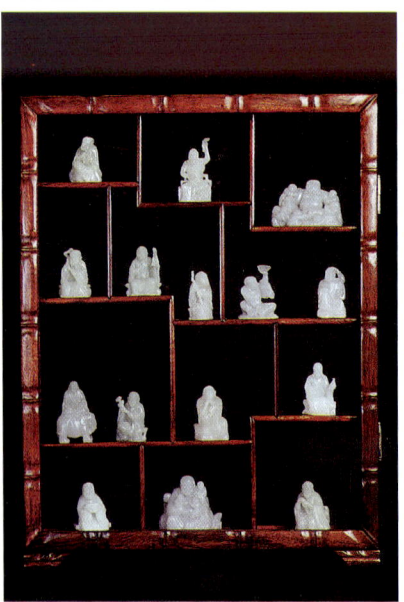

图11-31
和田白玉五百罗汉
部分摆件图"
品质：山料、山流水、籽料
颜色：白、灰白
润度：好——一般
工艺：佳
设计制作：冯建森、邵竹庭
制作地：上海

第十二章 首饰品质与价格的鉴定

首饰包括贵金属首饰和宝石镶嵌首饰，是人们为了美丽而用的装饰品。它们是人类在与大自然搏斗中显示力量的象征，也是人们为了避邪求福的寄托，更是财富与身份的集中表现。另外，一颗宝石无论多么美丽，都必须依赖贵金属的衬托和点缀，因而由贵金属制成的饰品在品质与价格鉴定中占有极其重要的地位。

第一节 首饰表面处理工艺的概念

不同材料经特殊处理后除了增强它们的艺术效果和美观外，也容易与金首饰的外观混淆，应该引起价格鉴定人员的了解和重视。下面作简单介绍：

一、镀金饰品

在金属、合金、塑料等材料表面镀上一层特定的金属层（如金、铂、银），镀层厚度一般在1um以上，镀层较薄时，耐磨性差，容易露出金属本色，常用标记 KP 或 KGP。如18KGP 表示表面的镀层为黄金18K。目的是：1、增加饰品的价值和表面的特殊光泽；2、增加饰品的光亮性；3、增强表面耐磨性；4、增强表面耐腐蚀性。

二、包金饰品

包金是把黄金压成薄片，并包裹在其它金属外层。目前市场销售的所谓"包金"饰品往往是镀金工艺，只是镀层较厚而已。我国国家标准规定了金的镀层5um以上才能称为包金。

图12-1 18k镶翡翠钻石二用排链
金重：118g 钻石：28.85ct
品质：色阳绿 冰种
市场中间价估算约人民币：185万元

三、贴金饰品

贴金是利用黄金的柔韧性，反复锤打成很薄的金箔，粘贴在饰品表面。目前1克黄金反复锤打后可延展成三寸见方、重0.0085克的金箔95张左右。该工艺常用于古建筑装饰部件、佛像、屏风等工艺饰品。

四、鎏金饰品

利用黄金溶解于水银（汞）中，形成可涂沫的金汞，将液体的金汞涂抹在饰件的表面，

珠宝首饰价格鉴定

加热后水银形成汞蒸气挥发，使黄金留存于饰品上。金汞具有附着力强，金层厚度可控制特点，时常用于工艺摆件。

五、描金饰品

是将金粉和胶调配在一起，形成"金墨"，对饰品进行勾画装饰的工艺，常用于大型壁画、挂屏等工艺品。

六、仿金饰品

模仿金的外观颜色，常用GF表示，如仿18K金饰品标记为18KGF。

七、其它工艺饰品

包括烧蓝工艺饰品、点翠工艺、砂纹处理等工艺饰品，都将表现首饰的表面处理工艺，需要价格鉴定人员不断深入掌握了解，扩展自己的鉴定水平。

第二节 贵金属首饰的制作工艺及品质鉴定

贵金属可以制成的饰品种类繁多，形式各异，除了装饰人体的头饰、耳饰、鼻饰、手饰、臂饰、颈饰、胸饰、腰饰和脚饰外，还有一些特殊的日用艺术装饰及由贵金属镶宝的饰品，所有饰品可以归纳成机械制作、人工制作和机械人工混合制作的镶嵌饰品三类。无论何类生产方式制作的何种款式饰品都要经过以下几个步骤：

1、开料：项链要把料制成长条状，以便拉丝。油压产品把料制成板材状等等。

2、制型材：根据产品的不同款式和规格，制成不同型材。

3、制成半成品：根据一般首饰的不同和工艺标准制成不同的半成品。如项链或手链要经过圈环、剪环、穿焊并按不同长度装好两端搭扣。

4、抛光、批花：批花包括手工和机械方式。形成线条流畅、图案精美的各种花色款式。

5、精抛：选择不同的表面处理效果，达到均匀细致的整体效果。

图12-2 铂金镶祖母绿钻石女戒
金重14.77g 祖母绿：21.60ct 钻2.56ct
品质：弧面型 色弱 蓝绿色 净度SI
市场中间价估算约人民币：35.9万元

一、饰品的机械制作与品质鉴定

（一）饰品机械制作工艺特点：

1、浇铸饰品

浇铸的饰品范围较广，是一种液态成型的工艺方法，融合了物理、化学、机械工艺学和几何学的综合工艺，可以用来制作戒指、耳环和手镯，也可以用来生产工艺摆件、胸针、吊坠等。

(1)特点：生产效率高、款式变化快，可以满足批量生产规模，但饰品比较疏松、易变形、断裂。

(2)制作工艺过程：起板（制模型）→制橡胶模→制蜡模→种蜡树→制石膏模→浇铸→修整→镶石→抛光→清洗

2、电铸饰品

电铸工艺是近几年发展起来的新型饰品的制作工艺，工艺原理与前面电镀工艺类似，主要制作工艺摆件和挂件饰品。它是加厚电镀层，使金属逐渐沉积，由母体模型直接制造出各种造型工艺品。适于形状复杂的薄壁饰品，以及批量生产饰品。

（1）特点：看似体积大，但重量轻，造型生动、栩栩如生。

（2）制作工艺过程：制版→开胶模→修蜡→涂银油→电铸→清洗除蜡→抛光清洗。

图12-3 18k镶翡翠钻石戒
金重6.8g　钻石1.22ct
品质：色翠绿　冰种
手寸：17号
市场中间价估算约人民币：8.9万元

3、冲压饰品

利用特制的模具对金属材料冲压，得到饰品整体或部件的工艺，并进行后期处理（焊接、电镀、抛光、清洗等）。

（1）特点：适用于平面凹凸或起伏不明显的批量组合饰品，如镶嵌常规外形宝石饰品的耳环、挂坠等。另外，精致的冲压饰品可以减少额外的修整，且饰品致密、坚硬，因此冲压工艺既可制作昂贵定制的饰品，又可用来制作廉价饰品。

（2）制作工艺过程：根据设计要求制作模具，通过冲压机械在金属上制成浮雕图案外形首饰。

（二）饰品机械制作的品质鉴定

1、浇铸与电铸首饰的品质缺点：

（1）缺铸：没有被浇铸的部分；

（2）变形：铸件结构复杂，与设计的外形有区别；

（3）砂眼：杂质或空气引起孔洞或黑点。

2、冲压饰品的品质缺点：

（1）图案不准；

（2）饰品厚薄不一，并具明显接缝；

（3）边缘有下切现象、尖锐、锋利。

对于机械制作的饰品不管采用何种工艺，只要有上述品质缺点的都必须扣减价值。如果是精品饰品、仅此一件的饰品，则随着制作首饰知名度高低，其附加值也要比一般饰品高许多，如国际著名品牌卡地亚、蒂芙尼的珠宝，比不知名品牌的首饰在价格上可溢价。

二、饰品的手工制作及品质鉴定

（一）饰品的手工制作工艺特点

手工制作饰品的工艺至今仍是基本的方法，现代机械制作首饰的后序处理也离不开手工制作。手工制作的典型工艺是：实镶工艺和花丝工艺。

1、实镶饰品：是用锤、锯、锉、钳和焊枪等工具，将金、银等金属块，经锤打、切割等制作成饰品的基本形状，再锉光、焊接成整体的艺术品。

特点：（1）适于个性化款式，独此一件或样品的试制；

（2）层次丰富，线条流畅，整体性强；

(3) 装饰效果较佳。

2、花丝饰品：用金属细丝盘曲掐花、填丝、堆架等手段制作的各种造型的细金工艺。它是在一个平面内用精细不等的丝盘曲填入设定纹样的工艺饰品。

特点：(1) 花纹精细，造型丰满，有层次感，盘丝流畅，填丝均匀平整；
(2) 在外力作用下细丝易变形、开焊；
(3) 花丝间沟缝易积灰藏污垢。

3、手工制作的工艺过程：前期准备→分件加工→拼合定型→焊成整体→精细修理→抛光清洗→宝石镶嵌

（二）首饰手工制作的品质鉴定

1、表面光洁，无气孔无砂眼，色泽一致。

2、棱角光滑无毛刺。

3、焊接牢固无虚焊、漏焊和焊瘤。

4、配件牢固、灵活、对称。

5、印记准确清晰，位置适当。

三、成品首饰的综合品质鉴定

不管是机械制作或手工制作的首饰饰品，都必须符合下列要求：

戒指：圈口周正，无毛刺、棱角光滑、妥贴

耳饰：左右对称，夹头牢固，针尖圆钝

项坠：重心正中，挂环部位适当

项链：链身垂直不翻转，链粒均匀，运动自如，搭扣与链匹配适合又牢固

胸针：造型别致，针有弹性，尖而不带刺

手镯：平整，周正，内部光滑

摆件：主题明确，夸张有度，表面无变形和明显加工缺陷

四、镶嵌首饰的制作与品质鉴定

镶嵌首饰的机械、手工混合制作是指工匠用预制的部件金属片或丝，由人工用锯、焊等拼合成饰品的组合工艺制作过程，常用于不同的镶嵌工艺中。

珠宝首饰的镶嵌技术已有几千年的发展历程，经无数代工匠艺人的创新和努力，至今已发展到几十种不同宝石首饰的镶嵌方法。它们相互关联，相互配合，各有特点。

（一）常用的镶嵌工艺

1、爪镶：是利用金属托上分布的不同数量、不同形状的爪的弯曲，紧扣宝石的边，也是镶嵌工艺中最普遍和最广泛使用的手段。适用各种外型宝石的镶嵌。常用的有二爪、三爪、四爪和六爪等，适用于戒指、挂坠、胸针等多种类型、多种琢型的首饰。

图12-4 18K金镶祖母绿钻石戒
金重：8.9g　祖母绿：0.26ct
钻石：1.1ct　35粒
市场中间价估算约人民币：2.3万元

第十二章 首饰品质与价格的鉴定

2、钉镶：是利用金属的延展性，运用专用工具在金属上铲起小钉，以固定宝石的镶嵌方法，一般有二钉、四钉和密钉镶等几种方法，也是珠宝首饰制作常用的镶嵌工艺。

3、轨道镶：又称槽镶，是利用金属的两条边夹住宝石的边来固定宝石的一种镶嵌方法。轨道镶适用于外形规则的宝石，如长方型、正方型、梯型宝石或钻石，可以比较强烈地反映出小钻群镶的整体效果或豪华首饰中作为副石的群镶（如梯型钻石的曲镶）。

4、包边镶：也称包镶，是用金属边将宝石四周围住的一种首饰镶嵌方法。常用于没有刻面或不规则外形宝石的镶嵌，如猫眼宝石、各种形状翡翠的镶嵌。

5、飞边镶：是金属围起宝石后，在四周起钉固定宝石的镶嵌方法。

6、闷镶：也叫硬镶，是用金属片将宝石四周包住，与包边镶的区别是闷镶没有突出的可见金属边。其常用于钻石的镶嵌，常能与款式造型艺术完美结合，如闷镶盘钻戒。

图12-5 18K金镶翡翠红宝钻石两用胸针挂件
金重：9.8g 红宝：1.70ct 钻石：0.65ct
品质：无色 质地 冰种 工艺精
市场中间价估算约人民币：4.58万元

7、无边镶：是用金属槽或轨道固定宝石底部，借助宝石之间或宝石与金属之间的压力来固定宝石的一种方法。与轨道镶的区别是轨道镶利用金属两侧压力固定宝石，而无边镶是在轨道基础上，宝石与宝石之间相互借力来固定宝石。

8、蜡镶：是将宝石直接浇铸成首饰的一种新型工艺方法。它先把宝石固定在蜡模上，一次性完成主宝石、副石的浇铸和镶嵌，稍作修整、抛光成为饰品。蜡镶工艺可以大大提高工作效率和镶嵌质量，降低贵金属的损耗。

蜡镶工艺也有局限性：（1）经受不住高温冲击的宝石不宜；（2）高温下容易爆裂的宝石不宜；（3）内部包裹体较多的宝石不宜；（4）宝石损耗比例大。

（二）钻石镶嵌工艺

钻石的镶嵌工艺，是伴随钻石加工工艺的发展而不断进步的。不同形状的钻石，不同款式的钻石饰品具有不同的观赏效果。其中，最重要是体现钻石的美观、华贵、简洁、大方和典雅，以此来创造钻石的灿烂永恒。

钻石镶嵌技艺以合适、稳固、美观为前提，它们通过产品的合理设计，完美的工艺质量

图12-6 无边镶　　图12-7 爪镶 壁镶 钉镶　　图12-8 爪镶 壁镶 钉镶　　图12-9 爪镶 钉镶　　图12-10 爪镶 钉镶

标准来保证，使钻石饰品造型华丽，佩戴舒适。主要体现四点：(1)构造美观；(2)体现钻石的光学特征；(3)保证钻石品质的完好性；(4)被镶钻石的稳固性。

（三）异型缺陷宝石镶嵌工艺

五光十色绚丽多彩的宝石，其形状往往不像人造宝石那样规整，总是存在这样那样的缺陷，例如：时常出现在珍珠、翡翠、玉石等宝石中的厚薄无规律，有角有弧度的薄片，左右不等的弧面等等缺陷。异型宝石的镶嵌工艺是从上面讲述的一些方法中演变而来的，形成一种特定的艺术创作，这是因为每一颗异型宝石都是独一无二的，设计制作时往往展现它们最美的一面，即扬长避短。例如：翡翠的色不匀，内部有裂纹；红蓝宝的瑕疵明显，颜色不匀；珍珠的色泽不佳，形体不圆等。下面介绍几种常用的方法，鉴定人员在品质鉴定时应注意分析镶嵌宝石可能存在的缺陷所引起的贬值因素。

1、插孔法：这是一种简单的异型宝石镶嵌工艺，能够完整表现宝石的外形，例如珍珠。

2、包镶法：是包边镶嵌工艺基础改进而来的，能较完美体现特殊造型宝石风采。

3、构造法：是不规整宝石形状用合理的构件镶嵌制作，使作品富有艺术感。

4、择优法：是将宝石最佳特征放置在显眼处。例如将翡翠颜色较好的地方突现出来。

5、藏劣法：针对缺陷较大的宝石的镶嵌。如一面翡翠有裂隙，镶嵌时放在底部使其隐藏起来不影响正面效果；又如缺角宝石采用包镶工艺。

总之，任何一种镶嵌工艺都将展现宝石最美的一面，镶嵌只起补充点缀作用，价格鉴定时寻找宝石或镶嵌工艺可能存在的缺陷，是品质鉴定必不可少的工作。

（四）镶嵌首饰品质评价

1、爪镶品质评价：

（1）俯看饰品，只见宝石不见托；侧看宝石与托连成一片不见空隙。

（2）爪与底座间焊接光顺，无焊料漫溢、干枯现象。

（3）齿爪牢度要充分保证。

2、钉镶、飞边镶、闷镶饰品的品质评价：

（1）托的磨削要光滑，不能留有切削痕迹。

（2）起齿大小要适当，过大遮盖宝石，过小影响牢固度。

（3）齿要光滑圆润，紧贴宝石。

3、包边镶品质评价：

（1）外沿的厚薄要一致。

（2）周边光滑均匀，不能高低起伏。

图12-11 天然紫翡翠雕 观音送子
尺寸：约156×62.2×16.29mm
预估价：16万—20万港币
成交价：32.5万港元（含佣金）

图12-12 18K金镶红宝钻石女戒
金重：8.5g 红宝：6.72ct 钻石：1.34ct
品质：椭圆刻面 色鸽血红（缅甸）
净度P 切工一般
市场中间价估算约人民币：42.35万元

图12-13 18K金镶翡翠钻石挂坠
金重：14.8g 翡翠：25×11×6mm 钻石：2.50ct
品质：异形 色阳俏绿 水种
市场中间价估算约人民币：22.4万元

4、独颗宝石硬镶工艺的品质评价：

(1) 切面光洁均匀，齿形大小一致，高低一致。

(2) 宝石周边的金属座修整妥当，处理干净，无凹坑和毛刺。

5、排钻、硬镶工艺的品质评价：

(1) 位置排列美观合理。

(2) 排列整齐有序，间距相等，高低一致。

(3) 无规则的交叉排列穿插有序，错落一致。

6、槽镶宝石的品质：

(1) 槽轨的平行度不能有起伏。

(2) 槽轨宽度要合适，槽轨过宽宝石易在轨道内移动脱落。

(3) 入轨后的宝石是否损伤。

(4) 金属表面的光洁整齐。

不符合上述首饰品质要求的都必须酌情扣分，降低价值。

第三节 影响首饰饰品价格的主要因素

一、贵金属本身价格的影响

黄金不仅是社会和个人财富的象征，而且是国家财政储备货币，更是世界贸易的硬通货。它具备了保值、流通、储备、支付和货币的多种职能，并广泛地用于首饰、工艺品以及现代工业产品中。

1999年前，我国制定黄金市场的政策，同时也确定了黄金的价格，黄金视作国家储备货币的"金本位"。随着改革开放的不断深入，由市场经济调控黄金市场已成熟。2002年在我国上海成立了黄金交易所，由产金企业与零售企业之间自由交易，为黄金全面推向市场迈出第一步。2007年国家出台了允许个人与企业之间买卖贵金属自由交易,2008年1月的黄金期货交易，为黄金全面走向市场化铺平道路，金银首饰的价格与国际接轨，直接受国际贵金属市场价格的支配和影响。价格鉴定时首饰用的金属价格可以通过查找相关报价资料和市场销售记录来确定，分析比较不同日期的贵金属价格是相当重要的。

二、首饰的设计与制作工艺的影响

目前，首饰的贵金属金、银、铂保值作用已被人们逐渐淡化，而首饰作为一件艺术品的装饰作用进一步加强。是艺术品就需精美的设计款式与精良的制作工艺，所以贵金属饰品的价格中工艺、设计、加工服务占很大比例。对于不同款式的首饰工艺品质要求不同，也有不同的制作费用，而单件制作的首饰还需加上设计费。

三、宝石的品质影响

不同宝石的品质和重量将直接影响首饰的价值；另外副石和金属托虽然只起点缀和衬托作用，但它们的品质同样是组成首饰价值的重要因素。镶嵌后的宝石要特别注意可能存在的缺陷，如裂纹、颜色的不均匀、外形的不完整，宝石的拼合、薄片宝石镶嵌产生的裂隙，主副石的缺损等，都将影响宝石的品质与首饰品质价值的合理确定。

四、标记准确性的影响

金属托上的标记，是价格鉴定的有效价值依据，一般有三种：1、表示首饰材料成色的标记；2、表示宝石重量的标记；3、表示生产单位的标记。另外可能有制作者的代号，需要严格的认定且准确无误，任何怀疑都必须由高一级鉴定机构重新鉴定，包括宝石种类、品质重量、金属成色的确认等。

五、品牌或名人效应的影响

品牌和名人制作或限量发行的珠宝首饰价格和普通首饰价格之间有较大的差异，特别是世界著名的品牌如卡地亚、蒂芙尼、周生生、老凤祥、老庙黄金等，给消费者以真实、收藏、保值的功用，必然会有品牌、名人的附加值，价格也相应的高，它们最高可溢价2倍以上。

第四节　首饰饰品的价格鉴定

一、珠宝首饰的品质鉴定

（一）记录、描述首饰款式：如戒指、吊坠、项链、手镯等现状表现。

（二）首饰鉴定结果

1、贵金属纯度、重量、标记。如果发现贵金属纯色与标记不符，则必须重新测量（X射线荧光光谱仪或试金石条痕法）。

2、宝石的种类、形状、颜色、特殊光学效应、重量（估重）、品质等级及副石种类、数量和缺失数量等。

3、制作工艺及特点：浇铸产品、手工制作产品或手工、浇铸混合产品，精细程度、抛光质量及首饰现有状况的说明等。包括：

图12-14 铂金镶蓝宝钻石女戒
金重：19.5g　蓝宝：10.26ct　钻石：2.47ct
品质：椭圆刻面　色浅蓝　净度VS
切工优（斯里兰卡蓝宝石）
市场中间价估算约人民币：25.8万元

(1) 镶嵌宝石是否周正、平直，主、副石有无松动、掉石现象；

(2) 首饰托架有无变形、走样、划伤、裂纹等现象；

(3) 首饰各部分功能是否运转自如，配套首饰是否紧密；

(4) 浇铸首饰的强度及修饰度是否变形、气孔等；

(5) 焊接工艺的完整性及匹配完整程度；

(6) 宝石镶口的合适、牢固及损坏情况；

(7) 镶嵌工艺的完美性；

(8) 组合宝石的完整性、匹配性；

(9) 检查印记的准确性。

4、品牌或名家制作使用情况的影响。

5、鉴定所用仪器和依据标准。

6、鉴定人员和机构的资质并签名。

图12-15 铂金Pt900镶星光蓝宝钻石二用挂件
金重：27.8g　宝石:24.73ct
钻石:2.63ct
品质：蓝色　产地：斯里兰卡
市场中间价估算约人民币：24.83万元

二、首饰的价格鉴定成本法

（一）贵金属的价格成本

1、贵金属的原料成本随着市场行情而变化，以基准日的单价为标准，乘以纯色，再乘以贵金属重量。基准日贵金属单价可以查阅黄金交易所报价或大型商场的报价。

基本公式：

(1) 金的价格=交易所黄金牌价×100%纯金重量

其中，100%纯金重量=合金重量×金的纯度（%）

(2) 零售金饰品价格=零售金价×首饰金重量+工费

其中，零售金价含税及损耗、利润率，通常利润取5%，黄金损耗取10%～15%，铂金损耗取12%～17%。

例1：基准日是2007年9月30日，首饰材料是18K和Pt900，经查阅黄金交易所报价，铂金Pt900为335元/克，99.99%黄金是165元/克，则：

黄金18K原料成本=165×75%×金属重量=123.75元/克×金属重量

铂金Pt900原料成本=335×金属重量（如果是Pt950，应在Pt900单价上加5元）

表12-1　上海市黄金交易所2015年5月20日交易行情

合约	开盘价	最高价	最低价	收盘价	涨跌(元)	涨跌幅	加权平均价
Au9995	243.65	243.65	231.70	240.97	−2.71	−0.0111	241.09
Au9999	243.21	243.99	240.60	241.17	−2.38	−0.0098	241.24
Au100g	243.01	243.01	241.00	241.01	−2.78	−0.0114	241.72
Au(T+D)	243.50	243.90	240.30	241.00	−3.13	−0.0128	241.57
Au(T+N2)	246.80	247.00	244.00	244.30	−3.05	−0.0123	244.40
Pt9995	244.00	244.75	244.00	244.45	−2.83	−0.0114	244.33
Ag(T+D)	3693	3703	3581	3612	−111	−0.0298	3627

例2：18K黄金首饰零售价=165×75%×(1+15%)×(1+5%)×金属重量+工费

≈149.43×贵金属重量+工费

铂金Pt900首饰零售价=335×(1+17%)×(1+5%)×金属重量+工费

≈411.55×贵金属重量+工费

（二）宝石的成本价格

宝石的价格，可以依据收集的同类、同品质的宝石价格来确定宝石的成本价，或者通过查阅宝石的报价表，依据对宝石的品质、重量（估算）计算出宝石的批发成本。

国际上宝石报价表的提供机构有：国际宝石报价表机构（见表12-2），还有珠宝展销会、拍卖行的拍卖成交记录、大型商场的销售记录、二手市场的交易记录，IT行业的询价资料以及价格鉴定人员长期积累的经验记录等，通过分析整理得出待价格鉴定宝石的价值。

表12-2　　国际上著名的宝石报价表的提供机构、地址及部分询价网址

钻石报价表	彩色宝石报价表	公司地址
The Guide	The Guide	Gemworld Intemal,Inc.5 North Wabash Chicago,IL 60602
Diamond Market Monitor	Precious Gems Market Monitor	Precious Gems & Diamond Market Monitor 66 Washingto,PA 15228 Pittsburgh,PA 15228
	American Gem Market System	Gem Watch 1001 Country Club Drive Moraga, CA 94556
	Gem Connoisseur	Bennett-Wall,Inc. P.O.Drawer 1 Rotan,TX 79546
Rapaport Diamond Report		15 West 47th Street New York, NY 10036
Jean Francois Moyersoen		C/o U bige,s.p.r.l. Avenue Louise 221,boite 11 B-1050 Bruxelles,Belgium
AGMS		1001 Country Club Drive Moraga, CA 94556
美国　www.diasource.com 美国　www.bluenile.com 　　　www.diamonds.net/ 南非　www.e-diamonds.co.za 加拿大www.bhp.com	www.gemstoneindex.com www.preciousgemstones.com www.jewelryinfo.org www.tahiti-blackpearls.com	

（三）首饰制作成本

在了解首饰的设计理念、制作风格、工艺水平、品牌商标及设计制作者的知名度，价格鉴定标首饰的现状等计算出首饰的制作成本，精品首饰的制作成本高，低劣饰品成本低，并扣减首饰的损坏修复成本。下表列出了纯贵金属的修理制作工费和镶嵌宝石的制作工费。

第十二章　首饰品质与价格的鉴定

表12-3　加工价目表

序号	类别	足金饰品	铂金饰品	18K镶嵌饰品	铂金镶嵌饰品	镀铑
1	女戒指	50	80～150	150～180	300～500	30～50
2	男戒指	80	80～200	200～350	300～600	
3	耳插	80	150	150	300	
4	挂件	50	120	150	200	
5	手链	150～200	300	350～500	500～800	50～100
6	项链	200～380	400	400～600	600～800	

注：1、盘钻类镶嵌饰品每粒小钻加10元；
　　2、千足金损耗2%，18K金损耗10%～15%，铂金损耗12%～17%。

（四）计算首饰制作成本时注意事项

1、区分是机械浇制还是手工制作。浇制饰品是单件还是多件组合，主要观察结合处的颜色差异（焊液），手工制作首饰的内侧是否孔状表面和孵状面结构来判断，不同的方法制作首饰成本不同。

2、对创意设计的首饰，要增加计算设计成本20%～30%。

3、不同的贵金属制作难度不同，价格不同，如铂金饰品比黄金饰品制作费用高，K金比足金制作成本高。

4、贵金属的成本计算应包含制作时的损耗，18K黄金约10%～15%，铂金12%～17%。例如：5克成品戒指18K（黄金），实际用料应按5.5克～5.75克计价。

5、宝石的镶嵌费用与镶嵌宝石大小及复杂程序有关，一般钉镶、轨道镶是爪镶工费的1倍，包镶和无边镶是爪镶的2.5～3倍。

（五）计算首饰的重置成本

珠宝首饰的重置成本应该考虑国家税率和利润。

珠宝首饰重置成本=(金属材料成本+宝石成本+设计费用+制作成本)
　　　　　　　　×(1+23%)×(1+30%)

其中的23%包括增值税17%、消费税5%、其它税1%，合计税费23%。

30%是销售利润率，不同的珠宝首饰类型利润率不同，一般未镶宝石的简单首饰的毛利润是5%～20%，手工制作的首饰毛利润80%，复杂造型的首饰毛利润100%。镶有宝石的首饰毛利润在180%～300%不等。美国评估协会对珠宝首饰的评估采用平均250%的毛利润计算利润。

（六）价格鉴定标的首饰的价值

价格鉴定标的首饰价值=重置成本-可修复费用-不可修复费用（小于、等于30%）。

价格鉴定标的首饰现状存在损坏时，采用成本法计算重置成本时，它们存在可修复费用和不可修复费用。当不可修复费用大于30%，应按原材料价格计算重置成本。

例1：一枚铂金Pt900镶有主石祖母绿琢型的祖母绿宝石4.85ct，和副石梯型钻石65粒1.84ct，戒重11.5g。

1、品质鉴定：祖母绿色调 VslbG4/3，即很弱蓝绿色(3)，明度中浅(4)，饱和度中等(3)，颜色分级(5)，净度为肉眼可见包裹体 SI，Ⅲ类宝石净度分级，切工好为6级。查阅品质分数表，净度对品质影响－0.25，切工对品质影响0，祖母绿综合品质分级为4.75好，见表8-11。

图12-16 18k黄金及铂金镶嵌蛋白石配钻石戒指
（Tiffany & Co.）
蛋白石重：5.50ct
配钻总共约重：2.00ct
估价：2.5万—4万港币
成交价：31.25万港币

2、祖母绿估重公式：

长×宽×高×密度×0.0026

经测量祖母绿长12.5mm，宽10.8mm，高5mm

祖母绿估重

$=12.5×10.8×5×2.65×0.0026≈4.65ct$

估算重量与戒指上标记4.85ct接近，认定祖母绿重4.85ct。

3、依据测定的祖母绿品质等级、重量，查阅市场祖母绿价格表1400美元/ct，实际成交价60%，美元汇率7.5:1，祖母绿价格$=1400×7.5×60\%×4.85≈30555$元

4、梯型钻石价格2800元/ct，钻石价格$=2800×1.84=5152$元

5、贵金属价格计算：贵金属重量=总重-宝石重量-钻石重量$=11.5-(4.85+1.84)/5≈10.16g$

如果当日铂金Pt900价为365元/克

铂金戒托成本$=365×10.16×(1+15\%)≈4265$元

6、设计费与制作费

该戒指是手工、机械组合制作，主石工费400元，辅钻工费10元/粒（一般5粒后开始计价），设计费1000元，合计$=400+10×60+1000=2000$元

7、零售重置价=(宝石成本+辅石成本+贵金属成本+设计制作费)+税费+毛利润

$=(30555+5152+4265+2000)×(1+23\%)×2.5$

$≈129064$元

精确到百位，即：129000元

8、经鉴定，该枚铂金Pt900镶祖母绿钻戒现状较好，不存在损坏，即修复费用为零，价格鉴定标的价129000元。

例2：价格鉴定铂Pt900钻戒一枚，该戒原始发票记录主钻0.25ct，I色，VS净度，小钻0.45ct共26粒，铂金重3.30g，零售价为11500元。

1、品质鉴定：

(1)该戒指印记主钻0.25ct，副钻0.45ct，秤重3.45g；

(2)主石为人造立方氧化锆（主人钻石遗失后补镶的）；

(3)其它不变。

2、价格鉴定：采用成本法鉴定。

(1)如果该枚戒指全面更新修复，需重新购钻石，

图12-17 红宝石配钻石戒指，卡地亚
椭圆形天然缅甸抹谷红宝石
重：4.79ct
配钻总共约重1.30ct
估价：220万—280万港币
成交价：340万港币

第十二章 首饰品质与价格的鉴定

图12-18 18k镶变色蓝宝石钻戒
金重：23.5g 宝石：14.08ct 钻石：3.3ct
品质：变色：靛/粉 净度：VS
市场中间价估算约人民币：58万元

18k镶变色蓝宝石钻戒证书

价格=8500×0.25×1.23×2≈5228元，工费300元

合计修复费5228+300=5528元

(2) 由于修复费用大于零售价30%，只能以剩余材料计算价格鉴定值（人造立方氧化锆价值忽略），即：

小钻：0.45ct×1800=810元

铂金Pt900：3.31g×365≈1208元

合计：810+1208=2018元

本次价格鉴定结论为人民币贰仟零壹拾捌元整（人民币：2108元）。

图12-19 天然翡翠手镯
主石：翡翠，艳绿色，水头高。
尺寸大小：内径   54.68mm
          厚   9.08mm
估价：25万—40万港币
成交价：50万港币

图12-20 天然彩色翡翠手镯
内平外圆
尺寸大小：内径   52.49mm
          厚   11.73mm
估价：38万—45万港币
成交价：47.5万港币

第十三章 珠宝首饰价格鉴定案例分析与点评

案例分析一
  一、价格鉴定标的：钻石女戒一枚
  二、价格鉴定目的：市场参考价
  三、价格鉴定基准日：2007年7月13日
  四、步骤：
1、鉴定记录：戒指标记Pt950，D1.01。
2、鉴定与分析：经测量直径为φ6.45mm，与钻石估重直径相近；净度VS1，颜色H，为圆多面型，切工比例良好。
3、价格鉴定方法：成本法。
4、价格鉴定过程：
(1)依据测定的钻石级别，查找RAPAPORT报价表$6500/ct，鉴定日美元汇率7.6:1。通常批发价为报价80%，开票税4%。
  钻石价值=6500×7.6×1.01×0.8×1.04=41512元（人民币）
(2)金属托为铂金950，重4.8g，当时铂金价为320元/克，工费80元，损耗15%。
  铂金托价值=320×4.8×1.15+80=1846元
(3)生产商税前成本价=41512+1846=43358元
(4)零售价：通常商业零售价是成本价的200%，即：
     43358×200%=86716元
(5)税费：增值税17%、消费税5%、其它税1%，合计23%，即：
  (86716+43358)×23%=9972元
(6)由于女戒工艺较好，不存在贬值因素即为0。
(7)被鉴定钻戒价值=86716+9972=96688≈96700（精确到百位数）
5、价格鉴定结论：
  由此得到基准日1.01ct铂金女钻戒鉴定价格为人民币玖万陆仟柒佰元整(RMB:96700元)。

点评：

1、税费计算错误。增值17%，应从41512元开始增税

(4)税费：（41512×200%-41512）×23%+1846×200%×23%=10397元

由此导致鉴定结论错误；

2、关于（4）零售价的表述，应调整为"关于商业零售利益数值"，即通常商业零售利益数值是成本价的200%；

3、关于（6）应设定镶嵌首饰综合系数：据了解，目前上海珠宝首饰销售行业在素金饰品和镶嵌饰品的定价测算上是有区别的，素金饰品一般以金价×克重＋损耗＋工费＝零售价，因镶嵌珠宝首饰在销售方面，其风险远大于素金首饰，故镶嵌珠宝首饰要以全部成本价值为基础，测算其综合系数。

案例分析二

一、价格鉴定标的：铂金钻戒一枚

二、价格鉴定目的：略

三、案发日：2006年12月5日

鉴定日：2007年3月10日

购买日：2006年10月1日

四、价格鉴定方法：依据价格鉴定目的，采用市场比较法。

五、步骤：

1、鉴定记录：戒指标记Pt900，D1 0.52ct，D2 0.18ct。

2、鉴定结果与分析：经鉴定，主钻为圆形，直径φ5.15mm，净度VVS，颜色G，切工良好。镶有小圆钻6粒，镶嵌工艺良好，无损坏。

戒重5.4g，钻石重＝(0.52+0.18)/5＝0.14g

则铂金托净重＝5.4－0.14＝5.26g

3、选择不同的大型商场×××、××、×××提取3件参照物，见表13-1。

4、价格鉴定结论：由此得到价格鉴定铂金钻戒价格为人民币叁万叁仟贰佰柒拾壹元整（RMB：33271元）。

点评：

1、钻石RAPAPORT报价未标明年和期，可能会有价格差异。

2、税后差异调整价的税有误，没有消费税5%和其它税1%，导致结果错误。

参照物A　550×1.23×2=1353

参照物B　-566×1.23×2=-1392

参照物C　1274×1.23×2=3134

3、该案例为刑事价格鉴定的范畴，故在价格鉴定基准日的选取上应根据委托方确定的基准日来进行测算。案例中采用市场法，不应该从鉴定日 2007 年 3 月 10 日为基准日，而应从案发日 2006 年 12 月 5 日为价格鉴定基准日予以市场比较。

4、市场比较的钻石差异调整也应按基准日最为相近日期的RAPAPORT报价进行调整。

5、镶嵌首饰价格鉴定采用市场比较法时，要特别把握好参考案例镶嵌珠宝的品质要一致，如珠宝品质不一致，要进行差异调整。

表13-1

	日期	零售价（元）	成交价（估计）	特征描述	差异调整价	税后差异调整价	无差异零售价
待估戒指	2006年12月5日			主钻0.52ct，净度VVS，G色，小圆钻0.18ct, 6粒 Pt900，重5.26g	0	0	0
参照物A戒	2007年3月10日	31990		主钻0.50ct，净度VVS，G色，小梯钻0.27ct, 16粒 Pt900，重3.88g	主钻差价：22360×0.02=+447 小梯钻：3500×0.27=945 小圆钻：2800×0.18=504 小圆、梯钻差价=945−504=441 铂金差价=398×(5.26−3.88)=+594 工费差价=5×10=50 合计：447−441+594−50=550	550×1.17×2=1287	31990+1287=33277
参照物B戒	2007年3月10日	34580		主钻0.55ct，净度VVS，G色，小圆钻0.18ct, 6粒 Pt900，重5g	主钻差价：22360×(−0.03)=−669 小圆钻差价=0 铂金差价=398×0.26=103 工艺差价=0 合计：−669+103=−566	−566×1.17×2=−1324	34580−1324=33256
参照物C戒	2007年3月10日	30300		主钻0.52ct，净度VVS，G色，无小钻 Pt900，重3.4g	主钻差价：0 小钻差价=2800×0.18=504 铂金差价=398×(5.26−3.4)=740 工艺差价=5×6=30 合计：504+740+30=1274	1274×1.17×2=2981	30300+2981=33281

取参照物A、B、C钻戒平均值，即待价格鉴定标的戒指价格

(33277+33256+33281)÷3=33271元（人民币）

注：差异调整的钻石来自RAPAPORT报价，铂金来自珠宝店价，小钻工费每颗5元。

案例分析三

一、价格鉴定标的：项链一条（缺实物）

二、价格鉴定目的：见下

三、委托日期：2007年1月

四、价格鉴定过程：

　　a．被害人提供购买发票一张，记录：双套千足金项链一条，重102克。2000年10月3日购买，价格壹万零玖佰壹拾元，其中金价每克105元，工费200元。

　　b．该项链于2005年10月30日被盗并报案，嫌疑犯于2006年1月按5000元价格作赌资输掉，2006年12月5日，嫌疑犯被抓并作交待。

　　c．该项链被害人已作为财产于2001年1月进行财产保险。

1、保险索赔价值

金项链被盗日金价为125元／克，保险时的金零售价为105元／克，按保险就低原则，仍按105元／克金价计算。

金项链价格=105×102+200=10910元（即发票原值）

理赔保险价为壹万零玖佰壹拾元整（RMB：10910元）

2、盗窃时市场价值

2005年10月30日，黄金零售价为125元／克，盗窃日金项链价值为：

125×102+200=12950元

价格鉴定结论：基准日2005年10月30日价值为壹万贰仟玖佰伍拾元整（RMB：12950元）。

3、委托日市场价值

2007年1月黄金零售价为185元／克，此时金项链价值为：

185×102+200=19070元

委托日黄金项链价值为壹万玖仟零柒拾元整（RMB：19070元）。

点评：

1、一次价格鉴定只能有一个鉴定目的，不同目的价格鉴定标的的价格不同，不同的基准日价格也不同，价格鉴定时应特别注意鉴定目的和基准日。

2、该案例把刑事价格鉴定和民事部分的保险理赔掺杂在一起，违反了价格鉴定只能由一个鉴定目的的原则，混淆了刑事价格鉴定和民事价格评估的界限。

珠宝首饰价格鉴定

案例分析四

一、价格鉴定标的：镀金摆件一批，总计19件，见表13-2

二、价格鉴定目的：诈骗案量刑定罪

三、价格鉴定基准日：2005年1月9日至1月10日

四、价格鉴定方法：依据价格鉴定标的与目的，采用成本法估算标的价值

五、价格鉴定步骤：

1、鉴定结果分析：

(1)经有关部门鉴定，这批金属摆件表面有金、含少量汞，基底材料是银；

(2)表面是镀金还是鎏金，取决于金层的厚度的确定；

镀金：表面的金属厚度1～2um，耐磨性取决于金的厚度

鎏金：金溶解于水银中，形成金汞，镀金层的厚度由人工控制，金层厚度一般为3～5um。

通过摆件不同部位不同个体的测定，其表面金层的厚度为3～6um不等，确定摆件为鎏金

表13-2

编号	标的名称		重量	估算表面积(cm2)	用料估重(g)		材料费用（元）		工艺价值（人民币元）	鉴定价值（人民币元）
					表面金	基底银	金(RMB)	银(RMB)		
1	摆件：牛1		94.66	12.3	5.6	89.06	661	160	100	
2	牛2		96.25	12.3	5.6	90.65	661	163	100	
3	生肖：1		87.25	12.3	5.6	81.65	661	147	100	
4		2	98.28	12.3	5.6	92.68	661	167	100	
5		3	96.89	12.3	5.6	91.79	661	164	100	
6		4	90.07	12.3	5.6	84.47	661	152	100	
7		5	87.3	12.3	5.6	81.7	661	147	100	
8		6	93.5	12.3	5.6	87.9	661	158	100	
9		7	90.02	12.3	5.6	84.6	661	152	100	
10		8	88.59	12.3	5.6	82.99	661	149	100	
11		9	88.25	12.3	5.6	82.56	661	149	100	
12		10	95.96	12.3	5.6	90.36	661	163	100	
13	观音：1		248.41	23.2	10.6	237.81	1251	428	200	
14		2	248.84	23.2	10.6	238.24	1251	429	200	
15	骆驼：1		421.20	51.8	23.6	397.6	2785	716	300	
16		2	411.25	51.8	23.6	287.65	2785	698	300	
17	碗		329.98	43.00	19.6	310.38	2313	559	500	
18	壶		462.5	123.8	56	406.50	6608	732	500	
19	壶盖		29.82	0.7	0.3	29.52	35	53	100	
总计				3259.2		3047.61	24960	5486	3100	33546

注：1、摆件为不规则形态，表面积只能估算；

2、鎏金厚度不均，只能计算平均厚度；

3、黄金基准日价格为118元/克，含损耗；银基准日价格为11.8元/克，含损耗。

工艺，取4.5um为该批摆件金层的平均厚度。

2、摆件表面积估算：

摆件长×宽=[(最大直径+最小直径)/2]×高，如内空有鎏金层的乘200%，即金层厚度扩大一倍。

六、价格鉴定结论：

价格鉴定标的19件鎏金摆件基准日成本价为人民币叁万叁仟伍佰肆拾陆元整（RMB：33546元）。

点评：

1、该案例的价格鉴定，首先从实物的材质鉴定中，判明表面层为鎏金制作而成，为下面的具体的测算打开了思路，为估算鎏金层的厚度提供了扎实的测算基础。

2、表面积估算公式有误，应为(半径)^2×3.14 +直径×3.14×高。

(半径)^2=[（最大直径+最小直径）/4]^2

案例分析五

(一)黑色珍珠镶钻戒一枚，基准日2006年1月1日，鉴定目的确定市场价值。

(二)白色珍珠链一串，基准日2006年1月1日，鉴定目的抵押价。

(三)白色珍珠镶人造立方氧化锆戒一枚，基准日2006年1月1日，鉴定目的市场价。

案例（一）

一、鉴定标的：黑珍珠镶钻女戒一枚

二、鉴定结果：主石大溪地黑珍珠

三、品质鉴定：

    (1)外形：圆

    (2)光泽：强

    (3)颜色：体色黑，伴色孔雀绿

    (4)珠层：厚

    (5)净度：微瑕

    (6)直径：φ12.5mm～13mm，一颗

四、综合品质鉴定：A级

五、贵金属鉴定：铂金Pt900

六、副石鉴定：梯型钻 1.28ct，48粒

戒指总重：11.5g；工艺匹配：好

七、价格鉴定基准日：2006年1月1日

八、价格鉴定目的：确定市场价值

九、价格鉴定依据：省略

十、批发黑珍珠价=基础价×外形系数×光泽系数×净度×颜色

              =1200×1.2×1.3×1×1.2×1×1.5≈3370元

    铂金价=325×(11.5-13.5/5-1.28/5)=325×8.54≈2776元

工费：350元

钻石价=2200×1.28=2816元

珍珠镶钻戒成本价=黑珍珠+铂金价+钻石价+工费
=3370+2776+2816+350=9312元

方法1：零售价=成本价×2.5=9312×2.5=23280元

方法2：零售价=成本价×(1+税费)×2
=9312×(1+0.17+0.05+0.01)×2=22908元

其中：增值税17%，消费税5%，其它税1%，合计税费23%，利润和费用200%

取方法1、方法2平均值，即(23280+22908)/2=23094，精确到百位，即23100元。

十一、价格鉴定结论：大溪地黑珍珠镶钻戒基准日市场价为人民币贰万叁仟壹佰元整（RMB：23100元）。

案例（二）

一、鉴定标的：白色珍珠项链一串

二、鉴定结果：淡水珍珠项链

三、品质鉴定：

(1)外形：圆球型(1.3)

(2)光泽：好(1.3)

(3)颜色：体色白色，伴色淡粉(1)

(4)珠层：中等(0.9)

(5)净度：微瑕(1)

(6)直径：2/3，8-9mm

(7)匹配：一般(0.7)

四、搭扣鉴定：搭扣贵金属18K（白）金；钻石数量12粒，估重约0.01×12=0.12ct，搭扣重2.03g

五、综合品质鉴定：B级

六、价格鉴定基准日：2006年1月1日

八、价格鉴定目的：略

九、价格鉴定依据：略

十、价格鉴定方法：市场比较法

十一、价格鉴定过程：

淡水珍珠基础价900元

淡水珍珠成本价=市场基础价×外形指数×光泽指数×珠层指数×净度指数×匹配指数
=900×1.3×1.3×0.9×1×0.7≈958元

18K搭扣价=125×2=250元

钻石价：1600×0.12=192元

工费：50元

合计搭扣价格=492元

重置价=958元+492元=1450元

通常零售价是成本价的2.5倍，零售价=1450×2.5=3625元

十二、价格鉴定结论：标的淡水珍珠链的市场价为人民币叁仟陆佰贰拾伍元整（RMB：3625元）。

案例（三）

一、鉴定标的：珍珠戒一枚

二、鉴定结果：仿制珍珠（主石），戒托白色稀金，副石人造立方氧化锆（梯型）42粒

三、总重量：4.5g

四、价格鉴定基准日：略

五、价格鉴定目的：略

六、价格鉴定依据：略

七、价格鉴定方法：市场比较法

八、价格鉴定过程：

接受委托后通过鉴定，确定是仿制珍珠稀金镶合成立方氧化锆戒，走访旧货市场和商场，类似戒指二处分别是50元和40元，由于戒指是旧货，我们取该戒为25元。

九、价格鉴定结论：人民币贰拾伍元整（RMB：25元）

点评：

（一）

1、本案例在描述黑珍珠时，遗漏了珍珠的重量，从案例中分析，应为13.5克拉重。

2、黑珍珠基础价未能说明价格测算来源，略显粗糙，如能注明，鉴定结论更有说服力。同理，钻石和铂金价格也未作说明。

3、铂金托未能测算损耗，按行业一般原则，损耗为15%。

（二）

1、本案例贵金属搭扣与珠链一起乘2.5倍计算零售价欠合理，利润重复计算了（492元包括利润）。

2、本案例是为抵押物作价，故可以按目前市场零售行业价格测算对珍珠和钻石成本乘以2.5倍来确定零售价，但作为抵押物的作价是为了保证债权人最大限度地回收贷款，应按市场价值考虑折扣，该案例未能考虑折扣，结论错误。

（三）本案例对仿制珍珠应说明新旧程度，并应按成本测算市场价格。

案例分析六

一、委托主体：××公安分局

二、鉴定目的：基准日批发价（盗窃案）

三、鉴定基准日：2007年6月19日

四、鉴定标的：祖母绿

五、鉴定结果：哥伦比亚祖母绿

编号	重量 (ct)	品质分级				综合品质	基础价 ($/ct)
		外形	颜色	净度	切工		
1	4.4	梨型刻面	绿带蓝色调 8级，很好	气液包体SI 5级，良好	好 5级	良好 65%（40%+15%+10%）	1400
		品质分级	50%权重 40%	30%权重 15%	20%权重 10%		
2	2.75	去角长方型	同上	同上	同上		1200
3	5.07	去角长方型	同上	同上	同上		1600

六、价格鉴定过程

依据祖母绿的综合品质分级并查阅 Gem Guide 公司报价，我们采用1号 \$1400/ct，2号 \$1200/ct，3号 \$1600/ct 为基础价，一般实际成交价为报价的60%，基准日美元与人民币汇率1：7.65。

1号标的价格 = 1400×7.65×0.60×4.4 ≈ 28274元

2号标的价格 = 1200×7.65×0.60×2.75 = 15147元

3号标的价格 = 1600×7.65×0.60×5.07 ≈ 37234元

合计 = 28274元 + 15147元 + 37234元 = 80655元

七、价格鉴定结论：上述三颗祖母绿基准日价格为人民币捌万零陆佰伍拾伍元整（RMB：80655元）。

点评：

1、鉴定结果哥伦比亚祖母绿，产地的特征包裹体未作说明。尽管产地与价值有重要关系，但在不明确的情况下，鉴定结果是"祖母绿"。如果注有彩色油等，应表明优化处理："注彩色油"。

2、该案例为涉刑案价格鉴定，鉴定目的为基准日的批发价。但在鉴定过程叙述中，未能注明基础价与批发价的相互关系，偏离了价格鉴定目的，而在结论书中也未能明确其价格的性质，欠妥。

案例分析七

价格鉴定标的：椭圆刻面蓝宝石镶钻白金男戒一枚。价格鉴定目的：盗窃日市场价。盗窃日：2006年8月3日。价格鉴定基准日：2007年1月10日。

由于价格鉴定标的蓝宝石镶钻男戒市场无同类产品比较，我们采用成本法与市场法相结合的方法进行价格鉴定。

步骤：

一、价格鉴定记录：戒指印记750，蓝宝石和小钻无印记，被害人自述该戒购进价约美元3万元。戒重10.58g，卡地亚（Catier）品牌。

二、鉴定结果与分析：

1、蓝宝石为椭圆刻面，尺寸11.5mm×9.4mm×7.6mm（腰较厚），依据估算公式：

$L×W×D×SG×0.0022=11.5×9.4×7.6×4×0.0022=7.23ct$

考虑腰亭部较厚，乘6%系数 $7.23×(1+0.06)≈7.66ct$

(1) 蓝宝石估重为7.66ct。

蓝宝石具角状色带，少量羽状包裹体，颜色较纯深（7级），净度良好（VS），切工好。根据调查，该类蓝宝石的市场批发价为每克拉5000元～8000元之间，我们取7000元/ct。

(2) 蓝宝石价格 =7000×7.66=53620元

2、配钻为梯钻，测量5mm×3mm×2mm，估重0.03ct/粒。

小圆钻测量φ2mm，估重0.03ct/粒。

(1)配钻总86粒，总估重=0.03×86=2.58ct≈2.6ct

配钻色较白，净度SI，依据RAPAPORT报价为2200～1800/ct，取2000元/ct。

(2)配钻价格=2000×2.6ct=5180元

3、戒托10.58g，净重10.58-[(7.66+2.58)/5]≈8.53g，成色75%。基准日金价为145元/克，损耗8%，即145×1.08×0.75≈117元，则18K（白金）戒托价值=117×8.53≈998元。

4、镶嵌工艺为全手工，工艺上佳，估算工费1500元。

5、无法估算出口国税费，以国内税费计：增值税17%，消费税5%，其它税1%，合计=17%+5%+1%=23%。

6、重置成本价=(53620+5200+998+1500)×(1+23%)=75421元

7、零售价为成本价的2倍，75421×2=150842元

8、卡地亚为世界著名品牌，可加价130%～150%，取140%，即：

重置市场价=150842×140%≈211179元，取211000元

结论：价格鉴定标的18K蓝宝石镶钻男戒市场价为人民币贰拾壹万壹仟元整（RMB：211000元）。

点评：

1、金的损耗8%错，应是10%。

2、钻石、宝石估重应在价格鉴定结论书的限定条件中说明。

3、基准日错误，应为盗窃日2006年8月3日。

4、计算重置成本价，有错误。增值税、消费税、其他税的计算不应以重置成本价×(1+23%)，应先以成本×2倍商业利益后再计算增值部分的税额，再计算消费税和其他税。

案例分析八

一、价格鉴定标的：一枚椭圆刻面型蓝宝石，四周镶有16颗钻石的18K（白）男戒。

二、标的重量：9.3g，印记S，3.5ct，D1.20ct。

三、价格鉴定基准日：略

四、鉴定结果：主石：蓝宝石；副石：钻石；戒托：18K白色黄金

五、品质分级：蓝宝石估重=L×W×D×S.G×0.002
=9.7mm×7.5mm×5mm≈3.2ct≈0.64g

蓝宝石品质：色彩中深(5)；饱和度中(2)；色级为6；

净度：可见角状色带和少量包裹体，为SI(6)，切工好(7)。

蓝宝石品质级别=6-0.5=5.5

蓝宝石品质级别：5.5，好

钻石估重：φ2.5mm，h1.85mm，16粒

重量=φ²×h×调整系数×数量
=2.5×2.5×1.85×0.0061×16
≈1.129ct≈0.23g

钻石品质净度：P～SI，颜色I～H

六、重置成本：

1、蓝宝石重置成本：

方法(1)：依据市场资料，类似级别蓝宝石参考价每克拉2500元～3000元，取2500元/ct，2500×3.2=8000元；

方法(2)：查询价格表，每克拉$650，而实际成交价为60%，基准日美元与人民币汇率为1:8，则625×8×0.60×3.2=9600元

蓝宝石重置成本取9000元。

2、副石钻石重置成本=3000×1.2=3360元

3、戒托重置成本：18K（白）金重=9.3-0.64-0.23=8.43g（当日金价为165元/克，损耗8%）

18K(白)金成本价=165×0.75×1.08×8.43=1127元

4、镶嵌工费：350元，其中男戒工费150元（包括小钻镶工费）、铸模费100元、设计费100元。

5、合计重置成本价=9000+3390+1127+350=13837元

6、零售重置价=重置成本+税费+利润

增值税率17%，消费税率5%，合计税率22%，利润率200%

重置价=13837×1.22×2=33762元，精确到百位，取整为33700元

七、价格鉴定结论：18K镶钻蓝宝石男戒基准日价值为人民币叁万叁仟柒佰元整（RMB：33700元）。

八、价格鉴定依据：

1、Tht Guid价格指南报价表；

手件市场价在40000元～50000元之间，实际成交价约60%，我们取45000元为市场标价，成交价为27000元。

七、价格鉴定结论：依据市场行情，标的俄罗斯白玉市场价为人民币贰万柒仟元整（RMB：27000元）。

> 点评：
> 1、软玉的结构、润度、白度及雕琢工艺是影响价值的主要因素，市场调查"类似的软玉"应作进一步说明。
> 2、软玉的价格鉴定，在实物勘验阶段，工作人员应对有关雕刻工艺进行较为详细的描述，在条件允许的情况，可对雕刻工艺进行评级打分，以便按市场法操作测算和采价时有量化的数据予以比较，本案仅从俄罗斯白玉方面作了市场价格比较，而没有对雕刻工艺、材质、重量等方面进行评级列表打分，说服力欠佳。

案例分析十一

一、价格鉴定标的：1号白玉籽料一块，2号白玉籽料一箱33块

二、价格鉴定目的：抵押价

三、价格鉴定基准日：

四、价格鉴定标的重量：1号10.8kg，2号8.8kg

五、品质鉴定结果：

1、标的：新疆和田籽玉，质地细腻滋润，色白，外表可见黑色和金色黄皮，少部分做假皮色，属上好的白玉料

2、标的：新疆和田籽玉，色白，质地细腻滋润，8块略做假皮色，15块无皮色，10块具黄、红、黑不同的皮色，其中2块僵斑严重大于1/2以上，重量为356g和280g。

六、价格鉴定方法：市场比较法

七、价格鉴定过程：

接受委托后，通过市场调查和与有关专家座谈，一致认为标的1号、2号均属新疆和田上等籽玉。标的1号和2号目前市场价约10万元／千克～15万／千克，考虑到整体出售，我们取10万／千克的80%。

1、市场1号、2号标的价格=8×(10.8+8.8−0.636)≈151.7万元

2、典当物价格一般为市场价的60%～70%，我们取65%

即151.7×65%≈98.6万元，取整98万元

八、价格鉴定结论：价格鉴定1号、2号标的的价格为人民币玖拾捌万元（RMB：980000元）。

> 点评：
> 1、两块籽料356g和280g未计价不合理（除不作抵押物外）。
> 2、整体出售按80%价格，典当按65%抵押款较合理。
> 3、本案涉及的和田籽玉的价格鉴定，此类价格鉴定采用市场调查和专家座谈估算，方法显粗，应按正规的专家咨询法对有关和田籽玉列表逐一打分后加权平均，确定价值。
> 4、从案例介绍来看，共有34块和田籽玉，而且都是上等籽玉，所以每块籽玉都应该对实物进行描述其特色，列表打分加权平均。不能按统一的多少万元/公斤来测量。

案例分析十二

一、价格鉴定标的：1号白玉回纹花熏一个，2号碧玉瓶花插一个，3号白玉籽料望子成龙手把件一个。

二、价格鉴定目的：为法院审理案件确定标的市场价值

三、价格鉴定基准日：2005年12月1日

四、价格鉴定标的品质鉴定结果

	白玉花熏	碧玉瓶	籽料手把件
标的重量	1035g	841g	230g
标的尺寸	18×16×24（cm）	15×5.5×17（cm）	3×4.5×8（cm）
鉴定结果	白色新疆软玉，山料，半透明，白色，玉质略干，含少量石花，做工良好、大器，膛壁薄具较好对称性	新疆玛纳斯碧玉，深灰绿，玉质细，内部有较多黑色斑块，做工精良，底部具少量僵块	新疆和田青白籽玉，颜色青白，微透，强油脂光泽，质地比较细润，外表具少量枣红皮色俏色，做工精良

五、价格鉴定方法：市场比较法，成本估算法

六、价格鉴定过程：

1．方法一：

接受委托后，我们通过对标的的品质鉴定和大型工艺品商场及珠宝商场的调查，类似的玉器零售标价标的1号在20～23万元，标的2号在8～10万元，标的3号在10～15万元之间，实际成交价可在上述基价上最高可折扣40%，我们分别取零售标价的中间值并折扣40%计算，即：

标的1号：21.5×60%=12.9万元

标的2号：9×60%=5.4万元

标的3号：12.5×60%=7.5万元

2．方法二：

通过有关专家对标的分别对品质和价值进行讨论，采用成本法计算。

(1)用料估算：白玉花熏用料是成品3倍，即1035×3=3105g≈3kg

碧玉瓶用料是成品3倍，即841×3=2523g≈2.5kg

籽料手件用料是成品1.3倍，即230×1.3=299g≈300g

(2)工费：三件标的工艺精良，估计出自高级工艺师之手

花熏工费1.5～2万元，取1.8万元

碧玉瓶工费1～1.5万元，取1.25万元

手把件工费0.8～1万元，取0.9万元

(3)料费：白玉山料价约1万元/千克，碧玉0.3万元/千克，籽料7万元/千克，即：

花熏料价=1×3=3万元

碧玉瓶料价=0.3×2.5=0.75万元

手把件料价=7×0.3=2.1万元

(4)税费：增值税17%，消费税5%，合计22%

2、Rapaport Diamond Report报价表；

3、黄金交易所黄金报价；

4、市场调查资料；

5、国家相关文件、税率、汇率；

6、国家行业标准；

7、其它相关文件。

九、其它：略

> 点评：
> 1、蓝宝石估重计算错误，应为9.7mm×7.5mm×5mm×4×0.002=2.91ct
> 　　如果亭部较厚，即2.91×1.06≈3.1ct=0.62g
> 首饰宝石印记重量与估重有误差时（以较小范围内），应以印记重量为准，因为估重的不确定因素较多。
> 2、副石钻石的3000元/ct依据未作说明，欠合理。
> 3、当日金价165元/克未注明何种贵金属。
> 4、金的损耗8%错，应为10%。
> 5、税费22%错，应包括其它税1%，合计为23%。
> 6、缺少价格鉴定目的。目的不同，鉴定结论价值不同。

案例分析九

一、价格鉴定标的：18K红宝石女戒一枚

二、价格鉴定目的：基准日市场价

三、价格鉴定基准日：略

四、价格鉴定方法：市场法、成本法

五、价格鉴定结果：

红宝石，戒托18K黄金

戒指重量 4.2g

宝石尺寸：长方型 9mm×6mm×4.2mm

宝石估重：L×W×D×S.G×0.0026

　　=9×6×4.2×4×0.0026

　　=2.36ct≈0.47g（由于宝石镶嵌在戒指上，只能估重）

金重：4.2−0.47=3.73g

六、宝石品质：浅玫瑰红，色调中浅(4)，饱和度(2)，色级为3，净度SI，可见黑色核是孟素红宝特征，分级（5−6）；切工好，分级（5）；品质分级为一般。

综合品质分级=3−0.25−0=2.75

七、价格鉴定过程

1、宝石价格：依据市场调查每克拉500元

　　　　2.36×500=1180元

2、戒托价格：金价165元/克，损耗10%

$$3.73 \times 165 \times 0.75 \times 1.10 \approx 508元$$

3、工费：该戒是一般铸模，无设计费，取50元

4、戒指重置成本＝1180＋508＋50＝1738元

零售重置成本＝重置成本×(1＋税率)×(1＋利润率)

增值税17%，消费税5%，其它税1%，利润率200%

零售重置成本＝1738×1.23×2≈4275元，取整4300元

八、价格鉴定结论：

18K红宝石女戒基准日价格为人民币肆仟叁佰元整（RMB：4300元）。

九、价格鉴定依据

1、市场调查资料；

2、黄金交易所报价；

3、其它相关资料。

九、声明：

价格鉴定结论仅对本次鉴定有效，不作他用，未经本鉴定机构同意不得向委托方和当事人以外的任何个人和单位公开，价格鉴定的全部或部分内容不得发表公开媒体。

十、价格鉴定作业日期：2006年11月10日

十一、价格鉴定机构：略

十二、价格鉴定人员：略

点评：

1、应在限定条件中说明宝石估重原因。

2、镶嵌珠宝如无宝石的重量印记，对此进行估重有较大不确定性，因此，必须在价格鉴定的限定条件中注明，最好是注明正负差的重量范围。

3、本案测算时对戒托的工艺情况予以了关注，注明了戒托为一般铸模制作，故工费较低。价格鉴定人员在镶嵌珠宝首饰实物勘验时，应特别注意有关工艺制作精美或粗糙程度，并以文字说明．

案例分析十

一、价格鉴定标的：软玉手件

二、价格鉴定目的：基准日的市场价值

三、价格鉴定基准日：2006年8月

四、标的品质鉴定结果：

白玉，产地俄罗斯，结构细腻，润性略差，无棉无裂，无杂色，做工较佳，题材是罗汉。标的重量485克，体积85mm×(20～45)mm×30mm。

五、价格鉴定方法：市场比较法

六、价格鉴定过程：

经过市场调查，我们走访了×××厂门市部、×××珠宝等商场，类似的俄罗斯白玉的

(5)费用：35%

(6)利润：100%

税利合计：22%+35%+100%=157%

鉴定价值：

白玉花熏零售价=(3+1.8)×(1+1.57)=12.336万元≈12.34万元

碧玉瓶零售价=(0.75+1.25)×(1+1.57)=5.14万元

籽料手把件零售价=(2.1+0.9)×(1+1.57)=7.71万元

方法一、方法二的价格误差在2%～4%之间，这是由于方法二的用料量、用料费用和工费的不确定因素引起，取二者平均价，即：

白玉花熏价值=(12.9+12.34)/2=12.62万元

碧玉瓶价值=(5.4+5.14)/2=5.27万元

青白籽料手把件价值=(7.5+7.71)/2≈7.6万元

本次价格鉴定总价=12.62+5.27+7.6=25.49万元

七、价格鉴定结论：本次价格鉴定标的的三件物品基准日价格总计为人民币贰拾伍万肆仟玖佰元整（RMB：254900元）。其中，白玉花熏为人民币壹拾贰万陆仟贰佰元整（RMB：126200元）；碧玉瓶为人民币伍万贰仟柒佰元整（RMB：52700元）；望子成龙青白玉手把件籽玉为人民币柒万陆仟元整（RMB：76000元）。

八、价格鉴定依据：

1、国家有关政策、法律和有关税费政策；

2、价格鉴定委托书；

3、市场调查资料；

4、专家意见的汇总资料。

九、声明：

1、价格鉴定结论仅对本次委托有效不作他用。未经本鉴定机构允许不得向委托单位和当事人以外的任何单位公开，结论的部分和全部内容不得发表于任何媒体。

2、价格鉴定方法引起结果的误差受原料价、工费和其它税费等不确定性因素的影响，可能会产生误差，我们把它们都控制在合理的范围内，保证结论的准确性。

十、其它：略

点评：

1、方法二的费用包括哪些应作进一点说明。

2、税费少1%的其它税。

3、较大型的玉器制作工艺是否精良，是本案价格鉴定的重点之一。本案对玉器实物勘验的描述方面，似乎对材质的分析较为仔细，而对工艺方面稍微粗糙，未能展开描述。

4、在成本法中用料计算方面，由于未能在前对工艺进行较为详细的描述，故在这里计算用料时按几倍测算，稍显牵强。

5、总体方法合理适当，结论正确。

案例分析十三

一、价格鉴定标的：翡翠手镯一对

二、价格鉴定目的：拍卖底价

三、价格鉴定基准日：

四、价格鉴定标的品质鉴定结果

    1、重量与尺寸：内径5.8cm，外径7.2cm，重量86.45g（二只）

    2、品质鉴定：该手镯绿色占70%偏蓝色调菜绿色，其它地方偏灰；

        透明度：半透明

        质地：较细，可见少量石棉，属粉地

        净度：无裂隙，可见二小黑点

鉴定结果：未经过任何处理的"A货"翡翠手镯一对。

    品质综合分级（按品质权重百分表）：

    颜色权重×色分数+结构权重×质地分数+透明度权重×透明分数+工艺尺寸权重×工艺分数

    =40%×0.75+30%×0.75+20%×0.75+10%×1=77.5%，属良好级。

五、价格鉴定方法：市场比较法

方法一：

    1、依据翡翠综合品质经济评价手镯在5–10万元之间；

    2、依据手镯参考估价表，手镯基价10000元

    3、按照市场价格指数法（见表10–13）计算标的价值

市场手镯价 = 市场基价 × 颜色指数 × 面积指数 × 结构指数 × 透明度指数 × 净度指数 × 尺寸指数

    =10000×1.2×3×1.2×1.2×1.0×1.1=57024元，取整57000元。

方法二：据我们在上海各珠宝市场调查，该类型手镯市场标价在12~15万元/只，取价为13.5万元/只，最低成交价50%~60%，取55%

手镯价=135000×55%=74250元，扣减税费17%+5%+1%=23%，则手镯价=135000×55%×(1–23%)=57100元

方法一、二相差价格约100元，说明上述估算价格合理，标的手镯价我们取57000元/只。由于一对手镯可以溢价10%~20%，取15%，则：

价格鉴定标的一对手镯价=57000×2×1.15=131100元

拍卖底价应在市场价下浮30%，即131100×70%=91770元/对，取整数90000元/对。

六、价格鉴定结论：价格鉴定标的一对翡翠手镯的建议拍卖底价为人民币玖万元整（RMB：90000元）。

点评：

1、高档翡翠，尤其是收藏级翡翠采用权重分数或市场指数法不太合适，应采用专家咨询法或大型拍卖公司对此类拍品的实际成交价作为参考价较为合适。

2、本案采用两种方法进行测算，互为补充，结论具有较强说服力。

案例分析十四

一、价格鉴定标的：翡翠插牌九龙壁一块

二、价格鉴定目的：清算抵押

三、价格鉴定基准日：2002年6月

四、价格鉴定方法：依据价格鉴定目的和市场调查情况分析，采用市场法进行价格鉴定

五、价格鉴定步骤：

(1) 品质鉴定：经鉴定该插牌材质是翡翠，尺寸高360mm，宽475mm，厚17.5mm，重6170g（连木框）

颜色：整块插牌满绿均匀，绿色纯正为水绿色，右上角略带紫罗兰

结构：质地细腻，无明显石花，为冰种

透明度：较高，为亚透明

瑕疵：插牌背面看右上角带4cm长石纹，正面不见

(二) 工艺描述：插牌正面雕刻有九条形态各异的五爪龙，栩栩如生称九龙壁，工艺精良，抛光良好，估计出于大师名家之手。

(三) 评价：该翡翠插牌，种、色、地及工艺与大小尺寸极佳，是一块不可多得的艺术精品，具极高的收藏价值。

(四) 市场调查分析：

1、分析与估算

(1) 由于该插牌市场上、拍卖行无相同翡翠艺术品，而且翡翠的色、种、透明度、工艺价值差别较大。同等颜色、结构、透明度的翡翠手镯市场上成交价约20万元～15万元/只，取18万元/只，该插牌可制成手镯约20只，即18×20=360万元。

(2) 边角料及手镯芯可制成各类挂件约40件，每件售价约2万元，即40×2=80万元。

(3) 该插牌制作设计周期约1年，大师级工费1万元/月，即1×12=12万元。

(4) 上述估算是手镯和挂件价格，大件艺术品按小件1.5倍计，则该翡翠插牌估算价格=(360+80+12)×1.5=678万元，取700万元。

2、依据国际著名拍卖行苏富比（Sotherby's）、佳士得（Christie's）和国内著名拍卖行嘉德、翰海等查询种、色、工、透明度相似的摆件，拍卖成交价1千万～1.5千万，拍卖底价在600万～800万之间，由此我们认为标的翡翠插牌的鉴定价格是正确的。

价格鉴定翡翠插牌的典当清算价值为人民币柒佰万元整（RMB：7000000元）。

点评：

1、价格鉴定方法恰当，具较强说服力，高档具收藏价值的翡翠应参考国际拍卖行情。

2、本案还针对高档翡翠的国际著名拍卖公司的相类似拍品实际成交价与其比较，价值测算的思路清晰全面。但本案未能对比较的具体物件进行较为详细的描述或列表。

案例分析十五

一、委托主体：xx海关

二、价格鉴定标的：彩色钻石五颗

三、价格鉴定基准日期：2014年xx月xx日

四、价格鉴定目的：为海关审理案件提供价格依据

五、鉴定结果：彩色钻石的颜色全部天然形成，并符有GIA鉴定证书

编号	重量(ct)	外形	净度	颜色	GIA证书颜色	Rapaport Report 报价 $/ct (2014年10月)	建议价格百分比%	成交价 $	汇率（人民币：美元）6.3：1	完税价（人民币）税率4%
1	1.24	椭圆	VS2	彩黄	Fancy Yellow	7500	45%	4185	26366	27420.64
2	2.51	水滴	VS2	彩浅褐浅绿黄	Fancy Brownish Greenish Yellow	15600	35%（45%—10%）	13705	86342	89795.68
3	5.00	祖母绿	VVS2	浓彩黄	Fancy Intense Yellow	64700	55%	177925	1120928	1165765.12
4	3.03	公主方	VS1	浅彩粉	Fancy Light Pink	29600	200%	179376	1130069	1175271.76
5	2.04	椭圆	VS2	彩浅褐粉	Fancy Brownish Pink	15600	300%—20%	89107	561375	583830

合计：2925080　3042083.20

精确到百：3042100元

六、价格鉴定结论：上述五颗彩钻（标的1至标的5）基准日海关完税价叁佰零肆万贰仟壹佰元正

> 点评：
> 1.五颗彩色钻石单独依据符有的GIA鉴定证书，说服力不强，应在限定条件中加以说明；彩色钻石按照国际权要部门GIA的鉴定结果为准。还需我国有关权威鉴定机构的复验是否一致，没作说明。
> 2.税率4%是何种税率没作进一步说明，欠妥。
> 3.对Rapaport Report报价扣率的多少没作明示，缺少成交价的真实性。

案例分析十六

一、价格鉴定标的：铂金镶猫眼围钻戒指一枚

二、价格鉴定目的：为公安审理案件提供价格依据

三、价格鉴定基准日：2014年x月x日

四、价格鉴定方法：成本法

五、鉴定结果：

铂金镶猫眼围小梯钻小圆钻戒指一枚，戒重：22.35g

印记：主石：16.5ct d1：2.46ct d2：0.84ct Pt900

六、品质分级：

猫眼：颜色蜜黄；光带居中伴有"乳白"效应，清晰明亮；长×宽×高≈15×12×（7~4.5）；底部缺角保重，品质：6-8级取7级很好

钻石：圆形直径3.2~3.3mm≈0.13ct，共18粒约2.34ct（与印记相近），即2.46ct。

梯形0.84ct 净度SI~P，颜色I~H

七、价格鉴定过程

1. 猫眼成本：参照价格表2000~2800＄/ct，由于宝石大于10ct属议价协商取2800＄/ct，汇率1：6.25，扣率30%

即2800×6.25×16.5×0.7≈288750元

2. 钻石成本：参照Rapaport Report钻石报价和市场调查，圆钻人民币5000~5500￥/ct，取5200￥/ct，梯形钻4000~5000￥/ct，取4800￥/ct，即小圆钻：5200×2.46=12792元，梯形钻：4800×0.84=4032元。

3. 铂金Pt900重：戒重－宝重－钻重=22.35－（16.5+2.46+0.84）/5=18.39g

金价=320×18.39≈5885元

4. 工费：2500元

5. 合计成本：288750+12792+4032+5885+2500=31395≈314000元（精确到百元）

6. 零售重置价＝成本＋税费＋利润（增值税：17% 消费税：5% 其他税1%）合计税费23%；利润率200%

市场售价=314000×1.23×200%=772440≈772400元（精确到百元）

八、价格鉴定结论：

上述鉴定标的铂金镶猫眼围钻戒指基准日市场价值人民币柒拾柒万贰仟肆佰元正

九、价格鉴定依据：

1. 猫眼参考价格表

2. Rapaport Diamond Report钻石报价表

3. 基准日市场铂金价

4. 市场调查资料

其它：略

点评：

1. 猫眼重量仅依据印记标识重量计价，欠合理性，应与长×宽×高×密度结合估重来确定重量。

2. 铂金320元/克，依据没作说明，欠妥。

3. 大于10ct的猫眼的议价协商，参考报价表不失为一种办法，应调查市场或几例相似案例比较得出克拉价。

案例分析十七

依据书中及下述内容编写一份价格鉴定结论书，并计算出生产厂商的利润率。张某于2007年1月30日在某市商场购进铂金镶钻戒指一枚，于2009年2月15日午夜在家中被盗，立即报案并提供购货发票一张。2009年2月30日犯罪嫌疑人干某被抓获，并交代该枚戒指于2009年2月20日作赌资以2万元价格抵押给方某（另案处理，该戒指已被警方收缴）。2009年3月15日警方委托鉴定该戒指被盗时的价格。

品质鉴定

1）发票验证鉴定：购货发票注明：铂金Pt900镶主钻1.28ct附GIA证书，编号XXX（证书遗失）副钻2.18ct，铂金重17.9g，售价27.3万元（RMB）

2）钻戒验证鉴定：钻戒印记Pt900、D 1.28、d1 1.18、d2 1.00

① 依据发票注明的证书编号和主钻腰棱刻字编号一致，上网查阅钻石重Carat 1.288ct，净度ClarityVVS1，颜色Colour E，切工Cut 3EX（完美）φ7.05mm

② 副石：橄榄型6颗，颜色G-H，净度SI1，5×3mm，估重约0.19克拉／颗

圆形28颗，颜色G-H，净度SI，φ2.1mm，估重0.035克拉／颗

（橄榄型钻）d1重=0.195×6=1.17ct，与印记1.18ct相近

（圆型钻）d2重=0.035×28=0.98ct与印记1.00ct相近

3）钻戒称重18.61g

市场调查：

1）依据PAPAPORT DIAMOND REPORT报价，主石是高品质钻石，据我们了解，可在报价基础上上浮5%，而副石应下浮20%，其报价分别是$14900,$950,$490

2）铂金Pt900黄金交易所基准日价是$1043／oz，商场零售价320元／克（RMB） 美元：人民币汇率1：6.83

3）税费：铂金税率13%，钻石交易税率4%，消费税率5%，增值税率17%，其它税率1%，商场费用一般在20%—30%，取25%

4）依据市场调查，该类镶嵌戒指是人工和机械混合制作。主石工费300元，副石工费10元／颗，铂金损耗12%—17%（取15%）

5）市场调查商场钻戒的零售价是成本价的2倍—2.5倍

案例十七的价格鉴定结论书（范文）

（一）价格鉴定标的：铂金镶钻戒指一枚

（二）价格鉴定目的：作为公安局处理有关工作的价格依据

（三）价格鉴定基准日：2009年2月15日

（四）价格定义：价格鉴定结论所指价格是：鉴定标的在鉴定基准日采用公开市场价值标准确定的鉴定价格

（五）价格鉴定依据

1）法律、法规（略）

2）国家、地方行业标准（略）

3）国家、地方、税务局、海关税率征收相关文件
4）国家外汇管理局颁布的美元兑人民币的比率
5）RAPAPORT DIAMOND PAPORT参考价格
6）珠宝、玉石交易、批发、零售和拍卖市场相关参考价格
7）相关检测报告
8）委托方提供的发票和戒指壹枚
9）市场调查资料

（六）价格鉴定方法：成本法

（七）价格鉴定过程

1）钻戒的鉴定：

①发票验证

②钻戒验证

2）钻戒价格的鉴定

① 主石（钻）价格：$14900 \times 6.83 \times 1.05 \times 1.28 \times 1.04 \approx 142246$元（RMB）
② 副石（钻）橄榄型价格：$950 \times 6.83 \times 0.8 \times 1.18 \times 1.04 \approx 6370$元（RMB）
　　　　　　圆型价格：$490 \times 6.83 \times 0.8 \times 1 \times 1.04 \approx 2785$元（RMB）
　　　　　　副石合计：$6370 + 2785 = 9155$元（RMB）
③ 戒托价格 $= 320 \times [18.61 - (1.28 + 2.18) \div 5] \times 1.15$
　　　　　　$= 320 \times 17.92 \times 1.15 = 6594$元（RMB）
④ 工费 $= 300 + 10 \times (6+28) = 640$元（RMB）
⑤ 合计成本：
　　a、主石＋副石＋工费 $= 142246 + 9155 + 640 = 152041$元（RMB）
　　b、戒托 $= 6594$元（RMB）
⑥ 商场零售价按成本的2倍计算（戒托部分除外）

主石+副石部分零售价 $= 152041 \times 2 = 304082$元（RMB）

成品零售价 $= 304082 + 6594 = 310676$元（RMB）

（八）价格鉴定结论　本次价格鉴定标的铂金镶钻女戒基准日的市场价格为：

人民币叁拾壹万零陆佰柒拾陆元整

（九）价格鉴定限定条件

1）本次价格鉴定结论仅限于基准日的价格

2）利润、税费、钻石、铂金的价格以正常交易为基准

（十）声明

1）本次价格鉴定结论受结论书中限定条件限制

2）委托方提供资料的真实性由委托方负责

3）其它（略）

（十一）价格鉴定作业日期（略）

（十二）价格鉴定机构（略）

（十三）价格鉴定人员（略）

（十四）附件

    ①发票复印件

    ②戒指照片

    ③价格鉴定人员和机构资质证书（复印件）

二、案例十七销售利润率

  增值税17% 152041×17%=25847元

  消费税5%、其它税1% 310676×6%=18641元

  零售费用25% 310676×25%=77669元

  税费合计：25847+18641+77669=122157元

  零售毛利：310676－122157－152041－6594=29884元

  零售商场毛利率：29884÷（152041+6594）=18.84%

  结论：铂金镶钻钻戒零售利润率为18.84%

三、案例十七：零售按成本的2.5倍计算商场零售销售利润率

  主石+副石部分零售价=152041×2.5=380103元（RMB）

  戒托=6594元（RMB）

  合计：（380103+6594）=386697元（RMB）

  增值税17%：（3801013－152041）×17%≈38770.54元

  消费税、其它税6%：386697×6%=23201.82元

  零售费用25%：386697×25%=96674.25元

  税费合计：38770.54+23201.82+96674.25=158646.61元

  商场毛利：386697－－158646.61－152041－6594=69415.39元

  利润率：69415.39÷158635=43.76%

结论：

  按成本2.5倍计算零售价，利润率为43.76%

注：

1、零售费用包括：商场租金、营业员工费、商场管理费、产品包装盒、广告费、商场利润等费用

2、商场销售利润包含：厂商房屋租金、员工工资、福利、厂商管理费、厂商利率、品牌广告费、所得税、利息等费用

3、钻石或宝石、贵金属、按最接近基准日的公开报价计算

4、首饰工费、按相同城市的正常费用计价

5、除特殊首饰（名人定制、独此一件）一般不计设计费

6、品牌首饰可在上述零售基础上150%—200%的溢价。

附表

附表一 诞生石一览表

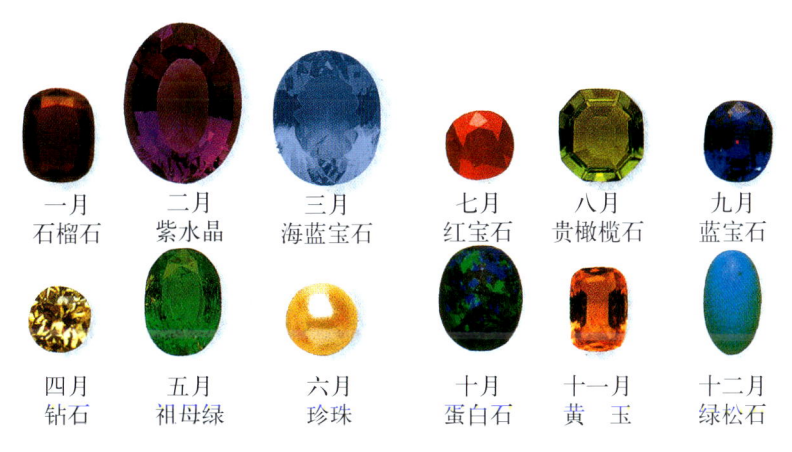

一月 石榴石　二月 紫水晶　三月 海蓝宝石　七月 红宝石　八月 贵橄榄石　九月 蓝宝石

四月 钻石　五月 祖母绿　六月 珍珠　十月 蛋白石　十一月 黄玉　十二月 绿松石

宝玉石名	矿物名	英文名	化学组成	纪念意义	主要产地
石榴子石	紫牙石	Pyrope	$(Ca,Mg,Fe)_3(Al,Fe,Cr)_2[SiO_4]_3$	一月份诞生石，象征热情、仁爱和尊严	斯里兰卡、印度、马达加斯加、美国、中国
紫晶	石英	Crystal	SiO_2	二月份诞生石，象征诚实和和平、结婚十七周年的纪念石	巴西、乌拉圭、中国
海蓝宝石	绿柱石	Aquamarine	铍铝硅酸盐 $Be_3Al_2(Si_6O_{18})$	三月份诞生石，象征沉着、勇敢和聪明	巴西、马达加斯加、纳米比亚、俄罗斯、中国
钻石	金刚石	Diamond	碳 C	四月份诞生石，象征贞洁与纯洁	南非、刚果共和国
祖母绿	绿柱石	Emerald	铍铝硅酸盐 $Be_3Al_2(Si_6O_{18})$	五月份诞生石，象征幸运和幸福	哥伦比亚、俄罗斯、巴西、印度、津巴布韦、坦桑尼亚等
珍珠	文石	Pearl	碳酸钙 $CaCO_3$	六月份诞生石，象征健康、长寿和富有	澳大利亚、日本、菲律宾、印尼、中国

(续表)

附表一 诞生石一览表

宝玉石名	矿物名	英文名	化学组成	纪念意义	主要产地
红宝石	刚玉	Ruby	三氧化二铝 Al_2O_3	七月份诞生石,象征品质高尚和火红的爱情	博茨瓦纳、俄罗斯、南非
变石	金绿宝石	Alexandrite	铍铝氧化物 $BeAl_2O_4$	七月份诞生石,象征热情、仁爱和尊严	斯里兰卡、巴西、中国
橄榄石	橄榄石	Peridot	$(Mg,Fe)SiO_4$	八月份诞生石,象征夫妻幸福、美满	红海、缅甸、美国、巴西、墨西哥、澳大利亚
蓝宝石	刚玉	Sapphire	三氧化二铝 Al_2O_3	九月份诞生石,象征慈爱、诚实、德高望重	印度
碧玺	电气石	Tourmaline	硼铝硅酸盐 Na_2Li_3B	十月份诞生石,象征欢喜、安乐和去祸得福	巴西、美国、意大利
黄玉	黄晶	Topaz	$Al_2[SiO_4](F,OH)_2$	十一月份诞生石,象征友情和幸福	巴西、美国、斯里兰卡、中国
绿松石	松石	Turquoise	含水铜铝磷酸盐 $CuAl_6(PO_4)_4(OH)_8 \cdot 5H_2O$	十二月份诞生石,象征胜利、好运和成功	
金绿宝石	金绿宝石	Chrysoberyl	铍铝氧化物 $BeAl_2O_4$	保护主人健康免于贫困	缅甸、巴西、坦桑尼亚、马达加斯加
玛瑙	石英	Agate	二氧化硅 SiO_2	佛教七宝之一,象征友善、爱情和希望	印度、巴西、美国、中国、埃及、澳大利亚、墨西哥

附表二 世界大颗粒祖母绿一览表

序号	宝石名称	重量(克拉)	产地	收藏地点
1	无名	24000	南非	不详
2	木佐(Muzo)	16020	哥伦比亚	不详
3	考楚贝(Kochubey)	11000	俄罗斯	莫斯科俄罗斯科学院费尔斯曼矿物博物馆
4	艾米利亚(Emilia)	7025	哥伦比亚	不详
5	王者之尊(El Rey)	3700	哥伦比亚	1992年曾在图森宝石交易会上展出
6	蒙特·弗特(Mont Vert)	2650	俄罗斯	美国人布拉德雷·马丁所有
7	无名	2205		奥地利维也纳珍宝库
8	无名	1965	俄罗斯	美国洛杉矶自然历史博物馆
9	无名	1796	哥伦比亚	哥伦比亚首都波哥大中央银行
10	哥伦比亚(Colombia)	1790	哥伦比亚	不详
11	无名	1752	哥伦比亚	哥伦比亚首都波哥大中央银行
12	无名	1492	哥伦比亚	哥伦比亚首都波哥大中央银行
13	斯蒂芬森(Stephenson)	1438	美国	美国华盛顿史密森博物馆
14	德文郡(Devonshire)	1383.95	哥伦比亚	英国自然历史博物馆
15	无名	1100	哥伦比亚	哥伦比亚首都波哥大中央银行
16	王子(prince)	962	哥伦比亚	不详
17	高加拉(Gachala)	858	哥伦比亚	美国华盛顿史密森博物馆
18	派屈西王(Patricia)	632	哥伦比亚	美国纽约自然历史博物馆
19	埃丽斯(Ellis)	276	美国	美国华盛顿史密森博物馆
20	莫卧儿(Mogul)	217.8	哥伦比亚	不详
21	矢车特勒(Schettler)	88	哥伦比亚	美国纽约自然历史博物馆

附表三 著名珍珠一览表

珍珠名称	重量(喱)	形态	颜色	发现时间、地点	现收藏地
亚洲之珠	2420(605)			1628年采自波斯湾	1918年在香港出售给一法国神父
西边的星	2000(500)				
金冠之珠	1700(425)				英国博物馆
海洋奇迹	1191(297.75)	泪滴形			美国"帝国珍珠辛迪加"珠宝公司
夏梭菲	640(160)				伊朗王室
拉勒简特	432(105.75)				俄国珍宝库
摄政王	370(92.50)	蛋圆形			曾为法国皇家珠宝
御木本之珠	340(85)	鸽卵形			日本御木本之珠幸吉氏所有
夏斯它堪	282(70.50)	梨形			
孔雀王座	256(64)	梨形	黄色		伊朗王室
喜洋丸	240(60)			1957年采于阿拉夫提海	
诺迪卡之珠	226(56.50)		彩色		美国人诺迪卡所有
无名	216(54)			1906年采于巴拿马	
黑珍珠	192(48)		黑色	玻利尼西亚	梵蒂冈珍宝馆
无名	151(37.75)		奶白色	玻利尼西亚	曾为霍普的收藏品
无名	124(31)		顶端蓝白色 四周暗青铜色		曾为霍普的收藏品
无名	112(28)	圆形			俄罗斯博物馆
真主珠	6350	梨形	奶白色		1980年5月15日在美国奥克兰以11,920万美元出售

附表四 世界著名蓝宝石一览表

序号	宝石名称	重量(克拉)	颜色	产地	收藏地点
1	蓝宝石	95000		斯里兰卡	不详
2	丛林(The Jungle)	958	品蓝	缅甸	已被切磨成9颗蓝宝石
3	昆士兰黑星(Black Star of Queensland)	733	黑色	澳大利亚	美国洛杉矶的一家宝石公司
4	印度之星(Star of India)	563	蓝色	斯里兰卡	美国纽约自然历史博物馆
5	彼得(Peter)	548	蓝色		德雷斯顿绿宫
6	东方巨蓝	466	蓝色	斯里兰卡	美国一收藏家所有
7	罗根(Logan)	423	蓝色	斯里兰卡	美国华盛顿史密森博物馆
8	星光蓝宝石	360		斯里兰卡	斯里兰卡国家宝石公司
9	亚洲之星(Star of Asia)	330	蓝色	缅甸	美国华盛顿史密森博物馆
10	艾塔宾之星(Star of Artaban)	316	蓝色	斯里兰卡	美国华盛顿史密森博物馆
11	沙皇蓝宝石	260	蓝色		不详
12	蓝宝石	194.5	蓝色		德雷斯顿绿宫

附表五 世界名钻一览表

序号	钻石名称	重量(克拉)	颜色	琢型	产地	现收藏地或说明
1	金色五十周年 (Golden Jubilee)	545.67	金褐色	火玫瑰型	南非	泰国国王所有
2	库里南Ⅰ号 (CullinanⅠ)	530.20	无色	梨形	南非	英国皇家珠宝
3	库里南Ⅱ号 (CullinanⅡ)	317.40	无色	长角阶梯型	南非	英国皇家珠宝
4	百年纪念	300.00	无色		南非	德比尔斯公司
5	大莫卧儿 (Great Mogul)	280.00	无色	玫瑰型	印度	
6	尼扎姆 (Nizam)	277.00	无色	圆拱型	印度	
7	大台面 (Great Table)	250.00	粉红色		印度	已被切磨成其他钻石
8	印度人 (Indian)	250.00	无色		印度	
9	朱碧丽 (Jubilee)	245.35	无色	长角阶梯型	南非	巴黎波罗·路易·瓦伊拉所有
10	德比尔斯 (De Beers)	234.65	金黄色		南非	1973年曾在以色列展出过
11	维多利亚1880 (Victoria 1880)	228.50	黄色	长角阶梯型	南非	
12	红十字 (Red Cross)	205.07	黄色	方型	南非	
13	非洲黑星 (Black Star of Africa)	202.00	黑色		南非	1971年在东京展出过
14	奥尔洛夫 (Orloff)	189.62	无色	玫瑰型	印度	莫斯科克里姆林宫
15	光明之川 (Darya-i-Nur)	185.00	粉红色	玫瑰型	印度	德黑兰原伊朗王室
16	维多利亚1884 (Victoria 1884)	184.50	无色	椭圆型	南非	
17	月亮 (Moon)	183.00	黄色	圆钻型	南非	
18	和平之星 (Star of Peace)	170.49	无色	梨型	中非	1981年在阿布扎比出售
19	伊朗人A (Iranian A)	152.16	黄色	古典型	南非	德黑兰原伊朗王室
20	和平之光 (Light of Peace)	150.00	无色		塞拉利昂	美国人考尔伯拉逊所有
21	塞拉利昂之星 (Star of Sierra Leone)	143.20	无色	祖母绿型	塞拉利昂	曾为哈里·温斯顿所有
22	摄政王 (Regent)	140.00	无色	古典型	印度	巴黎卢浮宫阿波罗艺术馆
23	葡萄牙摄政王 (Regent of Portugal)	138.50			巴西	
24	佛罗伦萨人 (Florentine)	137.25	黄色	双玫瑰型	印度	
25	普列米尔玫瑰 (Premier Rose)	137.02	无色	梨型	南非	钻石商人威廉·高伯格所有
26	荷兰女王 (Queen of Holland)	136.50	无色	古典型		
27	伊朗人B (Iranian B)	135.45	黄色	古典型	南非	德黑兰原伊朗王室
28	南方之星 (Star of the South)	128.80	粉红色	卵形多面型	巴西	巴罗达的加克沃所有

(续表)　　　　　　　　　　附表五　世界名钻一览表

序号	钻石名称	重量（克拉）	颜色	琢型	产地	现收藏地或说明
29	塔菲尼 (Tiffany)	128.51	黄色	长角型	南非	纽约塔菲尼公司所有
30	尼尔考斯 (Niarchos)	128.00	无色	梨型	南非	希腊船王尼尔考斯所有
31	葡萄牙人 (Portuguese)	127.02	无色	祖母绿型	巴西	华盛顿史密森博物馆
32	月亮之山 (Moon of the Mountain)	126.00	无色	古典型	印度	
33	琼克尔 (Jonker)	125.65	无色	祖母绿型	南非	1974年被一香港商人买下
34	伊朗人C (Iranian C)	123.93	黄色	古典型	南非	德黑兰原伊朗王室
35	斯特瓦特 (Stewart)	123.00	无色	圆钻型		
36	朱丽斯·巴姆 (Julius Pam)	123.00	无色			
37	伊朗人D (Iranian D)	121.90	黄色		南非	德黑兰原伊朗王室
38	伊朗人E (Iranian E)	114.28	黄色	古典型	南非	德黑兰原伊朗王室
39	地球星 (Earth Star)	111.59	褐色	梨型		
40	亚洲十字 (Cross of Asia)	109.26		桌型		
41	光明之山 (Koh-i-Noor)	108.83	无色	椭圆型	印度	英国皇家珠宝
42	罗杰特曼 (Rojtman)	107.00	黄色	古典型		
43	埃及之星 (Star of Egypt)	106.75	无色	祖母绿型	巴西	
44	大菊花 (Great Chrysanthemum)	104.15	古铜色	梨型	南非	纽约尤利·乌斯·科恩所有
45	阿斯堡 (Ashberg)	102.00	黄色	古典型		
46	波斯沙赫 (Shah of Persia)	99.52	黄色	长角型	印度	曾为哈里·温斯顿所有
47	东方之星 (Star of the East)	94.80	无色	梨型	印度	1969年由哈里·温斯顿卖出
48	库里南Ⅲ号 (Cullinan Ⅲ)	94.40	无色	梨型	南非	英国皇家珠宝
49	阿默达巴德 (Ahmedabad)	94.25				
50	布里奥雷特 (Briolette)	90.38	无色	梨型	印度	1971年由哈里·温斯顿卖出
51	几内亚之星 (Star of Guinra)	89.01	无色		几内亚	钻石商人威廉·高伯格所有
52	沙赫 (Shah)	88.70	黄色	棒型	印度	莫斯科克里姆林宫
53	波斯之星 (Star of Persia)	88.00	黄色			
54	斯顿之星 (Sterns Star)	85.93	黄色		南非	钻石商人西德内·巴内特所有
55	爱神 (Spoonmaker's)	84.00	无色	梨型	印度	伊斯坦布尔托帕卡皮博物馆
56	查罕杰 (Jahangir)	83.03	无色	泪滴型	印度	
57	尼泊尔 (Nepal)	79.41	无色	梨型		
58	阿齐杜勒·约瑟夫 (Archdule Joseph)	78.54	无色	古典型		

(续表) 附表五 世界名钻一览表

序号	钻石名称	重量(克拉)	颜色	琢型	产地	现收藏地或说明
59	英国德累斯顿 (English Dresden)	76.50	无色	梨型	巴西	巴罗达的加克沃所有
60	塔沃尼 B (Tavernier B)	32.37	无色		印度	
61	坎伯兰 (Cumberland)	32.00			印度	
62	塔沃尼 C (Tavernier C)	31.75	无色		印度	
63	小玫瑰 (Little Rose)	31.48	无色	梨型	南非	钻石商人威廉·高伯格所有
64	麦克莱恩 (Mclean)	31.26	无色	长角阶梯型	印度	1987年在日内瓦拍卖
65	尤金兰 (Eugenie Blue)	31.00	蓝色		印度	华盛顿史密森博物馆
66	葡萄牙之镜 (Mirror of Portugal)	30.00	无色	桌型	印度	
67	埃斯特之星 (Star of Este)	26.17			印度	
68	埃及巴沙 (Pacha of Egypt)	25.00			印度	
69	威廉姆逊 (Williamson)	23.60	粉红色	圆钻型	坦桑尼亚	英国皇家珠宝
70	霍顿西亚 (Hortensia)	20.00	粉红色		印度	巴黎卢浮宫阿波罗艺术馆
71	库里南V号 (Cullinan V)	18.85	无色	心型	南非	英国皇家珠宝
72	库里南VI号 (Cullinan VI)	11.55	无色	橄榄型	南非	英国皇家珠宝
73	尤里卡 (Eureka)	10.73	无色		南非	南非金伯利矿业博物馆
74	库里南VII号 (Cullinan VII)	8.77	无色	橄榄型	南非	英国皇家珠宝
75	库里南VIII号 (Cullinan VIII)	6.80	无色	长角阶梯型	南非	英国皇家珠宝
76	库里南IX号 (Cullinan IX)	4.39	无色	梨型	南非	英国皇家珠宝
77	拉其	2.23	红色			1989年巴黎珠宝展销会上展出
78	霍尔芬红 (Halphen Red)	1.00	红色			

附表六　NGC公司2014年部分彩色宝石报价

缅甸红宝石"CLASSIC"BURMA RUBY（1.00–1.95CTS）

价格(美元)＼净度＼颜色	9–10 FI 无瑕	8 LI1 VVS	7 LI2 VS	6 MI1 SI	5 MI2 I
ECA2.5 极好9–10	面议NEGOTIABLE	42000–52000	27000–36000	18700–25000	16500–22000
ECA3.0 很好8–9	面议NEGOTIABLE	17500–23700	14900–19900	11800–15700	10400–13400
ECA3.5 好8–7	面议NEGOTIABLE	13600–18150	12700–16900	10875–14500	9075–12100
ECA4.0 极好6–7	面议NEGOTIABLE	7500–10000	7000–9300	6700–8300	5000–6600
ECA4.5 极好5–6	面议NEGOTIABLE	6450–8600	6200–8360	5500–7200	4700–6325

热处理或表面充填的孟宿红宝。下浮60%

缅甸蓝宝石BURMA SAPPHIRE（1.00–1.99CTS）

价格(美元)＼净度＼颜色	9–10 FI 无瑕	8 LI1 VVS	7 LI2 VS	6 MI1 SI	5 MI2 I
2.5 极好7–8	面议NEGOTIABLE	9900–13300	7500–10000	6000–8000	5000–6600
3 很好6–7	面议NEGOTIABLE	5000–6600	4500–6000	3750–5000	3275–4500
3.5 好 5–6	面议NEGOTIABLE	3700–4800	3300–4400	2625–3500	2500–3300
4 极好4–5	面议NEGOTIABLE	2175–2900	2000–2700	1800–2400	1700–2000
4.5 极好1–4	面议NEGOTIABLE	1300–1750	1100–1500	1000–1300	850–1100

热处理蓝宝下浮60%，克什米尔蓝宝上涨100%或更多

哥伦比亚祖母绿报价"CLASSIC" COLOMBIAN EMERALDS（1.00–1.99CTS）

价格(美元)＼净度＼颜色	9 FI VVS	8 LI2 VS	7 MI1 SI_1	6 MI2 SI_2	5 HI I
2.5 极好7–8	面议NEGOTIABLE	24000–32000	18000–24000	13500–18000	3600–4320
3 很好6–7	面议NEGOTIABLE	18000–24000	13500–18000	10500–14000	2520–3240
3.5 好 5–6	面议NEGOTIABLE	13500–18000	10500–14000	9000–12000	1800–2520
4 极好4–5	面议NEGOTIABLE	10500–14000	7500–10000	4500–6000	900–1260
4.5 极好1–4	面议NEGOTIABLE	9000–12000	6000–8000	3000–4000	820–990

注：没有处理的祖母绿上涨25%-100%或更多。注无色油下浮50%

- 小瑕　Lightly included（Li_{1-2}）
- 中瑕　Moderately included（Mi_{1-2}）
- 重瑕　Heavily included（Hi_{1-2}）
- 无瑕　free of visible included（FI）

参 考 书 目

1. 栾秉璈：《中国宝石和玉石》，乌鲁木齐：新疆人民出版社，1989年9月。
2. 徐军著，根据H·高口述：《翡翠·赌石》，昆明：云南科技出版社，1993年8月。
3. 中国对外贸易经济合作部科技司等译：国际珠宝首饰联合会（CIBJO）
   《钻石·宝石·珍珠》手册，1995。
4. 王雅玫，《如何区别天然钻石与合成钻石》，《珠宝科技》杂志，1996第4期。
5. 国家质量技术监督局职业技能指导中心组编：《珠宝首饰检验》，
   北京：地质出版社，1996年6月。
6. 国家珠宝玉石质量监督检验中心编：《珠宝玉石国家标准释义》，
   北京：地质出版社，1996年11月。
7. 张蓓莉主编：《系统宝石学》，北京：地质出版社，1997年8月。
8. 亓利剑、袁心强等：《查塔姆合成无色钻石———一种Ⅱa–Ⅱb混合型品种》，《宝石和宝石学》杂志，1999年第1卷，第4期。
9. 陈俊主编：《中国价格鉴证通论》，北京：中国物价出版社，1999年7月。
10. 亓利剑等：《辐照处理彩色钻石的缺陷中心及阴极发光谱》，《宝石和宝石学》杂志，2000年第2卷，第2期。
11. 苑执中等：《高温高压处理改色的黄绿色金刚石》，《宝石和宝石学》杂志，2000年第2卷，第2期。
12. 苑执中，彭明生，杨志军：《高压高温处理改色的黄绿色金刚石》，《宝石和宝石学》杂志，2000年第2卷，第2期。
13. 张蓓莉等编著：《珠宝首饰评估》，北京：地质出版社，2000年12月。
14. 白洪生等著：《实用宝石鉴定》，上海：上海古籍出版社，2001年7月。
15. 亓利剑、袁心强、田亮光等：《高温高压条件下钻石中晶格缺陷的演化与呈色》，《宝石和宝石学》杂志，2001年第3卷，第3期。
16. 全国注册资产评估师考试辅导材料编写组编：《资产评估学》
    北京：中国财政经济出版社，2003年3月。
17. 丘志力等编著：《珠宝首饰系统评估导论》，武汉：中国地质大学出版社，

2003年4月。
18. 袁心强：《翡翠宝石学》，武汉：中国地质大学出版社，2004年8月。
19. 周佩玲等著：《有机宝石学》，武汉：中国地质大学出版社，2004年9月。
20. （英）卡利·霍尔编著，猫头鹰出版社译：《宝石》，北京：中国友谊出版公司，2005年1月。
21. 《翠钻珠宝·标样集萃》，上海：上海新闻出版局内部资料，2005年4月。
22. 袁心强：《钻石分级的原理与方法》，武汉：中国地质大学出版社，2005年6月。
23. 金其伟：《贵金属首饰手工制作》，北京：中国劳动社会保障出版社，2005年8月。
24. 陈燮君：《宝石之光》，上海：上海书画出版社，2005年10月。
25. 欧阳秋眉等著：《实用翡翠学》，上海：学林出版社，2005年11月。
26. 欣弘：《宝石——百姓收藏图鉴》，长沙：湖南美术出版社，2006年6月。
27. 英国宝石协会编，陈钟惠译：《宝石学教程》，武汉：中国地质出版社，2006年11月。
28. 卢保其、冯建森编著：《玉石学基础》，上海：上海大学出版社，2007年2月。
29. 杜广鹏等编著：《钻石及钻石分级》，武汉：中国地质大学出版社，2007年9月。
30. 古董拍卖年鉴编委会：《2008古董拍卖年鉴》，长沙：湖南美术出版社，2008年3月。
31. 中国嘉德2006－2008年拍卖会相关资料。
32. *Gemworld Price Guide*, Gemworld International Inc., 630 Dundee Rd., Suite 235, Northbrook, IL 60062, USA.
33. Miller A M & John Sinkankas, *Standard Catalog of Gem Values*, 1994, second edition, Geoscience Press, Tucson, Arizona.
34. Miller A M., *Gem and Jewelry Appraising-techniques of Professional Practice*, 2nd Edition, 1999, Gemstone Press, Woodstock, Vermont.
35. Richard H.Cartier, *Professional Jewellery Appraising*, 1996, Canada：Fischer Press.
36. *The Jeweler's Guide Effective Insurance Appraising*, 1996, Gemworld International, Northbrook, Illinois, USA.
37. J.M. King, J.E.Shigley, S.S.Guhin et al.Characterization and grading of natural-color pink diamonds【J】.Gems&Gemology,2002,38(2):128-147
38. J.M. King, J.E.Shigley, T.H.Gelb et al.Characterization and grading of natural-color yellow diamonds【J】.Gems&Gemology,2005,41(2):88-115
39. *The Hong Kong Sale Jewels*, By Christie's, 2008.

后 记

2009年《珠宝首饰价格鉴定》一书的出版，因其理论性、系统性、可读性和趣味性诠释了珠宝首饰作为一种特殊艺术品的品质与价值的关联，受到了珠宝界、评估界、收藏界及广大珠宝专业师生的充分肯定和欢迎。

光阴似箭，转眼六年过去了。应广大读者的要求，为进一步体现珠宝首饰品质与价值适时的关联性，作者在原《珠宝首饰价格鉴定》的基础上，经过精心修改和补充，推出了《珠宝首饰价格鉴定（增订本）》；与原著相比内容更臻丰富，更加体现珠宝首饰当前市场价值。为维护珠宝首饰价格鉴定当事人的合法权益，保护国家与集体利益，探寻了一条适合中国国情并与国际接轨的珠宝首饰市场价格体系。

《珠宝首饰价格鉴定（增订本）》必将进一步加强我国珠宝首饰的品质鉴定、评估与价值的关联，也会使广大珠宝首饰专业的师生、爱好者和收藏者从中受益。

冯毅在第七章中增添了彩色钻石的呈色机理、品质分级并对价值关系作了可行的探索性研究；在第八章中增加了金绿宝石最珍贵品种猫眼、变石的品质分级与定价。冯建森为珠宝首饰价格鉴定的修订作了全面的精心修改。

本书增订过程中得到了上海市价格认证中心、上海东方典当行、远东珠宝学院热情支持和帮助；中国价格协会会长兼中国价格评估鉴证分会会长、高级经济师陈峻、上海市价格认证中心主任汤维尼高级经济师、上海市价格协会、价格评估鉴证分会副会长、秘书长唐蓉龙高级经济师、同济大学亓利剑教授、东华大学潘玉昆教授、上海大学卢保其教授、远东珠宝学院冯大山教授、上海市珠宝饰品质量监督检验站秦书乐教授、上海东方典当行鉴定评估中心主任、首席评估师倪思文等提出了中肯的修改意见。毛婕好、杨方何、姚培德为本书收集、整理了部分资料。作者还要特别感谢上海古籍出版社高克勤社长、孙晖、杨月英编辑和吴均卿美编，他们为《珠宝首饰价格鉴定（增订本）》出版倾注了大量心血。作者还要向本书中被引用参考文献的作者致意，表示衷心感谢！对帮助、支持本书编写的所有专家、老师、同仁深表谢意！

由于珠宝首饰价格鉴定和评估在我国尚处于起步阶段，限于作者的知识水平，书中难免有疏漏不妥之处，恳请广大同仁和读者指教。

冯建森

2015年11月

图书在版编目(CIP)数据

珠宝首饰价格鉴定/冯建森,冯毅著.—增订本.
—上海:上海古籍出版社,2015.12
ISBN 978-7-5325-7736-1

Ⅰ.①珠… Ⅱ.①冯… ②冯… Ⅲ.①宝石—价格—鉴定②首饰—价格—鉴定 Ⅳ.①F768.7

中国版本图书馆CIP数据核字(2015)第173165号

珠宝首饰价格鉴定(增订本)

冯建森 冯毅 著

上海世纪出版股份有限公司 出版
上 海 古 籍 出 版 社

(上海瑞金二路272号 邮政编码200020)

(1)网址:www.guji.com.cn
(2)E-mail:guji1@guji.com.cn
(3)易文网网址:www.ewen.co

上海世纪出版股份有限公司发行中心发行经销
上海丽佳制版印刷有限公司印刷

开本787×1092 1/16 印张13.25 插页2 字数400,000
2015年12月第1版 2015年12月第1次印刷
印数:1—2,300
ISBN 978-7-5325-7736-1
J·513 定价:98.00元
如有质量问题,请与承印厂联系